Auto-estima para homossexuais

Um guia para o amor-próprio

Dados Internacionais de Catalogação na Publicação (CIP)
(Câmara Brasileira do Livro, SP, Brasil)

Hardin, Kimeron N.
Auto-estima para homossexuais – Um guia para o amor-próprio / Kimeron N. Hardin; [tradução : Dinah Kleve]. – São Paulo : Summus, 2000.

Título original: The gay and lesbian self-esteem book.
Bibliografia
ISBN 85-86755-21-4

1. Amor-prórpio 2. Auto-estima 3. Gays-Psicologia 4. Homossexualidade feminina 5. Homossexualidade masculina 6. Lésbicas-Psicologia I. Título.

00-0515 CDD-158.1

Índices para catálogo sistemático:

1. Auto-estima : Homessexuais : Psicologia aplicada   158.1
2. Homossexuais : Auto-estima : Psicologia aplicada   158.1

Compre em lugar de fotocopiar.
Cada real que você dá por um livro recompensa seus autores
e os convida a produzir mais sobre o tema;
incentiva seus editores a traduzir, encomendar e publicar
outras obras sobre o assunto;
e paga aos livreiros por estocar e levar até você livros
para a sua informação e entretenimento.
Cada real que você dá pela fotocópia não autorizada de um livro
financia um crime
e ajuda a matar a produção intelectual.

Auto-estima para homossexuais

Um guia para o amor-próprio

KIMERON N. HARDIN

Do original em língua inglesa
THE GAY AND LESBIAN SELF-ESTEEM BOOK
Copyright © 1999 by Kimeron N. Hardin
Publicado por acordo com a New Harbinger Publications, Inc.
Direitos para a língua portuguesa adquiridos por
Summus Editorial, que se reserva a propriedade desta tradução.

Tradução: **Dinah Kleve**
Projeto gráfico e capa: **Brasil Verde**
Editoração eletrônica: **Acqua Estúdio Gráfico**
Editora responsável: **Laura Bacellar**

1ª reimpressão

Edições GLS
Departamento editorial
Rua Itapicuru, 613 – 7º andar
05006000 – São Paulo – SP
Fone: (11) 3872-3322
http://www.edgls.com.br
e-mail:gls@edgls.com.br

Atendimento ao consumidor
Summus Editorial
Fone: (11) 3865-9890

Vendas por atacado
Fone: (11) 3873-8638
e-mail:vendas@summus.com.br

Impresso no Brasil

SUMÁRIO

Agradecimentos _____ 7

Introdução _____ 9

Parte I – Origens: como a sua auto-estima foi influenciada 15

1. O que é exatamente a auto-estima _____ 17
2. O que você aprendeu com sua família _____ 33
3. Mensagens inescapáveis: mídia, cultura e política ____ 56
4. Mensagens de fé: autoridades religiosas _____ 76
5. Escola, amigos e outras influências _____ 91

Parte II – Escolhas: auto-estima no dia-a-dia _____ 107

6. Sua carreira _____ 109
7. Relacionamentos _____ 122
8. Estilo de vida _____ 136

Parte III – Cura: como melhorar a auto-estima _____ 151

9. Entrando em contato com os sentimentos _____ 153

10. Modificando o diálogo interior _____ 161

11. Auto-acolhimento e perdão _____ 181

12. Espiritualidade _____ 203

13. Como escolher um terapeuta _____ 214

14. Crescimento e mudança _____ 233

Bibliografia _____ 237

Sobre o autor _____ 245

AGRADECIMENTOS

Gostaria de agradecer às pessoas a seguir por sua ajuda na feitura deste livro: doutor Robert Allen, doutora Katherine Bowman, doutor Chad LeJeune, Jack Huntington, Jim Raines, Gary Grossman e reverendo Mel White. Sou grato também ao apoio que recebi do pessoal da editora New Harbinger, incluindo Kristin Beck, Farrin Jacobs, Lauren Dockett, Matthew McKay, Kirk Johnson e o resto da trupe.

Agradecimentos especiais às pessoas da minha vida que me ajudaram a crescer ao longo do caminho: Vera D. Hardin, Virginia Taylor, Tina Dawkins, doutora Martha Vinson, minha família e doutor James E. Seegars Jr., o psicólogo que me disse, aos dezessete anos, que não havia nada de errado comigo.

Acima de tudo, gostaria de agradecer ao meu parceiro de vida, William Watson, por seu amor, força, apoio e fé constantes.

INTRODUÇÃO

Eu sou bastante bom, bastante esperto e, bolas...
as pessoas gostam de mim!
Stuart Smalley

Talvez você reconheça as palavras de Stuart Smalley da abertura do hilário *Saturday Night Live* de Al Franken, uma paródia de alguém "recuperando-se" de abusos sofridos na infância, problemas com alcoolismo na família e até compulsão alimentar. Stuart, após ter descoberto um método muito deficiente para elevar a sua autoestima, mira-se num espelho, olha amorosamente nos seus próprios olhos e repete as palavras citadas acima, com resultados supostamente tão satisfatórios a ponto de ele agora ter o seu próprio programa de tv.

A cena nos faz rir porque sabemos que Stuart Smalley é uma personagem fictícia. Caso você tenha lutado para superar problemas de falta de autoconfiança, uma infância difícil ou dependência química, talvez sinta até uma comichão extra por ter ouvido falar de pessoas iguais a Stuart ou por tê-las conhecido, pessoas que acreditam ter encontrado respostas simples para os problemas complexos da vida. Você sabe que a vida, na realidade, não é tão simples assim. Você sabe que os acontecimentos do seu passado, presente, e até mesmo as suas expectativas para o futuro podem complicá-la consideravelmente.

Estudos recentes comprovaram que crescer como gay ou lésbica, ou mesmo viver como um adulto "assumido", pode ser muito difícil e perigoso numa sociedade como a nossa. Descobriu-se, por exemplo, que os gays e as lésbicas correm mais risco de tentar ou cometer suicídio e apresentam maior probabilidade de abusar da bebida ou de outras drogas do que seus correlatos heterossexuais. (Saghir e Robins 1973; Rich *et al.* 1986; Proctor e Groze 1994). Os jovens gays e lésbicas correm também um risco significativamente maior de tentar o suicídio, abusar de substâncias tóxicas, ter problemas na escola, fugir de casa e cair na prostituição do que os jovens heterossexuais (Savin-Williams 1994). Um estudo realizado pelo Departamento de Saúde e Serviços Humanos dos Estados Unidos (Gibson 1989) descobriu que os jovens gays e lésbicas têm duas ou três vezes mais probabilidade de atentar contra a própria vida do que seus correlatos heterossexuais. Como grande parte das evidências sugere que o fato de ser lésbica ou gay não conduz, por si só, a esses comportamentos, a autodestruição resulta mais provavelmente do molestamento verbal e físico ou da rejeição social. Entre os outros fatores que podem desencadear esse comportamento estão o isolamento social, a depressão, interações familiares e atitudes sociais negativas e, o mais importante deles para este livro, a baixa auto-estima (Remafedi *et al.*1991; Sears 1991; Schneider, Farberow e Kruks 1989; Savin-Williams 1989a, b).

A sociedade está repleta de mensagens confusas para gays e lésbicas. A estigmatização e as mensagens hostis existem na forma de iniciativas contra os direitos dos homossexuais, crimes brutais movidos por ódio cometidos contra lésbicas e gays e estratégias políticas de direita que prometem "curas para a homossexualidade" por meio da religião e da mudança de comportamento. Outras menos hostis, mas nem por isso menos prejudiciais, incluem a proibição do casamento de casais de gays e lésbicas, impedindo, portanto, a concessão de benefícios sociais como deduções no imposto de renda, festa de casamento e a guarda conjunta automática dos filhos; mas, ao mesmo tempo, freqüentemente são condenadas por "viver em pecado" ou manter relações sexuais fora do casamento. Confuso, não é?

Escrevi *Auto-estima para homossexuais: um guia para o amor-próprio* para ajudar gays e lésbicas dos mais diferentes *backgrounds*, estilos de educação na infância e níveis de sucesso pessoal e profissional a curar as feridas do passado, auxiliar o presente e planejar o futuro. Qualquer que seja a posição em que você se encontra atualmente ou a maneira pela qual chegou até este livro, certamente encontrará nele alguma coisa relacionada com a sua própria jornada – onde você esteve, onde você está agora e para onde você pode estar indo.

Por que um livro somente para gays e lésbicas?

A auto-estima é um campo em que qualquer pessoa, independente de sua orientação sexual, pode apresentar questões a serem resolvidas. Por que então precisamos de um livro especial para gays e lésbicas? Em primeiro lugar, ao ler um livro de auto-ajuda ou crescimento pessoal, sempre odiei ter de traduzir os exercícios ou exemplos criados a partir de um ponto de vista heterossexual, como é o caso dos livros que falam a leitores masculinos, dizendo coisas como: "Pense na sua primeira relação especial com uma mulher", ou dos autores que pressupõem que todas as mulheres desejam um companheiro. Já basta o desafio de tentar entender os princípios da mudança, sem ter o trabalho extra de transformar mentalmente os exemplos em algo que se adapte à própria situação. Entrar no jogo da transposição pode, em alguns casos, deixá-lo ainda mais confuso e frustrado antes mesmo de começar a leitura propriamente dita.

A outra razão de eu ter escrito este livro, especificamente para gays e lésbicas, é que existem diferenças claras entre hetero e homossexuais. A compreensão dos fatores que afetam um relacionamento entre duas mulheres ou dois homens é muito diferente do que a das várias forças existentes numa relação entre um homem e uma mulher. Este livro abordará muitas das questões únicas enfrentadas por gays e lésbicas. Discutirei aqui as mensagens que você provavelmente ouviu durante a infância a respeito de homossexualidade e principalmente aquelas que você continua a enfrentar no seu dia-a-dia. Quantas outras comunidades continuam a ser abertamente ridicularizadas, sofrer abusos e ser condenadas em nossa sociedade? O racismo e o sexismo certamente ainda existem, mas eu diria que as sanções públicas mais fortes ainda recaem sobre gays e lésbicas. Os crimes movidos por ódio cometidos contra nós estão finalmente sendo punidos, mas o seu reconhecimento é uma faca de dois gumes, ao nos conscientizar mais da quantidade de medo e repugnância que há em relação a nós. As mensagens dos telejornais nos fazem saber que ainda não somos nem completamente aceitos nem "normais".

Embora os gays e as lésbicas tenham feito várias conquistas políticas nos últimos anos, acredito que o próximo desafio diz respeito a nós mesmos. É certo que já podemos nos organizar, expor e articular politicamente; a etapa seguinte, contudo, é superar o ódio que sentimos por nós mesmos ("Eu sou repulsivo"), ir além da identificação puramente comunitária ("Eu sou lésbica") e conquistar um respeito por nós mesmos, um cuidado e uma paz interior verdadeiros ("Eu tenho valor").

Como aproveitar ao máximo este livro

O processo de aprender a amar a si mesmo significa não apenas aprender a aceitar quem se é, mas também mudar comportamentos e hábitos autodestrutivos, que são o oposto do respeito a si mesmo. Não quero que você olhe cegamente para o espelho como Stuart Smalley e repita frases idiotas até começar a acreditar nelas. Minha esperança é de que este livro lhe sirva de guia, afastando-o das distorções do passado, ajudando-o a enfrentar os desafios do presente em direção à paz e à alegria do futuro.

Auto-estima para homossexuais não foi escrito para ser lido o mais rápido possível como um bom romance, mas para ser um guia de auto-ajuda. As partes I e II abordam o reconhecimento das antigas mensagens distorcidas e das atuais mensagens negativas com as quais a sociedade o alimenta. A parte III vai ensiná-lo a conter a influência dessas mensagens. Bloquear o efeito negativo, contudo, é apenas uma parte da construção da auto-estima. Para dar início ao seu processo de cura, você precisa aprender a explorar o seu verdadeiro eu, a sua verdadeira identidade – o perfeito em você e o nem tanto, as partes excelentes e as médias –, de um ponto de vista mais objetivo. O último capítulo da parte III o ensinará a expandir a maneira como você se vê, tanto sozinho quanto com a ajuda de pessoas em quem você confia. Cada capítulo lhe fornecerá várias perguntas para você fazer a si mesmo e explorar suas emoções. Alguns capítulos trarão inclusive exercícios específicos para ajudá-lo a compreender os conceitos e aplicá-los à sua própria experiência. A fim de aproveitar esses exercícios ao máximo, é importante que você leve o tempo que for preciso para fazê-los. Se preferir, leia primeiro o livro todo, do começo ao fim, e depois volte para uma segunda leitura mais aprofundada, incluindo a realização dos exercícios. A chave é ser paciente consigo mesmo, já que, afinal de contas, foram necessários muitos anos para você chegar onde está agora. Talvez você precise reler alguns capítulos mesmo depois de tentar fazer os exercícios, à medida que for alcançando camadas mais profundas de sua autoconsciência.

Meu objetivo não é apenas auxiliá-lo a conter os ataques constantes (tanto de fora quanto de dentro), mas também ajudá-lo a ver as coisas belas e maravilhosas que fazem parte de você e que o têm acompanhado até aqui. Todos os bebês nascem "bons" e inocentes. São necessários vários anos de informações distorcidas e nocivas para fazer com que acreditem que são imperfeitos, inferiores ou ruins. Quando adulto você tem a oportunidade que não teve, quando criança, de fazer julgamentos mais racionais a respeito das informações que bombardeiam a sua identidade interior. Você pode decidir quais são as informações objetivas, autênticas e quais são as mensagens negativas e até mesmo distorcidas que deveriam ser descartadas. Você agora tem a oportunidade de oferecer a si mesmo o meio incentivador e amoroso do qual talvez não tenha usufruído quando criança.

Caso esteja fazendo psicoterapia, é possível que você encontre neste livro um accessório de grande utilidade ao seu tratamento. Você pode até decidir trabalhar os exercícios com a ajuda do seu terapeuta. Se você estiver se dedicando a eles sozinho e achar que estão vindo à tona sentimentos intensos, que geram incômodo e desconforto, leia o capítulo 13, sobre como encontrar um psicoterapeuta eficiente para lidar com essas questões. É importante frisar que *Auto-estima para homossexuais* não funciona como um substituto da terapia, especialmente se você descobrir que existem ou estão surgindo problemas que lhe causam muita angústia ou depressão, a ponto de interferir no seu funcionamento diário, os sentimentos de desolação, pensamentos suicidas ou uso significativo de álcool e de outras drogas.

    Espero que, ao terminar de ler este livro, você tenha encontrado uma certa paz interior, melhorado a sua auto-estima e passado a valorizar mais a pessoa autêntica e maravilhosa que é. Gostaria de aproveitar este momento em que você está embarcando no processo para congratulá-lo por ter tomado as primeiras atitudes em direção ao aprendizado de amar a si mesmo!

Parte I

ORIGENS: COMO A SUA AUTO-ESTIMA FOI INFLUENCIADA

1
O que é exatamente a auto-estima

Tudo o que nós somos é resultado do que pensamos.
A mente é tudo. Nós nos tornamos o que pensamos.
Buda

A maioria das pessoas tem uma idéia genérica a respeito do que significa auto-estima, mas quando realmente pensamos no assunto surge a pergunta: quem é exatamente esse "eu" a que se refere o "auto" do termo em questão? Muitos filósofos sugeriram que os humanos diferem dos animais pela consciência de algo chamado identidade. Essa identidade é, na verdade, uma maneira de pensar a respeito de quem você é, moldada pelas suas experiências de vida, tanto positivas quanto negativas. Se a maior parte das suas experiências de vida foi positiva e o único tipo de retorno que você recebeu a seu respeito foi favorável, você provavelmente terá um conceito elevado de si mesmo. Se, pelo contrário, as suas experiências de vida foram principalmente negativas, sua identidade será baseada em sentimentos de desvalorização, incapacidade ou, em alguns casos, até de maldade.

Primeiras experiências e auto-estima

Ao nascer, você não tinha nenhum conceito a seu respeito. Imagine como deve ter sido flutuar no líquido amniótico quente e agradável, com apenas alguns sons abafados em meio à escuridão – e, de repente, ser exposto a luzes brilhantes, sons estranhos e altos e uma intensa sensação de frio. Sua maior preocupação, provavelmente, deve ter sido reencontrar o calor, fugir das luzes e do barulho e retornar ao aconchego de algum lugar confortável. Você não tinha nenhuma idéia de quem era, ou até mesmo do que era, e suas únicas necessidades diziam respeito a comida, calor, conforto e evacuação. Caso os seus pais tenham suprido essas necessidades básicas, você provavelmente deve ter tido a liberdade de explorar o mundo e a si mesmo, tanto física quanto emocionalmente. Você provavelmente começou a aprender a respeito de sua identidade física ao descobrir as suas mãos e os seus pés, possivelmente chupando o seu polegar ou os dedos do pé. Depois de um certo tempo, você percebeu o que aquelas mãos minúsculas podiam fazer e, posteriormente, os sons que a boca era capaz de emitir. Em pouco tempo você aprendeu a se comunicar, primeiro chorando, depois balbuciando e finalmente falando. Seu cérebro cresceu rapidamente e foi se expandindo ao longo do tempo, capacitando-o a entender o significado dos acontecimentos ao seu redor.

Quando começou a compreender e usar a linguagem falada, você aprendeu não somente o sentido das palavras, mas provavelmente também os significados de certas expressões faciais e determinados tons de voz. É provável que você tenha sabido o significado da palavra "Não!" antes mesmo de conseguir falar. Você aprendeu a comunicação verbal e não verbal. As informações que você usou para desenvolver a sua compreensão do mundo vieram do meio mais imediato que o cercava e, por ser criança, a maior parte do seu tempo foi passada com seus pais ou outras pessoas que cuidavam de você. Quando pensa a respeito dessa época da sua vida (ou a reconstrói a partir das histórias contadas por seus familiares), você conclui que as suas necessidades básicas eram satisfeitas rapidamente? Ou era preciso esperar para ter a sua fome saciada ou sua pele seca e aquecida? Suas respostas a essas perguntas provavelmente lhe darão uma pista a respeito de como você se vê e o valor que dá a si mesmo atualmente. O modo como os seus pais o trataram e as mensagens que eles lhe passaram, intencionalmente ou não, ajudaram a formar a sua identidade, tanto no passado quanto agora.

À medida que foi crescendo, você se aventurou pelo mundo e recebeu mensagens a respeito da vida e do seu próprio valor por meio de outras fontes como a escola, a sua comunidade, a sua igreja e até a mídia. A mente de uma criança tem fome de novas informações e experiências que a capacitarão a interpretar os sinais, sons e significados do mundo.

Alguns psicólogos infantis acreditam que os primeiros anos são os mais importantes na formação da sua posterior visão do mundo e de si mesmo. Infelizmente, uma criança não nasce com a habilidade de discernir as informações imprecisas ou distorcidas a seu respeito e forma as opiniões sobre si mesma baseada nas informações refletidas pelo meio. O que ocorre, de maneira geral, é que se as mensagens que você recebeu a seu respeito quando era muito novo tiverem sido na sua maioria positivas, amorosas ou incentivadoras, a probabilidade de você ter uma visão mais positiva de si mesmo atualmente é bem maior. Se a maioria das mensagens a seu respeito era negativa, é muito provável que você acreditasse nelas e começasse a incorporá-las à sua visão geral de si mesmo. Essas mensagens não só moldaram a imagem geral que você tem de si mesmo como você também as pode estar repetindo continuamente, gerando com freqüência sensações de insegurança, medo e inadequação.

Voltemos à questão: O que é exatamente a auto-estima? O seu nível de auto-estima (ou respeito por si mesmo) depende em grande parte de como você formou a sua identidade por meio de seu *background* e das suas experiências na fase de crescimento. Meu principal objetivo com este livro não é dar cara nova a velhas teorias que você já viu mil vezes, mas ajudá-lo a melhorar a sua qualidade de vida agora.

A auto-estima e a autoconfiança

A sua auto-estima influencia todos os aspectos da sua vida atual – amorosa, profissional, espiritual e recreativa. Ela afeta o modo como você enxerga o seu corpo e o seu rosto no espelho, a sua capacidade de se sociabilizar numa festa, suas opções de namoro e a sua possibilidade de ser promovido no trabalho. Sua auto-estima será fortalecida ou minada pela visão geral que você tem de si mesmo. Toda decisão que você tomar será influenciada em algum grau pela sua confiança na sua aparência e nas suas habilidades. Em resumo, o nível de eficiência que você presume alcançar em qualquer situação é altamente influenciado pelo modo como você enxerga a si mesmo – poderoso ou fraco, atraente ou não, inteligente ou mediano.

Se você tem consciência de quem é e sente-se satisfeito consigo mesmo, está capacitado a seguir pela vida de maneira bastante eficiente – aceitando os desafios à medida que vão surgindo e confiando na sua habilidade de lidar com eles e superá-los. Você pode até assumir alguns riscos razoáveis, pois sabe que se os seus planos fracassarem, possui os recursos necessários para reverter a situação e seguir em frente. Você gosta de si o bastante para perdoar seus erros e avançar sem ter de se punir com pensamentos negativos como "Isso foi uma estupidez!" ou "Você é mesmo um perdedor!". Sem a presença constante da sensação de que você é bom o suficiente, a dúvida a respeito do seu valor pode persistir e afetar a sua habilidade de assumir os tipos de risco capazes de catapultá-lo em direção a carreiras e relacionamentos significativos. Você pode passar a se sentir como um mero observador da vida e não alguém que realmente está vivendo, alguém que toma um chá de cadeira esperando que o tirem para dançar. Uma auto-estima elevada gera uma maior autoconfiança, que, por sua vez permite que você corra riscos e faça as escolhas sem medo dos inevitáveis erros. Todo mundo comete erros de vez em quando, mas as pessoas com uma boa auto-estima parecem ser capazes de se refazer mais rápido, de sacudir a poeira e dar a volta por cima!

Mudando a sua auto-estima com a terapia comportamental cognitiva

Nos últimos vinte anos ou mais, surgiu uma poderosa nova forma de tratamento que enfoca a identificação e a modificação dos estilos negativos de pensamento. O tratamento, chamado de terapia comportamental cognitiva, foi aplicado com sucesso a muitos comportamentos problemáticos, incluindo a baixa auto-estima. Esta terapia lida com a capacidade de reconhecer e substituir as mensagens negativas que você dá a si mesmo, substituindo-as por outras mais saudáveis.

Os fundadores das atuais formas de terapia comportamental cognitiva, doutores Aaron Beck e Albert Ellis (que chamou a sua linha de terapia racional-emotiva) começaram as suas carreiras como psicanalistas, aderindo à teoria psicológica predominante da primeira metade do século XX. Ambos se viram insatisfeitos com a forma tradicional de terapia psicanalítica, que sugeria que os problemas do cliente resultavam de conflitos inconscientes entre vários impulsos biológicos, como a agressividade e a sexualidade. Ellis, em particular, achava lento demais o processo tradicional de interpretar, por vários meses ou anos, os problemas do cliente até ele perceber suas origens, e excessiva a duração da terapia.

Com alguns meses de diferença, Beck e Ellis apresentaram novas formas de tratamento desenvolvidas independentemente, mas que compartilhavam algumas características. Ambos observaram que os pacientes com sintomas semelhantes, tais como depressão ou ansiedade, tendiam a ter certos padrões similares de pensamento. Beck (1991), por exemplo, descobriu que os pacientes deprimidos tendiam a focar sua atenção mais nos aspectos negativos da situação problemática sobre a qual estavam discutindo do que nos positivos. Esses pacientes inclinavam-se não só a enfocar mais os aspectos negativos das situações ruins como também a efetivamente distorcer os significados dos acontecimentos relativamente benignos ou neutros, quando estavam deprimidos. Ellis (1975), cuja nova teoria enfatizava as crenças irracionais, observou que os seus pacientes que estavam com problemas não só tendiam a interpretar os acontecimentos neutros de forma negativa como também sustentavam crenças completamente irracionais e ilógicas a respeito de si mesmos, que persistiam durante muito tempo.

Ambos decidiram aplicar terapeuticamente essas observações clínicas na tentativa de ajudar seus pacientes a se recuperar e se sentir menos problemáticos. Dessa forma, treinaram os pacientes a contestar abertamente as cognições (crenças, pensamentos e atitudes) negativas, irracionais ou distorcidas no momento de sua ocorrência, o que gerava um alívio imediato das emoções desagradáveis.

Com o passar dos anos, a terapia comportamental cognitiva ganhou popularidade e passou por muitos refinamentos. Ela continua a ser uma das formas de psicoterapia de mais rápido crescimento nos Estados Unidos e teve sua eficiência demonstrada no que diz respeito a muitos tipos de problemas relacionados à depressão e ansiedade, doenças compulsivas obsessivas e grandes psicoses. Pelo fato de serem relativamente objetivas, as técnicas envolvidas com a terapia comportamental cognitiva passaram a ser transmitidas na forma de livros de auto-ajuda, como é o nosso caso, para tratar de uma grande extensão de problemas, incluindo a baixa auto-estima.

Como mencionei na introdução, contudo, nenhum desses livros foi escrito especificamente para gays e lésbicas. Na maioria dos casos, o processo de identificação de cognições distorcidas e sua transformação é mais ameno para os heterossexuais, uma vez que eles, na idade adulta, não são mais freqüentemente bombardeados com mensagens ilógicas ou negativas. A sua experiência como adultos ajuda-os a desmentir as antigas mensagens recebidas na infância com mais facilidade. Os gays e as lésbicas, no entanto, precisam não apenas identificar as cognições geradas por antigas mensagens mas também aprender a resistir às mensagens negativas insistentemente presentes na nossa cultura diária.

O modelo comportamental cognitivo

Meu objetivo neste capítulo é ajudá-lo a compreender os conceitos básicos da terapia comportamental cognitiva e a aprender como aplicá-los a si mesmo. Quando os meus pacientes conseguem isto, os benefícios parecem se expandir para várias áreas de sua vida. Eles descrevem o processo como iluminador, especialmente no que diz respeito ao constante diálogo interior, do qual eles sempre estiveram obscuramente conscientes, mas não sabiam como ou onde começar a interrompê-lo e modificá-lo. Eles descobrem que as antigas imagens ou mensagens negativas, que anteriormente permaneciam intocáveis, são agora muito mais fáceis de ser reconhecidas, desafiadas e transformadas.

A premissa básica da terapia comportamental cognitiva é simples. Pensamentos negativos geram emoções desconfortáveis, que, por sua vez, geram comportamentos ineficientes ou autodestrutivos.

Para melhorar a sua eficiência no mundo ou reduzir as suas sensações de insegurança, medo, preocupação ou desolação, você precisa aprender a identificar o pensamento negativo, avaliar a sua validade e, se necessário, substituí-lo por um pensamento mais realista ou saudável. Para aprender a realizar este processo de modo adequado, é preciso entender o modelo da terapia comportamental cognitiva mais detalhadamente. De acordo com o modelo, existem três camadas de pensamentos: os pensamentos automáticos, as crenças condicionais e as crenças essenciais.

Pensamentos automáticos

Ao sentir-se rejeitado ou fracassar, você tende a ter pensamentos automáticos. Os pensamentos automáticos são desencadeados por situações que carregam consigo um significado emocional. Tais situações são freqüentemente importantes tanto em termos pessoais (relacionadas a experiências traumáticas ou negativas específicas em sua vida) quanto culturais (relacionadas ao estigma baseado em crenças culturais mais amplas do que na experiência pessoal). Esses pensamentos situam-se logo abaixo da superfície de sua consciência normal, enviando e confirmando mensagens a seu respeito. Se a sua auto-estima é baixa, há grandes chances de a maioria dos seus pensamentos automáticos ser negativa, fazendo com que você se culpe imediatamente na maioria das situações negativas que vive e incline-se também a interpretar até mesmo as situações ambíguas de maneira negativa. Como essas mensagens negativas, também conhecidas como diálogo interior negativo, são automáticas, substituí-las por mensagens positivas exige um certo esforço. Esse processo, contudo, é essencial para melhorar a sua auto-estima.

Eis aqui um exemplo de uma situação que provoca pensamentos automáticos negativos: digamos que Christina tenha começado a sair com uma mulher, que, após algumas semanas de êxtase, promete telefonar depois do trabalho, às 17h30. A hora chega e nada de o telefone tocar. Christina põe-se a esperar, percorrendo em sua mente as várias possibilidades pelas quais a ligação não ocorreu. Ela sente lampejos de vergonha, rejeição e ira e se descobre dizendo

"Eu sabia que isso nunca poderia dar certo" ou "Ela já está cansada de mim".

É óbvio que a pessoa não foi capaz de cumprir a sua promessa, o que deve ser discutido com ela. O problema, contudo, é a interpretação automática feita por Christina do fato de não ter recebido o telefonema. Neste exemplo, um acontecimento ambíguo (no qual existem muitos fatores desconhecidos) é visto através de lentes cognitivas que distorcem o seu significado de maneira negativa, um processo de falta de autoconfiança que gera sentimentos que magoam e potencializam um confronto irado. Um enfoque mais racional e saudável para Christina poderia ser reconhecer a sua preocupação a respeito do "não-telefonema", mas rapidamente lembrar que existem várias razões para que alguém não ligue, como uma emergência pessoal ou uma dificuldade em encontrar um telefone. Mesmo que a causa tenha sido um esquecimento, ajudaria bastante se Christina compreendesse que existem muitas razões para que as pessoas esqueçam de alguma coisa além da falta de interesse.

Fazer um julgamento emocional a respeito da namorada que não ligou e de suas intenções, antes de obter as informações adequadas, é emocionalmente ineficaz e potencialmente inibidor para a tomada de decisões razoáveis. Ao refrear seus pensamentos automáticos e avaliá-los mais objetivamente, Christina descobrirá que os seus sentimentos iniciais começam a mudar, tornam-se menos intensos e talvez até se suavizem.

Crenças condicionais e essenciais

Crenças condicionais são pressuposições e regras segundo as quais você vive a sua vida. Essas crenças ajudam-no a sobreviver e, como a maior parte das outras crenças, são formadas no início da sua infância. As regras que você teve de aprender e seguir quando criança não eram sempre escritas ou ditas claramente e você pode ter tido de desenvolver regras específicas para sobreviver em sua própria casa. Na casa dos seus pais, por exemplo, talvez existissem regras claras a respeito de onde e quando se podia discutir a sexualidade, se é que este assunto vinha à tona. Talvez houvesse também regras a respeito de que tipo de comportamento sexual era aceitável, como relações sexuais somente após o casamento, e que tipos de relacionamentos não eram aceitáveis, como a atração por pessoas do mesmo sexo. Como uma criança gay ou lésbica, você provavelmente aprendeu a evitar discutir a sua sexualidade em desenvolvimento, especialmente as áreas consideradas anormais ou desviantes. Uma possível crença condicionada estabelecida para você nessa época pode, portanto, ter sido parecida como "Nunca compartilhe os seus verdadeiros sentimentos íntimos com ninguém ou será rejeitado". É possível ver como uma regra desse tipo pode inibir a sua capacidade de estabelecer relacionamentos apropriados quando adulto. Você lerá mais a respeito do desenvolvimento das crenças condicionais no capítulo 2, "O que você aprendeu com sua família".

As crenças essenciais são as imagens que você realmente tem de si mesmo – a relação que você tem consigo nos níveis mais profundos. Elas podem ser tão profundas a ponto de você nunca tê-las articulado, nem sequer para si mesmo; ainda assim, elas são freqüentemente sentidas como verdades absolutas. Alguns teóricos acreditam que as crenças essenciais são particularmente ativadas quando uma pessoa está deprimida. A pessoa deprimida tende a focar a sua atenção quase exclusivamente na informação que confirma a sua crença essencial negativa, filtrando qualquer evidência positiva em contrário. Outros acham que as crenças essenciais têm atividade contínua e afetam todas suas decisões, quer sejam escolhas que sustentem essas crenças ou reações a elas. As crenças agem como lentes, através das quais você enxerga o mundo – distorcidas, as lentes também distorcerão a imagem de todas as pessoas e situações do seu campo de visão. O ditado "ver o mundo com lentes cor-de-rosa" baseia-se nesse conceito; uma pessoa que age dessa forma tende a ver tudo a partir de um ponto de vista positivo. De acordo com o modelo cognitivo, suas lentes (ou crenças) podem ir desde as muito otimistas e positivas até as muito pessimistas e negativas.

A imagem de uma lente de informações ajuda a compreender o motivo pelo qual você mantém as velhas crenças distorcidas que você sabe, pela lógica, não ser verdadeiras. As crenças essenciais tendem a ser rígidas e podem influenciar as crenças condicionais com as quais você convive, que, por sua vez, influenciam os seus pensamentos automáticos. Se uma das suas crenças essenciais, por exemplo, é "Ser gay significa não ser bom o bastante", uma de suas prováveis crenças condicionais será "Tenho de trabalhar duas vezes mais que os heterossexuais para provar que sou igualmente competente". Se você não corresponder às suas expectativas numa determinada situação, seus pensamentos automáticos lhe confirmarão que você não é suficientemente bom. Fica claro, portanto, como isso pode ser emocional e fisicamente exaustivo para você ao longo dos anos, enquanto você luta para provar alguma coisa para si mesmo. A figura abaixo é uma representação gráfica desses mecanismos.

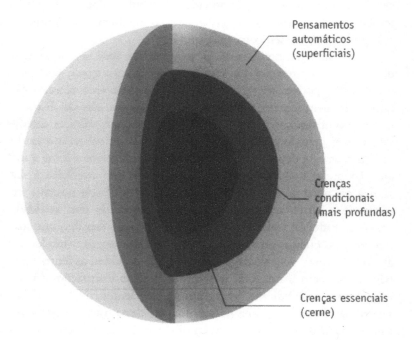

Figura 1. Estrutura da cognição e da profundidade da percepção.

Você terá mais detalhes a respeito da exploração dos tipos de mensagens que recebeu quando criança e o modo como elas afetam a sua vida atualmente um pouco mais adiante. Este livro não só vai convidá-lo a explorar a sua vida familiar inicial para descobrir e desafiar as bases do seu diálogo interior negativo, mas também o encorajará a avaliar outras influências importantes na sua auto-estima, como a cultura da sua comunidade, sua religião e as políticas atuais. Depois de aprender a identificar as origens da sua auto-estima, você poderá começar a se treinar para desafiar as suas crenças negativas.

Reconhecendo padrões negativos

Antes que possa começar a desafiar e mudar os persistentes modos negativos de pensar, você precisa treinar para reconhecer os padrões e flagrá-los quando ocorrerem. Ler a respeito é uma coisa; identificar os seus próprios padrões é outra. Aqui está um exemplo que pode ajudá-lo a reconhecer alguns modos de pensar negativamente e, conseqüentemente, de falar negativamente consigo mesmo. Digamos que você tem uma tarefa a cumprir no trabalho, com uma data limite que, de acordo com o seu supervisor, tem de ser respeitada ou você e a empresa serão afetadas. Imagine também que você tem um tempo exíguo para finalizar essa tarefa e que, embora seja difícil começá-la, você dá duro e acaba terminando antes do prazo. O projeto tem de ser impresso, para a grande reunião de manhã. Você tenta imprimir e descobre que o toner acabou. Você pula para dentro do carro e vai a uma papelaria que venda toner. No caminho, fica sabendo pelo rádio que houve um enorme acidente, criando um engarrafamento de quilômetros. Nesta altura, você talvez já esteja um pouco irritado e ansioso para chegar até a papelaria. Quando chega, vê horrorizado as venezianas fechadas e a placa de "Fechado" pendurada na porta. Sua primeira reação é de apatia, mas você lentamente se dá conta de uma sensação de peso e toma uma pequena golfada de ar. É aí que tem início o diálogo interior. Você pode imaginar o que poderia estar dizendo a si mesmo nesta situação? Pode sentir as sensações que poderia estar experimentando, a reação física a esse acontecimento?

Para algumas pessoas, a voz que se segue a tal acontecimento será severa e punitiva, com expressões do tipo "Você não consegue fazer nada direito!" ou "Você é um incompetente" ou ainda "Você fracassou de novo". Você pode ser especialmente duro consigo mesmo se tiver sido criado para ter expectativas irreais a seu respeito, ou se os erros ou acidentes da infância eram seguidos por humilhação ou outras punições. As emoções que você poderia esperar sentir depois de tal diálogo interior duro provavelmente incluiriam pânico intenso, medo, desespero ou um desejo de correr e fugir. Você talvez sinta vontade de abandonar o projeto por causa de tanta frustração e sensação de fracasso.

Para outros, a voz pode ser menos dura, mas ainda capaz de promover uma auto-imagem de incompetência, ou pelo menos de incapacidade para o sucesso. A voz pode dizer algo como "Eu não sou tão esperto como a maioria das pessoas". Embora possa não estar se punindo abertamente, você talvez sinta um efeito desmotivador ou uma sensação de fracasso.

Existem também aqueles que podem culpar o engarrafamento ou a papelaria por fechar no horário e ficar incrivelmente irados e agitados. A voz é igualmente dura, mas dirigida a alguém (ou algo) que não a própria pessoa. Sua agitação talvez seja tamanha que o seu sono à noite seja perturbado ou o deixe agressivo no trato com parentes e amigos. Se explorasse seus pensamentos um pouco mais profundamente, você provavelmente descobriria que a raiva é diretamente proporcional à ansiedade subliminar que você sente quanto à reação do seu chefe no dia seguinte ou o quão horrível você espera se sentir quando tiver de admitir que o trabalho não está pronto. Independentemente de você se culpar, se sentir ansioso e deprimido ou culpar o tráfego e ficar zangado e irado, o efeito global é um abalo emocional destruidor.

Uma outra maneira de reagir a esse infeliz acontecimento, talvez um pouco mais saudável, poderia ser uma avaliação mais apurada da situação, acentuando menos a autopunição pelo prazo perdido e mais o encorajamento para lidar com a situação de maneira eficaz. Reconhecer a sua voz interior, avaliar sua acuidade e utilidade e efetuar então as mudanças necessárias é a base para reforçar a sua autoestima. Aprender algumas técnicas básicas para ajudá-lo a reconhecer e avaliar o seu diálogo interior o ajudará a confrontar as situações diárias que podem ameaçar a sua autoconfiança e gerar sentimentos de raiva, depressão ou tristeza.

Você pode ter descoberto que, no exemplo anterior, não responderia com um diálogo interior negativo, mas conseguiria elaborar soluções para os problemas imediatamente. Existem duas razões para que esse possa ser o caso. Primeiro: todos nós desenvolvemos áreas na nossa vida em que nos sentimos melhor e mais seguros do que em outras. A competência profissional pode ser essa área para você; sua auto-estima profissional, portanto, seria razoavelmente saudável. Pode ser que você descubra, contudo, que os acontecimentos relacionados a situações que não dizem respeito ao trabalho desencadeiam o seu diálogo interior negativo e sentimentos desagradáveis.

A segunda razão é a de que talvez você não consiga reconhecer o seu próprio diálogo interior devido à relativa profundidade das suas crenças negativas. Você pode estar tão acostumado a encobrir o seu diálogo interior que precisará de tempo para aprender a ouvir as mensagens de maneira mais direta. Talvez seja necessário um pouco mais de esforço para reconhecer o seu diálogo interior negativo, mas conquistar uma melhor auto-estima com certeza vale esse esforço.

Os pensamentos automáticos são normalmente os mais fáceis de reconhecer e começar a abordar. De fato, a maioria dos terapeutas comportamentais cognitivos começa o tratamento fazendo com que o cliente investigue os pensamentos automáticos no momento em que ocorrem e o ensina a analisá-los cuidadosa e objetivamente. Avaliar os padrões dos seus pensamentos automáticos o ajudará a determinar as regras de acordo com as quais você vive, cuja eficácia poderá então ser avaliada. As crenças essenciais começarão a emergir e também poderão ser avaliadas quanto à sua acuidade e utilidade.

Quando criança, você não tinha como avaliar a correção dessas crenças enquanto elas se formavam. Uma das boas coisas de ser adulto é que você agora é capaz de fazer escolhas mais objetivas e saudáveis a respeito de como se vê. Você tem o poder de mudar uma auto-imagem não muito saudável. Tome, portanto, a decisão de dar início ao processo hoje mesmo. Mantenha um registro diário de seus pensamentos durante a semana e de como eles afetam o seu humor. Use o registro dos pensamentos diários adiante para facilitar a tarefa.

Depois de tomar consciência do seu diálogo interior, você deverá tentar reconhecer os padrões que lhe possibilitarão compreender as suas crenças essenciais a respeito de si mesmo. Quando você reconhecer alguns desses padrões e os custos emocionais que acarretam, você será capaz de dar início ao processo de desafiá-los, substituindo-os por afirmações mais eficazes e sentir as mudanças positivas na sua auto-estima. Reconhecer o seu diálogo interior negativo é um primeiro passo bastante eficaz, mas muitas vezes insuficiente para gerar uma mudança significativa. A próxima e mais importante etapa é ajudá-lo a se engajar num debate racional com essas antigas mensagens, avaliando a sua eficácia, utilidade e nível de distorção.

Pode ser difícil reconhecer e desafiar os antigos modos de pensar. Esta batalha torna-se ainda mais dura quando você continua a ouvir mensagens negativas e distorcidas regularmente. Cada vez que fica sabendo de uma surra aplicada em um gay, ouve uma piada homofóbica ou vê um anúncio heterocêntrico, você recebe mensagens diretas e indiretas que sugerem que você é inferior, defeituoso, mau ou sem valor. Seu desafio particular é superar as distorções negativas da sua infância e desafiar ativamente as mensagens negativas atuais. Você tem de se capacitar especialmente para reconhecer as distorções ou os preconceitos que são tidos como verdades universais.

Antes de começar a sua auto-exploração, certifique-se de que entendeu os conceitos centrais da terapia comportamental cognitiva relacionados a seguir:

- Como todos os seres humanos, você fala constantemente consigo mesmo, podendo ter ou não plena consciência das coisas que se diz.
- Você está constantemente interpretando os acontecimentos da sua vida usando antigas informações a respeito de si mesmo e de sua habilidade para lidar com as situações.
- A maioria dos acontecimentos desencadeia pensamentos automáticos ou um diálogo interior que o ajudam a interpretar a situação. Estes pensamentos automáticos podem ser negativos e desencadear emoções desagradáveis como ansiedade, tristeza, ira ou sensação de fracasso. Os pensa-

mentos automáticos normalmente são específicos de determinadas situações.
- O padrão de reação é sustentado por crenças mais profundas chamadas crenças condicionais, que são as regras de acordo com as quais você leva a sua vida. As regras são normalmente estabelecidas e podem ter sido ensinadas diretamente pelos seus pais ou por outras pessoas que cuidavam de você. As regras podem ter funcionado bem naquela época, mas com freqüência não se aplicam tão bem à idade adulta.
- No nível mais profundo de sua personalidade estão as suas crenças essenciais – o valor absoluto que você dá a si mesmo.

Embora a sua família seja uma das principais influências na formação do conceito mais antigo que você tem de si mesmo e na sua auto-estima, existem vários outros fatores que moldam a sua maneira de ver a si mesmo e ao mundo. Nos próximos capítulos o ajudarei a avaliar as origens das crenças condicionais e essenciais que subsistem no seu pensamento automático. Você começará avaliando os fatores familiares que moldam a sua auto-imagem e seguirá explorando outras influências importantes como o seu *background* religioso, suas experiências escolares e as imagens impregnadas pela mídia. Compreendendo estas influências de maneira mais completa, será mais fácil avaliar o seu diálogo interior mais apuradamente e se opor a ele de maneira mais eficiente.

Hora Dia da semana Data	Acontecimento	Pensamentos automáticos	Sensações
18h02 Segunda-feira 15 de julho	Papelaria fechada	"E se eu for demitido?"	Medo, ansiedade
		"Eu sou tão incompetente."	Desespero, tristeza

Registro de pensamentos diários

Durante esta semana, cada vez que você se flagrar triste, ansioso ou irado, acompanhe o que está se passando pela sua cabeça no momento em que estes sentimentos ocorrerem. Escreva a hora, o dia e a data na primeira coluna, o acontecimento específico que desencadeou a reação na segunda, o pensamento ou pensamentos automáticos que passaram pela sua mente na terceira e a sensação que você experimentou na última delas.

2
O que você aprendeu com sua família

*Nós nascemos inocentes, acredite-me, Adia,
nós ainda somos inocentes...*
Sarah McLachlan e Pierre Marchand

Os adultos que supriam suas necessidades básicas de sobrevivência quando bebê, criança e adolescente para foram também os provedores das informações básicas de que você necessitou, à medida que crescia, para interpretar o sentido do mundo ao seu redor e o seu lugar nele. As mensagens que a sua família lhe passou e, em alguns casos, pode ainda estar passando, moldam as crenças essenciais que você tem a respeito do seu valor, sua eficiência e sua capacidade de ser amado. Pense nessas mensagens como se tivessem sido registradas num cd virgem com o qual você nasceu e que toca contínua e repetidamente dentro da sua cabeça. Essas mensagens o ensinam a ver o mundo como os seus pais ou as outras pessoas que tenham tomado conta de você o vêem, com suas distorções e tudo o mais. Na verdade, as crenças mais profundas que você tem a seu respeito costumam ser originárias de sua mais tenra infância e são reforçadas com o passar do tempo até que você inevitavelmente atinja um estado de rebelião e rejeição dos valores parentais ou familiares em geral, normalmente na adolescência. Em algumas famílias especialmente rígidas ou hostis, contudo, pode ser que nunca seja possível alcançar um estado de segurança para rejeitar os valores familiares, por medo de danos físicos ou mentais; a rebelião, nesses casos, ou não ocorre de maneira alguma ou ocorre somente depois de a pessoa ter sido capaz de deixar o meio familiar. São vários os aspectos de sua família de origem que afetam a sua auto-estima, a saber: estilos de pais, expectativas, o seu papel na família e os métodos de comunicação.

Estilos de pais

O estilo dos pais que o criaram pode ter um grande impacto no desenvolvimento das suas crenças essenciais e, conseqüentemente, na sua auto-estima. Os psicólogos sociais identificaram três estilos básicos de pais: autoritários, permissivos e os que sabem impor limites (Baumkind 1968). Cada um desses estilos dá um tom diferente à comunicação, às regras e expectativas familiares, a respeito das quais você obterá maiores detalhes mais adiante, neste mesmo capítulo.

Como as mensagens internas, cognitivas, são formadas de acordo com criação de cada um, é possível que você descubra que as suas crenças essenciais foram moldadas por um desses estilos de pais. Pode ocorrer também, contudo, que os seus pais não se adaptem exatamente a nenhuma das três categorias. Eles podem apresentar qualidades de um, dois ou três dos estilos citados. Podem também ter mudado o seu estilo com o passar do tempo ou depois de uma separação na família, como o divórcio. O estilo de pais pode mudar com o nascimento ou a adoção de um novo filho, quando a atenção se volta mais para o bebê em detrimento da criança mais velha. Assim como a sua família pode não ter seguido apenas um ou outro estilo, as suas cognições podem, às vezes, ser bastante razoáveis e, em outras, severas e punitivas. A freqüência com que você é duro consigo mesmo pode depender da situação e dos seus sucessos ou fracassos em situações semelhantes.

Pais autoritários

Nas famílias autoritárias, as regras de autoridade definem a organização familiar hierárquica. Esse estilo está associado, na maioria das vezes, a uma auto-estima mais baixa nos indivíduos quando adultos. Entre as figuras centrais nesse tipo de família estão um ditador (ou ditadores) no topo e os filhos em papéis claramente subservientes e submissos. Os ditadores costumam ter pouco respeito para com as necessidades de seus filhos, tanto física quanto emocionalmente. As crianças aprendem diretamente – por meio de palavras – e indiretamente – pela falta de permissão para tomar decisões por si mesmas – que são incompetentes. As necessidades emocionais do ditador, normalmente os pais ou um deles, são a principal força motora da família e é possível que as crianças nunca tenham permissão para expressar os seus sentimentos diretamente, especialmente quando esses sentimentos entram em conflito com as necessidades do ditador. Os ditadores freqüentemente tentam invalidar os sentimentos de seus filhos para evitar qualquer desafio ao seu próprio sistema de crenças, rígido porém surpreendentemente frágil e facilmente ameaçável. Eles costumam se apoiar em técnicas disciplinares severas e fisicamente duras, como espancamentos e surras, assim como abusos verbais, para forçar a aquiescência dos outros familiares à sua visão de mundo. O respeito pela autoridade e pelo trabalho, ordem, tradição e conformidade é altamente valorizado. Esse tipo de rigidez, quando aliado a uma excessiva punição física, gera com freqüência o desenvolvimento de estruturas de personalidade mal adaptadas nas crianças, incluindo extrema dependência, submissão e um forte desejo de se adaptar. Ele tende também a tornar os filhos menos confiantes nas suas próprias habilidades, menos auto-suficientes, emocionalmente imaturos (o que significa dificuldade de desenvolver laços emocionais maduros com outras pessoas) e talvez excessivamente agressivos.

Há poucos anos, um comercial de tv dos Estados Unidos ilustrou de maneira impactante as palavras de um pai autoritário. A propaganda começa mostrando o belo rosto de uma garota com grandes olhos escuros em frente a um fundo preto vazio. Da escuridão vêm as palavras severas e iradas: "Você é tão estúpida... Eu queria que você nunca tivesse nascido". A expressão da criança muda subitamente, refletindo a escuridão solitária... As lágrimas rolam silenciosamente pela sua face, mostrando que ela está interiorizando essas palavras e acrescentando-as ao conceito que tem de si mesma. O comercial segue lembrando-nos que as crianças ouvem tudo o que os adultos dizem, mesmo quando eles dizem coisas que, em verdade, não acreditam.

Os psicólogos realizaram estudos exaustivos a respeito de pessoas com personalidades autoritárias. A hipótese resultante sugere que os autoritários são geralmente pessoas ansiosas quanto ao próprio valor e acham que têm que lançar mão de métodos disciplinares severos para forçar seus filhos a respeitá-los e obedecê-los. Eles não podem tolerar o desafio explícito ou a hostilidade de seus filhos e por isso tornam inaceitável a expressão aberta de tais sentimentos, ou até mesmo de questões saudáveis (Adorno *et al.*, 1950).

Alguns psicólogos acreditam que as raízes do preconceito para com outras raças ou classes socioeconômicas residem na repressão dessas primeiras sensações de ira. Para justificar uma organização hierárquica familiar, os seus membros precisam acreditar que algumas pessoas detêm visões mais corretas que outras. Uma família autoritária paternalista típica, por exemplo, crê que os homens são a cabeça do lar, que as mulheres lhes são inferiores e que as crianças são menos importantes ainda (embora os meninos estejam num patamar mais alto do que as meninas). Isso não quer dizer que as mulheres não possam ser autoritárias. Em certos casos, elas podem se tornar uma força ditatorial no lar, mesmo quando a disciplina é efetivada pela figura paterna.

Num lar autoritário típico, o ditador tem de ver a si mesmo como alguém mais poderoso do que os de fora da família para se sentir importante. Quanto menor a semelhança com a figura autoritária, mais negativamente a pessoa será percebida, uma vez que representa um desafio ou uma ameaça à maneira de o ditador pensar. Pessoas de raças/etnias diferentes ou de situação socioeconômica inferior, maior grau de escolaridade, crenças religiosas ou valores sociais diferentes e diferentes sexualidades podem representar ameaças à personalidade autoritária. Os ditadores tendem a rejeitar abertamente as opiniões diferentes das suas, não apenas desvalorizando as opiniões ou tradições dos que são diferentes mas depreciando, evitando, discriminando ou talvez até sendo agressivos contra essas pessoas que ameaçam a sua autoridade.

Os filhos de pais autoritários freqüentemente dão continuidade a esse processo de desvalorização, tanto deles próprios como dos outros. Essas crianças aprendem que têm um determinado lugar no mundo e que não há espaço para questionar o pai autoritário ou tomar decisões por conta própria, mesmo a respeito de seus gostos mais íntimos. A expressão oficial do ditador é: "Você é o que eu quero que seja". Ao não permitir a liberdade de pensamento, o pai ou a mãe está dizendo: "Você é incapaz de tomar essas decisões", o que gera uma insegurança posterior ou dificuldade para tomar decisões na vida adulta.

É claro que nem todo o controle num lar autoritário é exercido de maneira direta. A agressividade ou as ameaças podem ser implícitas ou expressas passivamente. A agressão passiva pode ser particularmente de difícil percepção para uma criança, uma vez que o desprazer dos pais pode não ser tão óbvio como um tapa ou uma repreensão verbal imediata, mas expresso de maneira mais indireta, por meio, talvez, do "tratamento silencioso", da exibição de indiferença emocional ou rejeição. Os comportamentos de agressão passivos por parte dos pais podem não ocorrer imediatamente após a "transgressão" da criança, mas bem depois, quando a criança menos o espera, na forma de um comentário embaraçoso por parte de um dos pais em meio a uma festa, na frente dos amigos da criança. É difícil vincular esses comportamentos irados ao acontecimento que os provocou, pois a pessoa agressiva passiva não sabe lidar com a sua própria agressividade de maneira eficaz, impossibilitando assim uma comunicação sadia. Pais agressivos passivos podem usar a vergonha e a culpa no lugar de métodos de controle agressivos diretos. Eles sabem exatamente onde e quando "chantagear" emocionalmente uma criança e como fazer para ela se adaptar aos seus desejos. Ameaças implícitas de rejeição, expressas literal ou emocionalmente, podem ser suficientes para acabar com a iniciativa, o questionamento e a exploração por parte da criança. Quer o controle seja direto ou indireto, a mensagem subliminar é sempre a mesma: "Você tem de viver de acordo com as minhas regras ou se arriscar a sofrer as conseqüências". Nós voltaremos a discutir os estilos de comunicação familiar e o seu efeito na auto-estima mais tarde, neste mesmo capítulo.

Uma pessoa autoritária não acredita em acidentes e pune a criança pelos seus erros. Derramar o leite é atribuído à sua estupidez ou irresponsabilidade e não simplesmente à imperfeição humana normal. Isso faz com que as crianças desenvolvam um diálogo interior do tipo "Eu tenho que ser perfeito" ou "Quando cometo erros sou um fracasso".

Pais permissivos

Do outro lado do espectro estão os pais permissivos. Eles oferecem apoio ou cuidado emocional, mas poucos limites. Tendem a deixar a criança fazer o que bem entender, tomar todas as decisões por conta própria e conseguir tudo o que deseja. Os pais certamente podem fazer essa escolha intencionalmente, acreditando que as crianças aprendem a ser independentes tomando as suas próprias decisões precocemente na vida e confrontando-se com as conseqüências. Eles crêem que a criança que toma uma decisão que resulta em desconforto aprenderá a não repetir a escolha. Os pais também podem ser considerados permissivos por outras razões, como a necessidade de trabalhar muitas horas fora de casa e sem ter pessoas para ajudá-los ou por serem excessivamente absorvidos por suas próprias vidas e problemas. É possível também que os seus próprios pais tenham lhes fornecido modelos inadequados.

Filhos de pais permissivos podem apresentar problemas com a auto-estima, da mesma forma que os filhos de famílias autoritárias. Alguns estudos sugeriram que essas crianças se comportam de maneira egoísta ao interagir com outras e podem ser inseguras e emocionalmente imaturas (Baumkind 1968). Mais importante, porém, é o fato de que elas freqüentemente interpretam a falta de controle emocional de seus pais como uma negligência emocional, mesmo quando estes sentem um grande amor e carinho por elas. As mensagens de desatenção ouvidas pelas crianças e que se incorporam ao seu diálogo interior podem incluir declarações como: "Eu não sou importante", "Eu não existo" ou "Nada do que eu faço importa".

As crianças podem tentar inconscientemente testar os limites de seus pais, procurando alguma resposta que sinalize uma conexão emocional. Algumas vezes, quando as crianças fazem birra ou quebram uma regra, podem realmente estar procurando o reconhecimento de que fazem parte do mundo dos pais. Todas as crianças têm, como parte do processo de seu desenvolvimento natural, necessidade de ser reconhecidas como independentes e poderosas. O reconhecimento da criança por parte dos pais, expresso por meio da atenção para com os seus desejos, pensamentos e sentimentos, permite que ela avalie a sua eficiência no mundo, observando a reação de seus pais. Um mau comportamento, por exemplo, pode por vezes ser equivalente a dizer: "Olhe para mim, olhe para mim".

O narcisismo, uma forma profundamente arraigada de insegurança, manifesta-se freqüentemente na idade adulta como egoísmo, comportamento autocentrado e auto-engrandecimento. É possível também que as crianças negligenciadas, emocional e fisicamente, tornem-se adultos narcisistamente orientados, na constante busca da atenção e do reconhecimento que não obtiveram em casa. Essa necessidade essencial ainda não satisfeita pode ter um grande impacto na capacidade da pessoa de desenvolver relacionamentos mutuamente gratificantes quando adulta.

Pais que sabem impor limites

O estilo de pais que sabem impor limites parece estar associado a níveis posteriores de auto-estima mais altos. Embora os pais que sabem impor limites ainda sejam a fonte suprema de autoridade familiar da mesma forma que os autoritários, a grande diferença é a que são mais democráticos e permitem que as crianças assumam um papel nas decisões familiares. É permitido às crianças questionar a autoridade e os motivos das regras são explicados de maneira inteligível, ao menos na maioria dos casos. Quando os pais e as crianças chegam a um impasse e os pais exercem a sua autoridade suprema, permitem que as crianças tenham sentimentos a respeito das decisões sem condená-las por isso. As crianças aprendem que seus sentimentos são válidos, mas que alguns comportamentos são socialmente inaceitáveis. Tendo permissão para questionar e racionalizar, elas aprendem métodos inestimáveis para lidar com as situações da vida adulta.

Pais que sabem impor limites buscam estabelecer uma atmosfera de respeito, confiança e comunicação dentro da família. Eles estabelecem regras firmes e claras e normalmente explicitam a conseqüência de quebrá-las. Essas conseqüências costumam ser aplicadas de maneira uniforme entre os membros da família, de uma maneira não hostil nem abusiva (o oposto do que se poderia esperar de pais autoritários). O objetivo é possibilitar que a criança aprenda a lidar com o seu meio, oferecendo-lhe linhas mestras bastante claras de como viver, que acabam por fortalecer o sentimento de poder pessoal e a auto-imagem positiva da criança.

Além do estabelecimento eficaz de limites, os pais que sabem impor limites oferecem um consistente apoio emocional e amor durante acontecimentos angustiantes. As crianças aprendem que elas não precisam se sentir sozinhas, mas podem estender a mão em busca de conforto quando se sentem amedrontadas ou em apuros. A razão é valorizada e encorajada, assim como a necessidade de respeitar a si mesmo e aos outros. As mensagens aprendidas de pais que sabem impor limites, absorvíveis e incorporáveis ao seu diálogo interior, podem ser algo como: "Seus sentimentos são válidos, mas todos temos de viver juntos" ou "Você existe e tem valor nesta família".

Atingindo um equilíbrio

Um dos meus objetivos com este livro é que você aprenda a reconhecer quando pode estar perpetuando os padrões negativos de criação de acordo com os quais você talvez tenha sido educado quando criança. Isso será essencial para que você seja capaz de lidar de maneira mais equilibrada com as suas cognições em relação a você mesmo, mais como um pai que sabe impor limites e controla com amor e respeito do que como um pai autoritário, que comanda por meio do medo, ou um pai emocionalmente negligente e permissivo. Você pode aprender a cuidar de si mesmo, a respeitar seus sentimentos, a validar-se e permitir-se cometer erros. No final deste capítulo, lhe pedirei que explore mais os principais métodos de educação de sua família para que você avalie melhor o seu próprio estilo parental interior.

Sistemas familiares

Além das regras explícitas, as famílias têm uma série de expectativas não tão claras quanto ao que vem a ser um comportamento considerado aceitável. O modo como estas expectativas são comunicadas é próprio de cada família. Todas as famílias têm o seu próprio conjunto de regras, leis e métodos de comunicação e só é possível compreendê-lo dentro do contexto familiar.

Ao olhar para a família como um sistema, é importante compreender que os sistemas tentam manter-se estáticos, mesmo que sejam disfuncionais. Em outras palavras, sistemas estáticos resistem a mudanças. Quando um membro da família interfere no equilíbrio, rompendo com as regras não ditas, desafiando o funcionamento do sistema ou se comportando de modo não sancionado pela família, o sistema freqüentemente tentará forçar o membro rebelde a retornar aos antigos padrões.

Muitos sistemas familiares encorajam as formas de comunicação por eles consideradas aceitáveis em detrimento de outras. Uma das regras familiares pode ser, por exemplo, a de que a criança é proibida de questionar as decisões dos pais e que, quando isso acontece, ela sofre uma repreensão ou é forçada a se submeter à vontade dos pais, irmãos ou até da família mais ampla (avós, tias, tios). Sua família pode ter encorajado ou desencorajado as expressões físicas de afeto ou o diálogo aberto a respeito de problemas.

Regras e limites

Limites são fronteiras que tentamos estabelecer entre nós e os outros e as regras são feitas para reforçar essas fronteiras. Bater na porta antes de entrar no quarto de alguém é um exemplo de um limite saudável, que indica respeito pela privacidade alheia. Quando alguém não respeita os seus direitos, física ou emocionalmente, está violando um limite seu. Bons limites são necessários para um desenvolvimento saudável da sua identidade. De bebês completamente indefesos a adultos saudavelmente independentes, é preciso aprender a construir barreiras de proteção entre si e o mundo ao redor. É preciso aprender a dizer "não" quando não se está seguro. É preciso desenvolver idéias próprias, modos de conviver com o mundo e habilidades para tomar decisões. O papel dos pais neste processo é modelar e ensinar modos eficientes e saudáveis de se colocar no mundo.

É claro que os limites dentro da família podem ser saudáveis ou não. Limites excessivos podem ser considerados rígidos e gerar sentimentos de isolamento e alienação. Você pode ser capaz de se proteger com os muros que constrói, mas dessa maneira não poderá abrir nenhuma porta para a intimidade ou o afeto. Poucos limites ou limites fracos permitem que os outros tirem vantagem de você por meio do desrespeito e do abuso. Pais que não desenvolveram limites saudáveis freqüentemente criarão seus filhos com poucos limites ou nenhum. Essas crianças podem não ter as ferramentas para se proteger quando adultas, permitindo que os outros a intimidem. Seu diálogo interior envia mensagens como: "Eu merecia isso" ou "Eu sou mesmo um inútil", levando a comportamentos passivos quando tratadas de maneira injusta.

Ao nascer, os bebês não têm como estabelecer limites saudáveis. É somente por meio da exploração do corpo e do entorno que aprenderão que são separados do mundo. Eles também aprendem sobre suas habilidades em influenciar mudanças, proteger a si mesmos e ir atrás do que precisam por meio de suas experiências durante o crescimento. Os adultos que cuidam de uma criança moldam as suas experiências, forjando assim as crenças que ela tem a respeito de sua eficiência. Quando os pais provêm tudo ou nada, as crianças podem aprender mensagens distorcidas a respeito de sua própria habilidade de conviver. Pais que violam continuamente os limites das crianças em crescimento as ensinam que elas não podem ou não têm o direito de dizer "não" ou de se defender. As crianças também aprendem ao ver os seus pais interagirem com os outros. O relacionamento dos pais com outros adultos também demonstra limites para uma criança.

Uma família com muito poucos limites, ou limites não suficientemente claros, é chamada de emaranhada. Como discutimos anteriormente, crianças cujos pais não permitem que elas tomem parte das decisões não desenvolvem identidades fortes para tomá-las de maneira independente. Em algum ponto de seu desenvolvimento, a criança precisa ter a oportunidade de tomar decisões para e a respeito de si mesma, de modo a capacitar-se a aplicar essa habilidade, mais tarde, na sua própria vida. Os pais que, devido à sua própria insegurança, não permitem que os filhos pensem independentemente estão efetivamente ultrapassando os limites saudáveis da criança. Outras formas mais explícitas de violação de limites na família incluem incesto e abuso emocional.

Quando as tentativas de estabelecer limites eficientes e claros dentro da família encontram resistência, a criança, adolescente ou jovem adulto pode tentar estabelecer uma barreira extrema, deixando o sistema familiar. Fugir de casa pode ser uma forma efetiva de se separar dos sistemas familiares disfuncionais, compreendida, por vezes, como uma individuação saudável (desenvolvimento de uma identidade saudável e independente). Em certos sistemas familiares, as pressões podem ser tão intensas que as crianças só têm duas opções – fugir ou se adaptar.

As crianças gays e lésbicas têm uma probabilidade muito maior de fugir de casa e até de tentar o suicídio do que seus correlatos heterossexuais, provavelmente para escapar de um sistema familiar disfuncional que resiste à noção de uma criança com uma identidade que não se adapta a ele. Algumas vezes a família decide enviar essa criança não adaptada ou que perturba de alguma maneira o sistema familiar para um internato ou escola militar, para temporariamente restabelecer as regras familiares e, em longo prazo, "transformá-la" numa pessoa conformada. Crianças gays e lésbicas sadias freqüentemente aprendem a compartimentar as suas vidas, guardando suas partes secretas (sua sexualidade) bem lá no fundo. Elas desenvolvem um exterior conformista, que segue as regras do sistema familiar e lhes permite funcionar numa relativa segurança, até serem capazes de se mudar para um ambiente mais saudável ou que as aceite melhor.

Papéis familiares

Você pode ter absorvido informações a respeito do seu valor pelo papel que foi solicitado a desempenhar na sua família. Cada membro de uma família costuma receber uma tarefa a cumprir, um papel. Isso se dá na maioria das vezes sem a necessidade de palavras, com alguns membros da família assumindo certos papéis devido ao comportamento de outros. Entre os papéis mais comuns numa família disfuncional estão o bode expiatório (o que sempre leva a culpa), aquele que cuida ou salva (os irmãos, a mãe, o pai), a ovelha negra (semelhante ao bode expiatório, porém mais abertamente rejeitado) e o herói (aquele que tem de ser bem-sucedido). John Bradshaw, autor de vários livros a respeito de famílias e dos seus efeitos sobre indivíduos, é um ardente defensor da noção de que o papel familiar que esperavam que você desempenhasse quando criança influencia a sua auto-estima quando adulto.

Uma vez adulto, é possível que você descubra que continua a desempenhar o papel que lhe foi reservado quando criança. Você pode ter escolhido a sua profissão por ela se adaptar ao primeiro papel que você assumiu em casa. Pessoas atraídas por profissões assistenciais, como psicoterapia e enfermagem, podem ter crescido se preocupando com as necessidades de seus pais e irmãos, algumas vezes continuando a colocar as suas próprias necessidades no último lugar na sua lista de prioridades. Crianças gays e lésbicas freqüentemente assumem a função de cuidar da família, tanto para desviar a atenção de suas próprias necessidades não satisfeitas como para obter reconhecimento e atenção por seus atos. Elas podem depreender daí que o seu valor para a família vem do fato de atenderem às necessidades dos outros e não ter a sensação de que possuem um valor intrínseco. Mensagens comuns resultantes deste tipo de escolha de papéis rígidos incluem: "Eu tenho de cuidar dos outros, em detrimento de mim mesmo", "Cuidar das minhas próprias necessidades ou ouvir os meus próprios sentimentos é um comportamento egoísta" ou "Eu seria inconveniente se me comportasse de acordo com meus verdadeiros sentimentos".

Formas de comunicação na família

Muito da linguagem nas mensagens que você envia a si mesmo vem das formas de comunicação que aprendeu no início de sua vida familiar. Você pode chegar a ouvir essas mensagens repetidas na voz da pessoa que as enviou quando você era criança. É importante reconhecer as várias formas de comunicação que a sua família usava para que você se torne capaz de enxergar como pode ainda estar se comunicando doentiamente consigo mesmo e com os outros.

Mensagens não-verbais

Embora algumas mensagens sejam enviadas verbalmente, muitas das que você recebeu e observa não são ditas. De fato, as pesquisas sugerem que até 90% de toda a comunicação entre os seres humanos é do tipo não-verbal (Mehrabian 1972). A comunicação não-verbal inclui comportamentos como expressões faciais que sugerem forte aprovação ou reprovação (sorrisos ou caras fechadas). Muitas famílias desenvolvem o seu próprio sistema de códigos não-verbais, que pode ser usado em casa e em público; esses códigos são tão específicos que as outras famílias podem não reconhecer o seu significado ou importância. Outras formas não-verbais de comunicação incluem a linguagem corporal, como abraçar ou "enrijecer" o corpo ao abordar uma pessoa, estabelecer contato com os olhos, olhar direta ou indiretamente ou até mesmo a quantidade de silêncio durante o jantar.

Às vezes, as mensagens internas negativas são, na verdade, imagens visuais e não sonoras, extraídas de olhares severos ou acontecimentos negativos que ocorreram em resposta a atitudes suas quando criança. Você pode, por exemplo, ter recebido olhares de aborrecimento ou desaprovação sempre que tentava discutir questões sexuais ou emoções intensas, cuja mensagem era a de que havia alguma coisa errada com o seu desejo de discutir a questão.

O tom de voz também pode refletir que você ou alguma coisa que você deseja expressar é inaceitável, mesmo que as palavras usadas pela outra pessoa sugiram que ela está disposta a ouvi-lo. Isto se chama comunicação dilema, uma vez que um dos pais pode dizer uma coisa, mas seu tom de voz diz outra. Este tipo de comunicação confunde e pode ensinar a criança a duvidar do que lhe está sendo dito. A linguagem corporal também pode contradizer as palavras, enviando uma mensagem confusa. O pai ou a mãe pode dizer, por exemplo, "Eu preciso de um abraço", mas enrijecer o corpo quando a criança se aproxima. Algumas vezes aquilo que as pessoas dizem querer é diferente do que elas realmente querem. Você pode ter desenvolvido este estilo indireto de comunicação com os outros sem ter se dado conta até este momento. Preste atenção no seu próprio tom de voz e na sua linguagem corporal nos próximos dias para ver se o seu corpo e as suas palavras estão em sintonia.

Expressando raiva

Se a sua família não se sentia à vontade com a expressão direta de raiva, é possível que você trate a si mesmo de maneira passiva-agressiva. Em vez de dizer coisas severas como: "Você é um idiota e não vale nada" (uma declaração agressiva direta), você pode inconsciente (e indiretamente) sabotar o seu próprio sucesso de vez em quando. Pode ser que seja difícil para você reconhecer as mensagens que a agressividade passiva da sua família lhe enviou, caso elas nunca tenham sido ditas em voz alta, mas sempre de maneira implícita. No caso de a comunicação não-verbal e a agressividade passiva terem sido as principais formas de comunicação na sua família, pode ser mais fácil para um psicoterapeuta experiente ajudá-lo a discernir esse tipo de mensagens.

A mãe de Dawn, Doris, sempre olhava chocada para a filha quando ela tentava falar a respeito de si mesma. Embora Doris nunca a tenha repreendido verbalmente, Dawn compreendia o que ela estava dizendo a partir de sua expressão facial: "Você me decepciona. Eu sou capaz de recolher o meu amor por você se você continuar nesse caminho". Se Dawn insistia no seu argumento, sua mãe tornava-se fria e distante, algumas vezes por incontáveis dias. Sem precisar das palavras, Dawn aprendeu que, de acordo com a sua mãe, existem modos corretos e incorretos de se expressar. Embora ela tenha sempre sustentado que seus pais nunca foram abusivos e estavam sempre dispostos a dialogar, foi só depois de adulta, quando começou a enfrentar dificuldades no seu relacionamento, que Dawn percebeu quanto do estilo de comunicação de sua mãe ela trouxera para a relação com sua parceira. Dawn descobriu que era agressiva-passiva consigo mesma algumas vezes. Em vez de permitir-se ficar desapontada quando as coisas não aconteciam da maneira desejada, ela percebeu que era mais provável que acabasse recusando convites para se sociabilizar com os amigos ou rejeitasse o apoio de sua parceira, por achar que não o merecia.

Recompensa e aceitação

Aquilo que a família reconhece e recompensa podem ser características por ela valorizadas, como submissão, conformidade, conquistas acadêmicas, beleza etc. Você pode ou não ser capaz de suprir essas expectativas. Crianças que são capazes de alcançar os padrões familiares e são recompensadas com elogios ou aceitação tendem a continuar tentando alcançá-los no futuro. As conquistas acadêmicas, por exemplo, são uma área em que muitas crianças se saem muito bem, sendo recompensadas em casa pelo seu sucesso. O impacto da escola na auto-estima será discutido detalhadamente mais adiante.

A identidade secreta

Muitos adultos gays e lésbicas lembram de terem se sentido desdenhados, de maneira direta ou não-verbal, devido à sua atração por pessoas do mesmo sexo. Mesmo que a sua família não tenha discutido abertamente a questão da sua homossexualidade, ou até mesmo da sexualidade em geral, você provavelmente conhecia a postura da sua família sobre essas questões e aprendeu a esconder esses sentimentos.

O reconhecimento precoce por parte de uma criança de sua atração por pessoas do mesmo sexo, numa família ou cultura sem atitudes tolerantes em relação a essa orientação, pode fazer com que a criança desenvolva uma fragmentação de sua identidade, criando uma pública e outra privada ou secreta. A identidade pública comporta-se do modo com maior probabilidade de agradar aos pais, amigos e sociedade. Essa identidade segue todas as regras e se comporta da maneira esperada, mesmo quando os seus sentimentos mais profundos não são os mesmos dos amigos ou da família.

Os heterossexuais também podem ter identidades secretas em relação a outras questões. As garotas com uma orientação heterossexual, por exemplo, podem preferir atividades tradicionalmente masculinas, mas aprendem desde cedo que serão ridicularizadas ou punidas por perseguir esses interesses, de modo que se adaptam, aceitando os papéis tradicionalmente femininos a elas designados. Isso costuma gerar sentimentos crônicos de monotonia ou até mesmo depressão. Crianças lésbicas ou gays são freqüentemente invalidadas, não apenas na sua sexualidade, mas também nas suas outras inclinações não tradicionais. Alguns gays identificam-se com o fato comum de serem forçados praticar de esportes em vez de aprender música e arte, para não humilhar o papai. Muitas lésbicas compartilham histórias semelhantes, em que lhes foi dito que deveriam usar vestidos ou maquiagem ou foram repreendidas por terem se comportado de maneira "indigna para uma dama", até que aquiescessem.

Nem todos os gays ou lésbicas sentem esse tipo de desconforto relacionado ao gênero. Existem certamente lésbicas com interesses femininos mais tradicionais e gays que perseguem interesses tradicionalmente masculinos. O que a maioria dos gays e lésbicas tem em comum, contudo, é a constante invalidação de seus interesses sexuais. As mensagens aterradoras que uma criança aprende a partir de uma vida fracionada são: "Eu preciso viver para agradar os outros e não para ouvir os meus próprios sentimentos e necessidades", "Meus verdadeiros sentimentos não têm valor ou são inaceitáveis e eu tenho de escondê-los sempre" ou ainda uma crença mantida mais profundamente de que "Minha identidade secreta é vergonhosa, não tem valor ou é má".

Abuso e negligência

Embora eu ainda não tenha encontrado uma família completamente funcional nos meus mais de dez anos como terapeuta, existem certamente características familiares que parecem ser mais nocivas que outras e que podem afetar o nível geral de sua auto-estima. Não se pode negar que o abuso é nocivo de várias maneiras – física, emocional e espiritualmente. O abuso pode ser dividido em diferentes tipos: físico, sexual e emocional. Esses tipos de abuso também são mais comumente associados ao estilo de criação autoritária.

Entre alguns tipos comuns de abuso físico estão bater, esbofetear, confinar ou causar outro tipo de desconforto físico ou dor. Esse abuso pode ou não ser uma punição em resposta a um determinado comportamento da criança. Às vezes o abuso físico se dá como uma maneira do pai ou da mãe aliviar a sua própria raiva ou ansiedade. Nesse caso, a mensagem enviada é confusa, uma vez que a criança tentará, com freqüência, correlacionar o seu próprio comportamento com a explosão do pai ou da mãe. Na falta de uma correlação lógica, comportamentos arbitrários, como usar a cor azul, podem às vezes associar-se na mente da criança a erupções negativas. A pressão resultante da tentativa de prever as erupções dos pais e evitar provocá-las pode gerar sentimentos crônicos de ansiedade. Os castigos físicos têm o poder de moldar a auto-estima da criança por muitos anos, bastando para isso apenas alguns incidentes violentos. Uma criança costuma ser um alvo conveniente de um dos pais psicologicamente imaturo com poucas habilidades emocionais, uma vez que ela não tem como resistir e pode ser intimidada em silêncio. As mensagens são explícitas: "Você não tem o poder de se defender" e "um grande mal se abaterá sobre você se der o passo errado".

O abuso sexual inclui comportamentos que vão desde o estupro explícito (forçar uma criança a aceitar um comportamento sexual que ela considera inaceitável/amedrontador/doloroso) à sedução (convencer a criança de que um comportamento sexual impróprio é aceitável e consensual). Entre os comportamentos específicos estão todas as formas de intercurso, felação, cunnilingus e outros toques em partes íntimas, assim como as formas menos óbvias, mas igualmente sexualizadas de comportamento, como voyeurismo, exibicionismo, flertes e comentários sexuais embaraçosos. O abuso sexual pode ocorrer tanto dentro da família (incesto) quanto fora dela, por alguém do sexo oposto ou do mesmo sexo. As vítimas apresentam freqüentemente sentimentos não resolvidos ou mistos a respeito do abuso sexual, especialmente se elas experimentaram algum prazer, sexual ou emocional com o ato. As vítimas se sentem freqüentemente culpadas e responsáveis, especialmente se aquele que cometeu o abuso define como consensual ou mutuamente prazeroso. Elas também costumam se sentir culpadas ou envergonhadas quando adultas, evitando falar a respeito do ocorrido.

Algumas vezes, gays ou lésbicas são convencidos de que o abuso sexual sofrido por eles quando jovens foi o responsável pela sua identidade sexual emergida posteriormente. O argumento é freqüentemente usado para explicar a origem da homossexualidade, sugerindo que algo de anormal ocorreu para que uma identidade gay ou lésbica tivesse se desenvolvido. Um dos problemas desse tipo de justificativa, contudo, é o de que ela corrobora a si mesma. Poder-se-ia argumentar que uma mulher tornou-se lésbica por ter sofrido abuso sexual por outra mulher (e gostou) ou porque sofreu abuso sexual por um homem (e não gostou). A condução de pesquisas para avaliar essas teorias é quase impossível, uma vez que envolveria medir a orientação sexual anterior ao abuso sexual sofrido na infância e depois dele. Como é fácil perceber, esse tipo de pesquisa seria difícil de conduzir de maneira ética e prática. Embora estejam surgindo cada vez mais evidências sugerindo que a orientação sexual começa a ser moldada logo no início de nossas vidas, ainda somos relativamente ineficientes no que diz respeito a determinar que crianças podem vir a se tornar adultos homossexuais. De fato, os dados científicos mais atuais sugerem que a orientação sexual é moldada por vários fatores, inclusive os não ambientais, como a genética ou a biologia.

O abuso emocional pode ser explícito ou encoberto, de modo que nem todos concordam a respeito do que o constitui exatamente. Exemplos claros de abuso emocional explícito incluem sujeitar a criança a gritos freqüentes, comentários insultantes ou degradantes e ameaças verbais e não verbais de dano físico, sexual ou emocional. Exemplos menos claros incluem ameaças implícitas, rejeição, evitamentos, sorrisos irônicos, comportamentos agressivos-passivos e sarcasmo. Aqueles que abusam emocionalmente de crianças têm muitas características em comum com os abusadores físicos e sexuais, se não os comportamentos específicos. Por exemplo, respondem freqüentemente às crianças de maneira abusiva devido à sua própria necessidade ou falta de habilidade de controlar impulsos, em vez de dar uma resposta direta ao comportamento da criança. A ferida do abuso emocional provoca o mesmo efeito na auto-estima que o abuso físico ou sexual. O abuso emocional pode ser particularmente danoso para a auto-estima de uma criança porque os pais podem efetuá-lo mais freqüentemente e com menos oposição por parte de outros membros da família ou de pessoas de fora. O abuso emocional pode não se dar em acontecimentos distintos com tanta freqüência quanto no caso do abuso físico ou sexual, mas pode existir constantemente na forma de insultos, intimidação e ameaças verbais e não-verbais. Uma criança que cresce num ambiente de avaliação negativa constante terá provavelmente uma baixa auto-estima. Quanto mais negativas as mensagens, mais baixa é a auto-estima.

Pais que permitem a ocorrência de uma forma de abuso freqüentemente permitem também a ocorrência de outras. Uma tendência comum a todas as formas de abuso é o conceito de violação de limite. Os limites são saudáveis em vários aspectos e particularmente relevantes para as pessoas que foram criadas em famílias abusivas. Os pais que não encorajam a formação de limites saudáveis por parte de seus filhos ou que não respeitam esses limites quando eles são formados estão, na verdade, ensinando seus filhos a se tornar vítimas. Eles lhes ensinam que os seus pensamentos, sentimentos e desejos não são válidos e que as necessidades dos outros são mais importantes que as suas. Eles também ensinam a essas crianças que, mesmo no caso de um desejo ser válido, elas não são suficientemente poderosas para fazer valê-los. A repetida violação de limites físicos, sexuais ou emocionais ensina à criança que ela não merece respeito, amor ou felicidade. As mensagens cognitivas que as crianças que sofreram abuso desenvolvem soam como: "Você não merece o respeito dos outros", "Você não merece ser amado", "Você merece ser abusado pelos outros".

Certamente existem muitas razões para que os pais abusem de uma criança, além de sua intenção consciente de infligir danos a curto e longo prazo. Muitos desses pais cresceram em lares violentos e abusadores e aprenderam o estilo de seus próprios pais. Muitos também têm problemas que se sobrepõem a eles, como a pobreza, perda de emprego ou dificuldades no casamento, e poucos meios eficientes de lidar com essas pressões. Eles também podem ter problemas psicológicos, como a ingestão descontrolada ou a dependência de álcool ou de outras substâncias nocivas. É importante ter em mente que o abusador pode não se dar conta de que as suas escolhas são impróprias e nocivas. Em muitos casos, eles podem ter a intenção de fazer a coisa certa, mas o seu próprio *background* os impede de tomar essa decisão.

Outro tipo potencialmente maléfico de comportamento parental, a negligência, tem menos probabilidade de provocar a ira pública, exceto em casos extremos. Tais extremos incluem deixar uma criança sozinha por muito tempo ou não atender às suas necessidades de saúde ou segurança, colocando a sua vida em risco. Formas menos extremas podem ser simplesmente a falta de disponibilidade emocional ou física de um dos pais, a falta de atenção em longo prazo a questões de saúde, como nutrição ou exercícios físicos, ou a desatenção a sinais de possíveis problemas da criança na escola ou em suas relações pessoais. Os pais podem certamente ser amorosos e negligentes ao mesmo tempo, selecionando as questões que de acordo com eles são apropriadas para discussão e ignorando as outras necessidades dos filhos. Essas crianças aprendem a acreditar que não são importantes, "que não são suficientemente boas para serem assistidas" ou que "não fazem nenhuma diferença".

Crianças que crescem junto a pais que têm uma doença psicológica significativa ou que abusam ou dependem de álcool ou de drogas freqüentemente se omitem em nome das necessidades dos pais ou de outros membros da família que apresentam os problemas mais sérios. As crianças podem depreender a partir daí que, para ser atendidas, têm de estar doentes ou mostrar-se rebeldes de alguma outra maneira. Essas famílias tendem a formar um sistema doentio ao redor da doença do indivíduo (ou indivíduos), desencorajando o comportamento rebelde, a saúde emocional ou a luta por independência. Pais que têm uma doença mental não tratada ou problemas de dependência/abuso de alguma substância nociva podem exibir comportamentos abusivos tanto físicos, sexuais ou emocionais para com os seus filhos, devido à dificuldade de controlar seus impulsos ou a intensa auto-absorção. Crianças que crescem nesse tipo de ambiente aprendem que o mundo é imprevisível e assustador e que elas têm de atender às necessidades dos outros e não às suas próprias. Mensagens inconsistentes de apoio ou cuidados podem tornar ainda mais difícil para as crianças formar expectativas claras quanto ao mundo e a si mesmas.

Avaliar as mensagens

O objetivo deste capítulo é ajudá-lo a compreender as mensagens – diretas e indiretas – que você ouviu repetidamente na sua família de origem a seu respeito. Ao explorar essas mensagens quando adulto, você tem uma vantagem sobre quando era criança: pode avaliá-las mais objetivamente e rejeitar as que forem imprecisas.

Muitos dos meus clientes homossexuais não tinham consciência de como perpetuavam sentimentos de inadequação, dúvida, ansiedade ou depressão, continuando a tocar o velho cd familiar em seu diálogo interior. O primeiro passo para mudar esses sentimentos, de um ponto de vista cognitivo, é reconhecer as mensagens contidas nesse diálogo. Embora a sua família seja certamente uma grande fonte de declarações negativas, existem com freqüência outras grandes fontes de declarações a respeito da homossexualidade que moldam as nossas próprias crenças, como a cultura mais ampla, a mídia, a escola e algumas religiões organizadas. Exploraremos essas outras grandes fontes de informações negativas e distorcidas nos próximos capítulos para ajudá-lo a continuar identificando as fontes do seu diálogo interior antes de nos voltarmos para o verdadeiro trabalho de mudar, desafiar, refutar e alterar o diálogo interior contido no velho cd.

É importante que você reconheça as crenças que carrega consigo desde a sua infância. Responder às perguntas a seguir vai ajudá-lo a esclarecer as crenças familiares, os valores e mensagens que você recebeu enquanto crescia e formava um conceito de si mesmo. Será importante então que você considere a validade dessas crenças e a sua utilidade para você como adulto. O fato de a sua família acreditar em alguma coisa a seu respeito não faz disso uma verdade. O fato de eles terem lhe ensinado o que sabiam não significa que o que eles lhe ensinaram seja útil para você. De fato, em muitos casos, o que eles aprenderam como heterossexuais a respeito de gays e lésbicas ou a respeito de sexualidade de uma maneira geral pode ser bem doentio e nocivo para você.

Questões para reflexão

Reserve algum tempo para responder às questões a seguir, derivadas dos conceitos abordados neste capítulo. Você não tem de escrever as suas respostas, mas pode optar por iniciar um diário de memórias, pensamentos e sentimentos para uma revisão posterior.

- Que tipo de pais – autoritários, permissivos ou que sabem impor limites – foram mais evidentes na sua família durante o seu crescimento?
- Caso você tenha sido criado numa família autoritária: Quem era o ditador (ou ditadores)? Como essa pessoa usava a disciplina? Essa pessoa estava fisicamente presente com você ou usava estratégias psicológicas ou emocionais para controlá-lo? Qual era o castigo ou a ameaça de castigo usada quando você pensava ou sentia alguma coisa que o ditador não valorizava? Você era repreendido ou punido por acidentes ou erros? De que outras maneiras você reconhece que a sua criação afeta a sua vida atual?
- Caso você tenha sido criado numa família permissiva: Com que freqüência você se sentiu totalmente aceito? Houve vezes, quando criança, em que você se sentiu sozinho, negligenciado ou não atendido? Houve vezes em que você desejou secretamente ter uma discussão para sentir alguma ligação emocional com um membro da família? Você conseguia escapar impunemente quando fazia alguma coisa errada? O que acontecia quando você vinha para casa com uma nota boa ou outro tipo de reconhecimento por um bom trabalho? Quando adulto, você alguma vez sentiu necessidade de ter uma briga com um amigo ou outra pessoa importante só para "quebrar o gelo?" Você algumas vezes se

sente como se tivesse de animar as reuniões sociais? De que outras formas você reconhece a sua criação afetando a sua vida atual?
- Caso você tenha sido criado numa família que sabia impor limites:
Com que freqüência você se sentiu totalmente aceito? Houve alguma vez em que seus pais mudaram o seu estilo de criação? Houve algum acontecimento que teve um impacto significativo na sua família, como divórcio, morte ou mudança de status social? Com que freqüência você foi incluído nas decisões familiares importantes? De que outras maneiras você reconhece que a sua criação afeta a sua vida atual?
- Sua família exibia características de dois ou todos os três estilos familiares? Como você perpetua o mesmo tipo de criação no qual você cresceu?
- Você é capaz de identificar o estilo que usa consigo mesmo atualmente? Para se motivar? Para lidar com erros? Você diz coisas para si mesmo que são agressivas ou age de modo passivo-agressivo?
- Quais eram as regras familiares no tocante à privacidade? Você tinha permissão para ter um tempo e um espaço só seus? Seus pensamentos, sentimentos e propriedades eram respeitados?
- Seus pais tinham limites saudáveis com você?
- Você tinha consciência de uma identidade secreta que acreditava ter de esconder?
- Você sofreu abuso físico, sexual ou emocional?
- Algum de seus pais (ou os dois) sofre (ou sofreu) de doença mental, problemas com abuso de substâncias nocivas e afins? Como você compensou esses problemas?
- Que questões emocionais não respondidas você traz da sua infância?
- Que padrões você perpetua consigo mesmo atualmente?

3
Mensagens inescapáveis: mídia, cultura e política

Como é possível documentar a vida real quando a vida real está ficando cada dia mais parecida com a ficção?
Jonathan Larson, *Rent*

Muito do que você aprendeu a respeito de si mesmo e do seu valor como lésbica ou gay foi absorvido dos marcadores culturais ao seu redor. Todos nós somos produto da nossa sociedade e da nossa época, podendo nos adaptar, rebelar ou fazer as duas coisas. O sistema familiar abordado no capítulo 2 é parte de uma sociedade mais ampla que o contém. Se os membros da sua família se adequam às expectativas e posturas dos vizinhos, eles provavelmente esperarão que você faça o mesmo. As pessoas se adequam tanto para se sentir aceitas quanto para evitar a dor da rejeição e do isolamento.

Como são formadas as posturas

Antes de continuarmos a avaliar as visões específicas que a nossa cultura tem e propaga a respeito da homossexualidade e o histórico dessas visões, vamos discutir a maneira de as pessoas formarem as suas posturas a respeito de outros indivíduos ou grupos. Meu objetivo é ajudá-lo a entender as origens do medo, ódio e discriminação que afetam a nós todos.

As posturas são como filtros que influenciam a maneira de as pessoas perceberem e avaliarem as coisas, os acontecimentos e as outras pessoas. Elas possibilitam organizar e simplificar um mundo complexo. As pessoas aprendem posturas com a sua família, companheiros, educadores, mídia e outras fontes culturais de informação. O desejo de aceitação leva as pessoas algumas vezes a moldar as suas atitudes e crenças ao encontro das da maioria. Existem vários fatores envolvidos na maneira de assumir determinadas posturas, entre eles a influência social (a postura das outras pessoas), a influência cognitiva (o estilo próprio de raciocínio e pensamento de uma pessoa e as mensagens que ela aprendeu quando criança) e o comportamento.

É claro que as posturas podem influenciar o comportamento, como no caso de uma criança proveniente de uma família rica, ensinada que as crianças pobres são estúpidas, e que humilha um sem-teto. O oposto, porém, também é verdadeiro, uma vez que as pessoas podem assumir posturas para justificar os seus comportamentos. Quando não têm uma justificativa óbvia para os comportamentos que exibem, as pessoas tendem a adotar uma postura coerente com as suas ações. Por exemplo, um homem que toma parte numa surra dada em gays por sentir a necessidade de controlar alguma coisa na sua vida pode adotar a postura de "Os gays têm de ser inferiores a mim" para explicar a si mesmo por que tem de agir desta maneira.

Muitos psicólogos se interessam em como mudar as posturas de modo a tentar solucionar vários problemas que persistem na nossa sociedade. A discriminação racial, por exemplo, é essencialmente enraizada nas posturas racistas. Para que a discriminação tenha fim, as posturas das pessoas têm de mudar.

Atribuições

A atribuição é o processo de explicar por que as pessoas se comportam de determinada maneira. Quando as pessoas fazem uma atribuição, elas estão, com efeito, tentando decidir quais são as causas de um comportamento. Esse processo envolve essencialmente decidir se o comportamento de determinada pessoa é causado por algo inerente a ela (uma atribuição interna) ou por algo inerente à situação ou ao ambiente (atribuição externa).

Cientistas sociais observaram que um indivíduo tende a exibir padrões característicos de atribuição. Um conceito bastante conhecido na psicologia social, chamado erro fundamental de atribuição, declara que as pessoas tendem a subestimar o papel das causas do comportamento externo ao indivíduo e superestimar o papel das causas internas. Por exemplo, você poderia concluir que uma jovem que vai mal na escola não é muito inteligente (atribuição interna), quando as suas notas ruins devem-se na verdade a problemas que ela tem em casa (causa externa). Você pode supor também que foi rejeitado por uma empresa pelo fato de ser homossexual (atribuição interna), quando na verdade você foi rejeitado porque a empresa decidiu, semanas antes de você se candidatar, que não admitiria mais nenhum funcionário esse ano (causa externa).

Você pode tender a atribuir um determinado comportamento inerente a você ou a outra pessoa em vez de olhar para as explicações externas ou vice-versa. Ou você pode sempre dar aos outros o benefício da dúvida, mas culpar a si mesmo quando as coisas dão errado, sem nunca considerar uma explicação externa.

Muitas mensagens culturais são expressas de modo a culpabilizar indivíduos ou grupos identificáveis de pessoas. O presidente, por exemplo, é freqüentemente culpado ou glorificado nos grupos políticos e na mídia pelo andamento da economia. É claro, contudo, que na realidade são muitos os fatores responsáveis pelo sobe-e-desce da economia, tais como a atividade do mercado e a saúde econômica de outros países. Se o presidente fosse um grande interiorizador e aceitasse, portanto, toda a culpa pelas falhas na economia, ele provavelmente ficaria tão atormentado que acabaria se desviando dos outros aspectos do seu trabalho.

Os gays e as lésbicas são freqüentemente culpados ou usados como bodes expiatórios de determinados problemas sociais. Alguns grupos religiosos, por exemplo, sugerem que os gays e as lésbicas são os responsáveis pelo colapso dos "valores familiares tradicionais". Se você tem a tendência de se sentir culpado ou envergonhado quando ouve tais mensagens, é possível que você seja um interiorizador. Pessoas com auto-estima baixa tendem a internalizar a responsabilidade com maior freqüência do que a externalizar. Se você é um interiorizador, parte da estratégia para elevar a sua auto-estima será começar a avaliar as razões externas para um comportamento problemático, em vez de sempre aceitar a responsabilidade total e culpar a si mesmo. No exemplo anterior, o "colapso" do núcleo familiar poderia ser visto como o resultado de fatores econômicos e não de fatores morais.

Preconceito, estereótipos e discriminação

As posturas das pessoas e as suas atribuições afetam o seu modo de avaliar e tratar os outros. Posturas e atribuições positivas levam a tratamentos favoráveis. Atitudes negativas provocam, como reação, um comportamento preconceituoso e uma estereotipização da pessoa ou do povo a respeito do qual se detêm crenças negativas. Para efeito de esclarecimento, preconceito é uma atitude negativa para com uma pessoa devido somente ao fato de ela pertencer a determinado grupo. Estereótipo é um conjunto de crenças a respeito das características das pessoas de um determinado grupo, que é então expandido para todos os membro do mesmo grupo. Discriminação, em termos simples, é a expressão comportamental do preconceito e envolve ações que prejudicam membros do grupo-alvo. Embora quase certamente a maioria dos gays e lésbicas possa enumerar rapidamente exemplos de discriminação por eles enfrentados, tanto direta quanto indiretamente, muitos não reconhecem os modos por meio dos quais eles podem montar estereótipos internos, manter atitudes preconceituosas para consigo mesmos ou até se autodiscriminar.

As posturas negativas adotadas pela sua família, amigos ou cultura mais ampla são produtos de uma cultura de modo geral intolerante para com os homossexuais, portanto impossíveis de não se interiorizar. Isso pode criar uma batalha interna futura entre os seus desejos e o seu comportamento. Essa tensão, às vezes chamada de homofobia interiorizada, pode resultar em comportamentos de autopunição de pensamentos negativos, autocensura, otimismo decrescente e predições concretizadas pela própria pessoa.

Miriam, por exemplo, estava com medo de perder um cargo de alto nível, que desejava muito, pelo fato de ser lésbica. Antes mesmo da entrevista, já estava convencida de que ser homossexual era uma desvantagem – ela se assumira para todos os conhecidos e acreditava que a sua empresa era muito conservadora para tolerar uma lésbica assumida num cargo de alta gerência. Seus pensamentos pouco antes da entrevista foram desde: "Minha orientação sexual vai me colocar em desvantagem na luta por esse emprego" até "Eu deveria me dar por satisfeita com o que já tenho", aumentando a sua ansiedade a ponto de ficar com as palmas das mãos suadas e palpitações. Embora soubesse que não era provável que surgissem questões a respeito da sua orientação sexual durante a entrevista, ela nem de longe se saiu tão bem quanto sabia que poderia tê-lo feito. Como havia previsto, Miriam não conseguiu o cargo, o que tomou como uma confirmação de que ser lésbica assumida era incompatível com esse nível de gerenciamento. Infelizmente, Miriam foi incapaz de perceber que o fato de ser lésbica teve menos relação com a não-conquista da promoção do que a sua ansiedade. Suas baixas expectativas a respeito de si mesma interferiram na sua habilidade de se apresentar como a funcionária competente e capaz que é.

Mensagens da sociedade

Embora as regras sociais de adaptação sejam freqüentemente explicitadas por intermédio de leis e códigos éticos (como as instituições governamentais e religiosas), muitas das regras da sociedade são comunicadas de maneira mais sutil e informal. Assim como os pais podem enviar mensagens de modo aberto – gritando, xingando ou batendo – ou sutil – por expressões faciais, silêncio e outras formas encobertas de rejeição –, as mensagens sociais a respeito da homossexualidade também podem ser explícitas ou encobertas. A homofobia social explícita pode ser encontrada nas políticas de emprego que discriminam os gays, nas leis a respeito de sodomia e nos crimes movido pelo ódio. A negatividade indireta para com os homossexuais é mais difícil de ser detectada, da mesma maneira que os indícios não-verbais no interior da família, que podem ser ainda mais difíceis de serem reconhecidos como impróprios. Entre os exemplos de homofobia encoberta ou menos formalizada estão os comportamentos sociais como a estereotipização dos homossexuais na mídia e nas conversas públicas, os votos contrários às questões pró-gays ou às iniciativas de levantar fundos para as vítimas do hiv (postura que pode ser mais facilmente adotada por alguns homofóbicos com alguma consciência, uma vez que se sentem pouco à vontade para votar diretamente a favor de uma iniciativa antigays) e as informações distorcidas para as crianças a respeito do comportamento sexual de gays e lésbicas. AlgE que a maioria dissemine informações incorretas a respeito deles, o que garante a manutenção das posturas e atitudes opressivas. Representar a personagem "lésbica" num programa de tv ou filme como a assassina ou a louca, ignorar ou não se opor piadas preconceituosas contadas por heterossexuais ou fazer suposições a respeito de amigos ou familiares gays baseadas em expectativas genéricas a respeito "daquelas pessoas" são formas de homofobia encoberta – não existe nenhuma intenção óbvia de causar um prejuízo direto nesses exemplos.

Contextos históricos e culturais das mensagens sociais

Para avaliar as mensagens negativas que você recebe do mundo atual é preciso que entenda a possível procedência dessas mensagens. A partir dos livros de história, fica claro que as várias culturas do mundo tiveram diferentes posturas no que diz respeito às relações sexuais entre pessoas do mesmo sexo. Embora as culturas possam ter mantido diferentes posturas, positivas ou negativas, a esse respeito de atração sexual entre pessoas do mesmo sexo durante o mesmo período histórico, cada uma dessas culturas pode ter mudado a sua visão a respeito desse comportamento ao longo de vários períodos. Em outras palavras, muitas das posturas da sociedade para com a atração entre pessoas do mesmo sexo são dinâmicas, mudando constantemente à medida que a sociedade evolui e se altera. Isto fica evidente principalmente num registro conhecido como a

Bíblia. É claro que grande parte do valor desse livro é a documentação de posturas, leis e costumes do povo judaico-cristão há milhares de anos. A maior parte das pessoas credita as mudanças nos costumes e nos valores ocorridas desde os escritos originais aos progressos culturais em áreas como a ciência, medicina e tecnologia. É também a partir desse registro que ficamos sabendo que certos padrões de comportamento dentro da Bíblia mudavam de tempos em tempos. A poligamia, por exemplo, era uma prática comum durante o tempo de Abraão, mas saiu de moda quando Paulo sugeriu a monogamia "cristã". Outros textos históricos religiosos de vulto que não os escritos a partir da perspectiva judaico-cristã, incluindo as perspectivas orientais, americanas e africanas nativas, também documentam as práticas culturais mutantes ao longo de centenas de milhares de anos.

O livro de Neil Miller, *Out of the past: gay and lesbian history from 1869 to the present*, inclui muitas informações a respeito das visões americanas (e de outras culturas) a respeito de gays e lésbicas. Miller refere-se a uma dificuldade inerente ao estudo da história dos gays e lésbicas: o termo homossexual nem sequer existia antes do século XIX. É mais provável até que o próprio conceito de identidade homossexual não fosse compreendido como o compreendemos hoje. O autor efetivamente argumenta que a atração ou relação entre pessoas do mesmo sexo ocorreu ao longo de toda a história, mas que os comportamentos em si não era tolerados, nem proibidos, sendo que as pessoas que os exibiam não eram individualizadas como tendo uma identidade separada. Miller segue argumentando que foi somente quando a industrialização permitiu uma independência econômica maior em relação à família que as pessoas passaram a desenvolver estilos de vida únicos que se adequavam à sua sexualidade primária. Assim, somente nos últimos cento e cinquenta anos gays e lésbicas foram identificados como subpopulações diferentes dentro da cultura dominante, sendo portanto submetidos ao desenvolvimento dos preconceitos da sociedade mais ampla e de suas atitudes discriminatórias. Mesmo hoje em dia existem opiniões amplamente variadas a respeito da homossexualidade.

Tudo isso sugere, em última instância, que não existem valores culturais absolutos. O fato de as posturas regionais/geográficas ou cronológicas serem intolerantes para com os gays e as lésbicas não quer dizer que essas posturas sejam corretas e devam ser prontamente aceitas por você sem uma cuidadosa reflexão e avaliação. Felizmente, você não é uma esponja que suga o líquido ao seu redor sem filtrá-lo. Você tem a habilidade de avaliar os valores que a cultura ao seu redor coloca como verdades absolutas e aplicar o mesmo processo de raciocínio objetivo que está começando a aprender com este livro. Você pode avaliar se as proibições culturais específicas ou posturas negativas são saudáveis, úteis ou benéficas e fazer racionalmente a sua própria decisão a respeito do valor dessas colocações para você.

Isso certamente não quer dizer que as normas nunca são úteis. Existem padrões de comportamento que são racionais, saudáveis e benéficos para um bem maior. Alguns exemplos incluem as sanções contra assassinatos, estupros e outros comportamentos que direta ou indiretamente prejudicam os outros. No entanto, as autoridades precisam realizar um esforço considerável de distorção da lógica e da história para justificar a perseguição a adultos que desejam de livre e espontânea vontade entrar numa relação afetiva mutuamente satisfatória e íntegra. Tais argumentos incluem freqüentemente vagos avisos a respeito da "decadência moral" que se seguirá caso as relações homossexuais sejam aceitas e honradas, normalmente baseados no medo e na ignorância e não em fatos. Vamos analisar alguns exemplos de tipos de atitudes e crenças sustentadas a respeito dos homossexuais e de seu comportamento nos últimos tempos e as mensagens que essas posturas e crenças nos enviam.

Como o conceito de identidade homossexual só começou a se formar em meados do século XIX, era mais provável que os comportamentos sexuais específicos e não as próprias pessoas fossem julgados como errados. Antes dessa época não havia nenhum conceito de que o comportamento sexual de um indivíduo determinava o seu caráter como um todo. Os padrões sociais do que era considerado apropriado ou não mudaram com o passar do tempo.

Com a maior industrialização e subseqüente independência econômica, as pessoas ficaram mais livres para deixar os meios familiares tradicionais em direção às áreas urbanas de populações maiores. Quem se sentia atraído por pessoas do mesmo sexo terminava por se encontrar e estabelecer as suas próprias redes e costumes sociais. Com a auto-identificação de homens e mulheres como homossexuais, contudo, veio também a reação da sociedade mais ampla a uma comunidade novata e minoritária.

A sociedade do século XIX tentou compreender o fenômeno de duas pessoas que optam por rejeitar os papéis tradicionais a elas determinados e viver de acordo com os seus próprios padrões. Com a rejeição dos papéis tradicionais de marido e mulher, vários problemas foram criados. Primeiro, a sociedade como um todo pode ter se sentido ameaçada pelas pessoas que não se adequavam, tendo, portanto, tentado patologizar ou caracterizar esse comportamento como demoníaco. Segundo, como os gays e as lésbicas rejeitavam as normas de comportamento sem que tivessem modelos precedentes para seguir, eles próprios tinham de determinar quais eram as formas apropriadas de comportamento.

As primeiras tentativas para explicar o motivo de determinadas pessoas serem homossexuais incluíram o conceito de que, como a maneira "correta" dos homens se relacionar sexualmente era com as mulheres – e a das mulheres era com os homens –, as pessoas que se relacionavam sexualmente com outras do mesmo sexo deveriam ser um terceiro sexo.

Heterossexismo e heterocentrismo

A sociedade lhe envia indiretamente mensagens negativas a respeito do seu valor por meio do heterossexismo e do heterocentrismo. Esses dois termos são semelhantes, mas têm distinções sutis. O heterossexismo refere-se à exploração econômica e à dominação social dos homossexuais por parte dos heterossexuais. Existem grupos de pessoas, por exemplo, que supõem que os empregados gays e lésbicas não merecem os benefícios reservados aos cônjuges, uma vez que eles não podem casar, não mantêm relacionamentos duradouros ou simplesmente não merecem o que acreditam ser privilégios especiais. Os heterossexistas podem e certamente baseiam com freqüência as suas decisões de voto e crenças na sua postura de que "os heterossexuais são superiores".

O termo heterocentrismo baseia-se no termo egocentrismo, que se refere a uma visão de mundo em que tudo na vida de uma pessoa deve girar ao seu redor. Os egocêntricos tendem a enfocar as suas próprias necessidades antes das necessidades dos outros. Por vezes nem sequer reconhecem as necessidades alheias, não compreendendo que ao se voltar exclusivamente a si mesmos acabam privando ou prejudicando outras pessoas. O heterocentrismo refere-se, portanto, à visão de que a heterossexualidade é tudo o que existe. As pessoas que pensam a partir dessa perspectiva supõem que todos os homens solteiros devem estar à procura de uma mulher para namorar ou que duas mulheres de meia-idade que vivem juntas devem ser "muito boas amigas" ou "duas solteironas", esperando apenas pelo homem certo. Os heterocêntricos podem não ter a intenção de ser nocivos, simplesmente não conseguem enxergar além dos seus próprios valores e experiências. Os heterocêntricos podem ser tão discriminadores quanto os heterossexistas no seu não-reconhecimento das necessidades da comunidade gay ou lésbica, o que se deve provavelmente à auto-absorção e não a uma explícita necessidade de domínio.

A família de Javier sempre declarou o seu apoio quando ele se assumiu, assegurando que a sua orientação sexual não afetava em nada o amor que tinham por ele. Javier se sentia aceito nas reuniões familiares e era sempre incluído nas decisões familiares importantes. Quando se comparava aos seus amigos gays que não tinham tido a mesma sorte e foram rejeitados ou sofreram abusos por parte da família devidos à sua sexualidade, ele achava que tinha de se considerar um felizardo.

Javier, portanto, se surpreendeu quando seu parceiro durante os últimos seis anos, Rusty, disse-lhe que se sentia como um estranho nas reuniões da família de Javier, nunca sendo mais do que "o amigo de Javier". Javier começou a perceber que, apesar de todos os membros de sua família sempre terem sido gentis com Rusty, os convites para eventos familiares não o incluíam. Ele se lembrou de que o marido de sua irmã foi instantaneamente considerado parte da família logo depois do casamento, há quatro anos, e que a maior parte das discussões familiares sempre incluía o seu cunhado.

Quando passou a prestar mais atenção nas diferenças que havia entre a maneira de sua família reagir a ele como parte de um casal e a maneira como reagiam à sua irmã e seu cunhado, Javier pôde ver claramente os sinais sutis de heterocentrismo, sem que houvesse uma intenção explícita de causar danos.

As mensagens decorrentes dessas posturas, formais e informais, são claras: "Os homossexuais são inferiores aos heterossexuais e por isso merecem menos privilégios". Algumas vezes a mensagem é mais forte: "Os homossexuais devem ser presos, molestados ou assassinados". Muitas pessoas recebem mensagens complicadas como: "Se você se comportar como um heterossexual e nunca falar a respeito da sua verdadeira natureza poderá ter alguns dos privilégios concedidos pela sociedade aos heterossexuais". As lésbicas podem receber essas mensagens a respeito de homossexualidade acrescidas às mensagens sociais que dizem respeito às mulheres, como: "As mulheres são inferiores aos homens" ou "Mulheres fortes são uns monstros". As pessoas negras têm todo um outro contingente de mensagens sociais negativas. As lésbicas negras enfrentam o chamado preconceito triplo em nossa cultura, devido ao seu sexo, raça e orientação sexual.

Estereótipos sexuais: características masculinas e femininas

Um dos estereótipos mais comuns a respeito de gays e lésbicas é o de que os gays são afeminados e as lésbicas, masculinizadas. Algumas teorias sugeriram semelhanças no tecido, hormônios ou outra química cerebral entre os gays e as mulheres heterossexuais e as lésbicas e os homens heterossexuais. As primeiras elaborações presumiam que os homens que se sentiam atraídos por outros homens tinham de ter características femininas. Como a sua aparência física era igual à dos homens "normais", eles deveriam ser interna (psicologicamente) mais semelhantes às mulheres. O argumento para as mulheres é o inverso (elas devem ser internamente mais parecidas com os homens). Efetivamente, o primeiro termo usado para se referir a gays e lésbicas era "invertido". Essa lógica antiga sobreviveu de alguma forma até os dias de hoje, apesar dos avanços científicos no estudo da homossexualidade e do desenvolvimento do papel sexual. Era de esperar que os próprios homossexuais compreendessem essa explicação a respeito de si mesmos e assim começassem a adotar outras características do papel sexual que lhes fora designado. Ao aceitar, por exemplo, que você, biologicamente homem, seja na verdade internamente semelhante a uma mulher, é provável que você também aceite prontamente (e até cultive) outras características tradicionalmente femininas. Você pode adotar comportamentos estereotipados do sexo oposto por várias razões, mas isso pode se dever simplesmente à necessidade de diminuir as conflitantes expectativas a respeito de si mesmo que geram ansiedade. Para uma mulher que ama mulheres, o único modelo amplamente disponível de como amar mulheres são os homens, o que pode fazer com que ela conclua que deve agir como um homem, já que ama outras mulheres.

Outra teoria é a de que as pessoas que se sentem atraídas pelo mesmo sexo rejeitam a visão da sociedade mais ampla a respeito do que constitui a sexualidade normal, de modo que se sentem mais livres para rejeitar outros papéis sociais aos quais não se adequam. Isso as deixa mais livres para expressar características que não se encaixam dentro das normas é aceitável. As mulheres podem, por exemplo, optar por serem mais atléticas, autoconfiantes ou independentes, características que são estereotipicamente tidas como masculinas, enquanto os homens podem optar por expressar características como capacidade de cuidar e exteriorizar emoções, que são estereotipicamente femininas.

O estereótipo de que os gays são afeminados e de que as lésbicas são masculinas é tão lugar-comum que essa visão dos homossexuais é freqüentemente a primeira informação que as crianças recebem a respeito de pessoas que sentem atração pelo mesmo sexo. Quer os seus pais tenham ou não tido essa visão, muitos gays e lésbicas adultos foram expostos a essa idéia durante seu crescimento por meio da cultura mais ampla (cinema, tv, livros e assim por diante).

Um dos mais antigos ícones gays, Oscar Wilde, tornou-se um chavão depois de um longo e escandaloso julgamento durante o qual a sua vida privada foi exposta ao escrutínio público na década de 1890. Muitas das atribuições pessoais de Oscar Wilde – sagacidade, brilho e hedonismo – foram rapidamente tomadas como características de todos os homens com inclinações homossexuais, gerando a ampliação do estereótipo. Depois desse julgamento, passou a ser comum chamar os homens suspeitos de serem gays de "do tipo Oscar Wilde", como no romance de E. M. Foster, *Maurice*. Uma figura semelhante para as lésbicas na história do século XX é Radclyffe Hall, autora do influente romance lésbico *O poço da solidão*, que enfrentou um julgamento escandaloso em 1920, com uma grande cobertura da mídia. O romance de Hall foi amplamente lido (por vezes no gueto lésbico) e a sua conceitualização dos personagens lésbicos como masculinizadas ou completamente femininas provavelmente influenciou as visões sociais posteriores dos papéis lésbicos.

Entre as mensagens que um amplo segmento da sociedade continua a enviar para as crianças estão "os gays são bichinhas afeminadas" e "as lésbicas são machonas". Não é só a sociedade heterossexual que as envia, as comunidades gays e lésbicas freqüentemente perpetuam esses mitos sem o saber.

Atualmente sabe-se que os gays e as lésbicas manifestam a mesma extensão de características masculinas e femininas que a comunidade heterossexual. Algumas teorias sugerem que a dicotomia entre a heterossexualidade e a homossexualidade é artificial, com as variações sexuais humanas recaindo num contínuo entre os dois extremos (Kinsey 1948; 1953). Vários teóricos sugeriram que a maioria das pessoas é de fato bissexual (capaz de sentir atração pelos dois sexos), sendo que muito poucas se sentem exclusivamente atraídas pelo mesmo sexo ou pelo sexo oposto. A heterossexualidade exclusiva pode sugerir, por exemplo, que uma mulher exclusivamente heterossexual não poderia julgar a atratividade de outra mulher por não sentir desejo de manter relações sexuais com a mesma. Muitos homens "heterossexuais" alegam ser incapazes de determinar se um outro homem é bonito ou não, embora pesquisas científicas tenham revelado que a maior parte dos homens e das mulheres julgam um homem mais atraente que outro com base em escalas de atributos pessoais como força, inteligência e amabilidade. A sexualidade humana é complexa, envolvendo tanto o comportamento quanto à atração, sendo que o primeiro pode ser alterado e o segundo, não.

Na verdade, todos os grupos minoritários desafiam os estereótipos genéricos associados a eles. Embora alguns membros do grupo possam realmente se parecer com a imagem que a cultura mais ampla tem deles, é muito provável que haja sempre aqueles que pertencem ao grupo e não se adequam ao estereótipo. Existem realmente gays afeminados e lésbicas machonas, mas conheço gays e lésbicas que não se adequariam a essa descrição.

Outros estereótipos predominantes a respeito dos gays incluem não ser atlético, ser mais fraco do que os homens heterossexuais, passivo, dependente, sensível, envolver-se com artes, ser "mulherzinha" e afetado. Para as lésbicas, os estereótipos que se repetem com freqüência são ser "machona", veemente, agressiva, insensível, não maternal, atlética, desajeitada e co-dependente. Existem muitos outros estereótipos, tanto dentro quanto fora da comunidade gay. Muitos comediantes usam os estereótipos da comunidade como base para o seu humor. É claro que até o humor pode ser nocivo quando perpetua posturas que podem gerar um comportamento nocivo. Comediantes gays e lésbicas podem conseguir escapar desse tipo de humor, uma vez que, em última análise, o humor faz graça do estereótipo e não o usa para rir dos indivíduos.

Mensagens socioeconômicas

O seu *status* socioeconômico durante a infância (e depois como adulto) pode ter um efeito significativo na sua auto-estima. Embora esteja além do escopo deste livro discutir as várias maneiras de o baixo *status* socioeconômico afetar o desenvolvimento de uma criança, essa é certamente uma influência poderosa no crescimento físico, emocional e cognitivo do indivíduo. Nossa cultura mantém claramente vários estereótipos negativos a respeito dos pobres, estigmatizando o grupo como "preguiçoso", "estúpido" ou de "baixo caráter". Os pobres são infelizmente usados com muita freqüência como joguete nas mãos dos políticos. É comum que eleitores bem de vida julguem aqueles que vivem na miséria como um "peso" para o Estado. O desdém para com a pobreza é encorajado por argumentos que sustentam que maioria das pessoas pobres "não quer trabalhar". As mensagens filtradas têm a intenção de envergonhar e difamar: "Você é pobre porque é preguiçoso" e "Você não pode ser diferente porque não tem valor". Se você for gay e pobre será duplamente estigmatizado.

Fornecedores de mensagens sociais

Como as mensagens sociais são aprendidas? Por meio de muitas fontes, e as principais são a mídia e o governo. Outras fontes óbvias e de vulto são as instituições religiosas e as escolas, ambas ensinado diretamente as maneiras apropriadas de acreditar, pensar e agir a partir de suas próprias perspectivas. Essas duas últimas fontes de informação são importantes por servirem freqüentemente para reforçar as posturas dos pais e da família, sejam elas positivas ou negativas, para com você e para com o conceito que você tem de si mesmo. Este assunto será abordado mais detalhadamente nos capítulos 4 e 5.

A mídia

Uma das maneiras mais poderosas de você aprender a respeito das expectativas sociais é através das mensagens da mídia – livros, cinema, revistas, jornais e televisão. Muitas pessoas acreditam que essas formas de comunicação são na verdade reflexos do que está acontecendo na sociedade como um todo. Outros citam, contudo, que o efeito pode ser bidirecional: o que a mídia diz pode, por sua vez, ter um efeito na sociedade. Isso fica especialmente claro nos debates a respeito do efeito das cenas de sexo e violência na tv sobre as crianças, a freqüência com que o público vai ao cinema, a audiência alcançada pelos programas televisivos e, de forma mais cruel, a proibição de livros ou boicote a filmes.

O modo como os personagens gays e lésbicas são descritos na literatura e no cinema pode ter o efeito de estabelecer, perpetuar ou contradizer os estereótipos sociais. É sabido também que, apesar de a mídia ser até certo ponto um reflexo da nossa cultura mais ampla, o conteúdo das imagens é sujeito ao controle dos editores, estúdios cinematográficos, grandes corporações proprietárias dos estúdios, regulamentos do governo e a pressão de grupos de interesses especiais de todos os tipos. A descrição de personagens homossexuais no cinema de modo negativo, por exemplo, é altamente ignorada pelos grupos religiosos antigays. Em sua opinião, não há nada de errado no fato de o personagem gay se adequar a estereótipos desfavoráveis, ser descrito como mau ou, em última instância, sofrer e morrer. Quando um personagem gay ou lésbica é descrito de uma maneira saudável e positiva, contudo, essas mesmas forças se mobilizam em protestos e boicotes condenando os cineastas e patrocinadores. Não é a descrição de uma personagem homossexual que é condenada. Isso só se transforma num problema quando os personagens são descritos de uma maneira que vai contra as expectativas ou os valores de determinados grupos. Vito Russo (1987) oferece uma maravilhosa e detalhada narrativa da história da homossexualidade no cinema em seu livro *The celluloid closet* (como o filme inspirado no livro).

Pense na descrição de personagens gays ou lésbicas na literatura ou na mídia durante a sua infância ou adolescência. Você se lembra de alguma descrição positiva de gays e lésbicas? Quando a personagem não era má, sua descrição era estereotipadamente afeminada ou machona numa forma exagerada de humor? A personagem terminava por mudar a sua orientação sexual (ou seja, "escolhia" ser heterossexual), ia para a prisão ou morria? Estas eram e são obviamente mensagens sutis a respeito do fato de ser gay e lésbica que você aprendeu a partir destas descrições. Até mesmo a ausência de descrições positivas de personagens homossexuais ensina sutilmente que não existem homossexuais saudáveis na nossa cultura.

Alguns passos foram dados nos últimos anos na tentativa de remediar as mensagens imprecisas difundidas pela literatura e pela mídia no passado. O cinema está começando a permitir que personagens gays e lésbicas existam, sejam normais e até reflitam valores mais altos como integridade, lealdade e honra. A tv norte-americana deu um grande passo em 1997 ao consentir que a comediante lésbica Ellen DeGeneres continuasse com o seu programa humorístico mesmo depois de ter reconhecido publicamente a sua orientação sexual. Pela primeira vez na história, a personagem principal de um programa de tv era uma lésbica assumida. DeGeneres assumiu o seu lugar na história quando tentou mobilizar a opinião pública ao descrever as experiências, sentimentos e sonhos "reais" de centenas de milhares, se não milhões, de homossexuais do país. O que me impressionou especialmente foram as suas tentativas de evitar os antigos estereótipos de gays e lésbicas para fazer graça.

Uma organização especial da comunidade gay e lésbica foi recentemente fundada nos Estados Unidos para monitorar a descrição de lésbicas e gays na mídia: a Gays and Lesbians Against Anti-Gay Defamation. Um dos principais objetivos deste grupo é exercer alguma pressão sobre os autores e a indústria do *show business* para que descrevam a nossa comunidade de maneira mais precisa e sensível, sem recorrer a estereótipos equivocados.

Até mesmo o modo de as histórias a respeito de homossexuais ser descritas nos noticiários noturnos serve para perpetuar ou desmentir os estereótipos. Os jornalistas éticos tentam apresentar a história de uma maneira equilibrada. Isso significa que, quando existe um conflito a respeito de uma questão, os dois lados têm permissão para expor a sua opinião, de modo que os telespectadores tirem as suas próprias conclusões. Algumas pessoas, contudo, sugerem que a ética no jornalismo está decaindo com o surgimento de redes unicamente interessadas nos índices de audiência e no dinheiro gerado pela publicidade. Isso se traduz nas versões "mundo cão" das histórias do noticiário, em que os defensores dos dois extremos de uma questão são convidados a participar do debate, na esperança de que ocorra um conflito explícito, aumentando assim a audiência. Por muitas vezes, assisti a algo que parecia ser uma reportagem séria a respeito de questões sobre os direitos legais dos homossexuais afundar quando o jornalista entrevistou um representante da extrema direita que expunha uma perspectiva distorcida e irracional compartilhada somente por uma minúscula organização fundamentalista. Dizer que essa é uma perspectiva equilibrada é subestimar seriamente a inteligência do espectador e tirar o debate da área racional baseada em fatos reais. Ao dar aos extremistas "morais" a perspectiva oposicionista num debate a respeito de uma questão, a mídia na verdade legitima de certa maneira os extremistas que não representam a corrente principal de pensamento e a propaganda baseada na emoção.

O governo e os políticos

Os governos são em grande parte moldados pelos valores morais de nossa cultura, que são por sua vez moldados pelas instituições religiosas predominantes. O próprio governo pode ser um dos causadores da discriminação e da angústia, devido ao modo como encoraja ou não a intolerância ou a aceitação de seus cidadãos. O governo, que para esses propósitos inclui todos os níveis – municipal, estadual e federal –, molda direta e indiretamente as atitudes públicas por meio das leis que edita e reforça. Como detentor da autoridade legal, o governo tem o poder de definir como criminosos aqueles que a Igreja define como imorais. Embora a sexualidade entre dois adultos que se unem de livre e espontânea vontade não se constitua tecnicamente num crime (ou seja, ninguém é ferido, roubado ou morto), a maioria dos estados norte-americanos criminalizou, na primeira parte do século XX, determinados atos sexuais – homo e heterossexuais. Você com certeza tem consciência das penalidades diretas sofridas por aqueles que são condenados por um crime. Mesmo as pessoas que sabidamente "infringiram a lei", mas não foram presas ou sentenciadas, são estigmatizadas pela cultura mais ampla. A própria ameaça de ser preso foi utilizada ao longo dos anos para controlar os gays e as lésbicas por meio da intimidação.

Algumas vezes, as leis não nos ameaçam ou punem diretamente, mas simplesmente não nos permitem participar integralmente das tradições culturais das quais a maioria heterossexual desfruta. Não temos permissão para casar, mas somos condenados por praticar sexo "promíscuo" ou fora do casamento. Também não podemos declarar os nossos impostos em conjunto com nossos parceiros e desfrutar dos benefícios concedidos a um casal heterossexual. Quando a nossa sexualidade se torna pública em nosso trabalho, corremos o risco de ser demitidos e o patrão não sofrer nenhuma punição por isso. Ao tentarmos nos associar a um clube, alugar um apartamento ou entrar para o Exército, podemos não ser aceitos. Quando queremos visitar nossos parceiros no hospital ou adotar uma criança, temos de contar com a gentileza de estranhos em vez da proteção da nossa Constituição.

Essas mensagens, diretas e indiretas, contribuíram para que você formasse uma percepção negativa de si mesmo. As crianças concluem que se o governo não as protege da ignorância e da intolerância, elas certamente não valem nada. Como um adulto que é continuamente bombardeado por essas mensagens na sua própria vida durante o noticiário, você pode achar difícil manter o sentimento de bem estar ao qual você tem direito e a motivação para continuar lutando por mudanças. As mensagens vindas do governo soam mais ou menos como: "Vocês pertencem à segunda classe", "Vocês não merecem os direitos concedidos a todos os outros cidadãos" e "Vocês fazem parte de um bloco de eleitores ingênuos a ser cortejado e depois descartado".

O governo deveria teoricamente servir às necessidades dos cidadãos. O bem das pessoas, contudo, parece ficar para trás quando entram em jogo as necessidades do processo político e dos próprios políticos. Os homossexuais costumam ser um alvo conveniente para se atacar, usar como bode expiatório e levantar fundos. Não é pouco comum que os políticos culpem os grupos minoritários pelos problemas econômicos e ou a decadência moral. Ao longo dos anos esses grupos de bodes expiatórios incluíram pessoas negras, não cristãos, pobres e imigrantes.

Recentemente, o ataque direto a vários grupos minoritários, especialmente com base na raça ou na religião, devido à necessidade de angariar votos, passou a ser inaceitável. Muito disso pode ser creditado à influência política que esses grupos desfrutam ao se organizarem politicamente. Os gays e as lésbicas, contudo, continuam sendo um alvo adequado para políticos condenadores (e alguns líderes religiosos), uma vez que apenas demos início ao nosso processo de organização política.

Avaliar as mensagens

É importante que você reconheça que a sociedade lhe envia mensagens da mesma maneira que a sua família de origem fazia. Embora pareça que a nossa cultura está lentamente se afastando da condenação aos gays e lésbicas, as mensagens negativas ainda persistem. Para se proteger de maneira efetiva, você tem de tomar consciência dessas mensagens negativas e avaliá-las da mesma maneira como avaliou as mensagens negativas familiares que porventura ainda carregue consigo. Essas mensagens podem ser destruídas, desafiadas e transformadas. Mantenha em mente que as visões da sociedade não são absolutas, mas mudam com o tempo. Quando a grande cultura parece rejeitá-lo ou condená-lo, lembre-se de que os problemas são os seus valores e crenças e não você!

Questões para reflexão

- Quais eram os valores sociais no tocante à homossexualidade no ambiente em que você foi criado? Os gays e lésbicas eram ridicularizados, repudiados ou condenados?
- Qual foi o primeiro livro, programa de tv ou filme do qual você se lembra de ter mencionado lésbicas ou gays? Qual era o tom do livro, programa ou filme? A personagem gay ou lésbica era descrita como uma figura ou modelo positivo? A personagem sofria ou morria? As personagens eram estereotipadas? Quais eram os estereótipos para as lésbicas? E para os gays?
- Quais foram as suas experiências pessoais com discriminação ou molestamento por ser gay ou lésbica? Por ser mulher? Uma pessoa negra? Você conhece pessoalmente alguém que tenha sido vítima de discriminação, heterocentrismo ou heterossexismo? Como essas experiências afetaram o seu conceito de si mesmo e os seus comportamentos?
- De que modo você interiorizou a homofobia da cultura em que vive? Como você perpetua os estereótipos negativos dentro de si mesmo? E com relação aos outros?
- Como você se sente quando fica sabendo que um político antigay está usando os direitos dos gays e das lésbicas para angariar votos, ou referindo-se aos direitos civis básicos como "direitos especiais"? Você se prende a esses sentimentos ou consegue se livrar deles com facilidade?
- Quando alguma coisa dá errado, a que ou a quem você tende a atribuir a culpa? Você é um interiorizador (culpa a si mesmo) ou um exteriorizador (culpa os outros)? Como isso afeta a sua auto-estima?

4
Mensagens de fé: autoridades religiosas

O que é a moralidade numa determinada época ou lugar? É aquilo de que a maioria nessa época e nesse lugar gosta, e a imoralidade é do que ela não gosta.
Alfred North Whitehead

A religião exerce um papel importante no desenvolvimento moral do indivíduo e da cultura mais ampla. Mesmo que não tenha sido criado numa família "religiosa", você foi afetado pelas pessoas ao seu redor que aderiram aos valores e ensinamentos religiosos. Embora os limites da constituição sejam explícitos quanto à separação entre a Igreja e o Estado, o sistema legal dos Estados Unidos é altamente influenciado pelas posturas culturais e religiosas. De fato, toda a sociedade norte-americana é fortemente influenciada pelos valores judaico-cristãos de seus fundadores.

A própria cultura é certamente um produto da influência direta e indireta da ideologia religiosa. Os Estados Unidos efetivamente nasceram da reação à intolerância religiosa na Europa e do desejo de se libertar da opressão religiosa e governamental. Em algumas culturas contemporâneas, o próprio governo é composto por líderes religiosos/espirituais. Até mesmo as atuais políticas e leis governamentais dos Estados Unidos sofreram a influência mais ou menos direta das figuras e organizações religiosas.

Embora muitas organizações religiosas funcionem de maneira a manter algum controle social, as leis governamentais também são criadas numa tentativa de controlar a sociedade mais ampla. Quanto maior e mais diversificada se torna a nossa sociedade, mais leis parecem se tornar necessárias. As leis deveriam nos proteger e preservar a ordem. Algumas leis são aceitas universalmente, como as proibições de matar ou causar danos a alguém por meio de ameaça física ou roubo. Até onde ir com as leis é uma questão freqüentemente não muito clara, mas calorosamente debatida. Muitas pessoas acreditam que embora não causem danos diretos a outros indivíduos, alguns comportamentos têm o potencial de fazê-lo por intermédio de uma decadência social gradual ("Se você der a mão, eles vão querer o braço" ou "Assim nós iremos por água abaixo"). As pessoas que pensam desse jeito proíbem certos comportamentos que, embora não sejam nocivos no momento, podem, no seu entender, causar problemas mais sérios relativos ao controle social no futuro.

Moralidade

É importante manter em mente que, embora a religião influencie sobremaneira o nosso debate moral cultural, a moralidade em si é algo totalmente diferente. De acordo com a psicóloga Betty Berzon (1996), existem duas interpretações de moralidade na nossa cultura: uma baseada na experiência pessoal intrínseca e outra no dogma religioso. A habilidade de diferenciar o certo do errado e de se comportar de uma maneira consistente com o que você sabe que é o certo (especificamente no que se refere ao tratamento para com os outros) é relativa ao primeiro tipo de moralidade. O ato de adaptar-se sem maiores questionamentos ao que uma determinada religião sustenta ser a maneira certa de agir e viver é freqüentemente mal interpretado como moralidade. As pessoas que acreditam nessa interpretação são consideradas imorais quando não se adaptam aos ensinamentos religiosos e morais quando se adaptam a eles.

Muitas pessoas acreditam que a moralidade é determinável e igual para todos. Certas leis atuais tentam legislar questões morais que, em última instância, podem não ter uma posição clara a respeito do que é certo e do que é errado. Infelizmente, determinar esses absolutos não tem sido fácil. As leis relativas ao aborto, por exemplo, tentam determinar o momento específico em que a vida tem início, uma questão à qual se associam várias perspectivas diferentes. Os valores morais podem ser relativamente dinâmicos. Mesmo as principais religiões existentes há milhares de anos viram ocorrer mudanças na sua política e nos seus ensinamentos. Mesmo assim os fundamentalistas de quase todas as religiões acreditam na existência da moralidade absoluta.

Os fundamentalistas cristãos propõem que tomemos a Bíblia, a "palavra de Deus", ao pé da letra como nossa linha mestra moral. Esta posição, contudo, é falha por várias razões. Por exemplo, nem todas as situações que necessitam de linhas mestras são abordadas na Bíblia, deixando que os "intérpretes" modernos (ou seja, pregadores) explorem a intenção de Deus a partir de suas palavras. Assim, não só introduzimos um elemento humano falível nos "absolutos" bíblicos como também somos obrigados a considerar que a tradução da Bíblia utilizada pelo intérprete pode ser, por si só, incorreta.

Existem também várias contradições na própria Bíblia que não podem ser explicadas a partir de um enfoque literal da interpretação, como muito bem exposto pelo livro *O que a Bíblia realmente diz sobre a homossexualidade*, do padre Daniel Helminiak. Até mesmo os literalistas estão fazendo interpretações, uma vez que a própria língua é freqüentemente imprecisa e palavras descontextualizadas podem ter múltiplos significados.

O que parece claro é que, embora existam certos valores morais mais ou menos universalmente aceitos pelas principais religiões do mundo, são várias as questões a respeito das quais elas não concordam e de fato podem ter ensinamentos completamente opostos. Parece que muitos desses valores "inferiores", como aqueles que tratam das maneiras apropriadas de se vestir ou de preparar a comida, são incorporados por razões específicas da cultura da época da fundação da religião. Isso os torna apropriados para aquela época e lugar, mas talvez menos apropriados para um mundo moderno ou com uma cultura diferente. Muitos especialistas acham que mesmo ao adotar uma interpretação literalista das passagens da Bíblia tipicamente usadas para justificar as retóricas antigay (Leviticus 18:22, "Não deves deitar com um homem como um homem deita com uma mulher"), é preciso que você se dê conta de que essas passagens tinham uma importância cultural específica para a época em que foram escritas e que têm de pouca a nenhuma relevância hoje em dia. Outros argumentam que já que o conceito de homossexualidade, tal como nós o conhecemos atualmente, nem sequer existia na época, essas mesmas passagens são mais bem interpretadas como metáforas de mensagens e valores mais profundos, como respeitar os direitos e a dignidade dos outros, honrar um compromisso com o cônjuge e ser honesto.

Muitas organizações religiosas adotaram uma posição de que as outras religiões mundiais ou até diferentes seitas dentro da mesma religião são incorretas ou "más". Esse tipo de postura (a de que os outros sistemas de crenças estão "errados") serve não somente para reforçar as suas próprias crenças como as visões "corretas", mas também, muitas vezes, para coagir os seus seguidores a aceitar todas ou nenhuma das crenças e assim comprometer os seus recursos espirituais e financeiros com a organização.

Sistemas religiosos

As organizações religiosas podem funcionar de maneira muito semelhante a outros sistemas por nós discutidos, como as famílias ou o governo. A comunicação dentro do sistema pode ser direta ou indireta. A própria organização religiosa costuma ter uma estrutura, que é freqüentemente organizada hierarquicamente, com uma figura humana de autoridade extrema (como o papa para os católicos) ou um corpo governante e níveis sucessivos de autoridade até o líder da congregação local. Cada nível de organização tem o seu próprio líder ou comitê de liderança. Até mesmo o nível mais baixo ou local de organização (igreja, sinagoga, mesquita e assim por diante) funciona como um sistema. Assim como os governos das cidades têm de cooperar com os níveis estaduais e federais de autoridade, as instituições religiosas locais também precisam fazê-lo.

Da mesma maneira que os sistemas familiares, esses sistemas sucessivos podem ser organizados de maneira relativamente autoritária ou com os limites adequados. A autoridade extrema quanto a questões morais está, em algumas organizações, relegada aos textos sagrados (segundo a interpretação dos líderes locais). Algumas vezes, o julgamento final a respeito de questões morais recai sobre o titular da organização religiosa; outras, sobre o próprio líder local. Assim como ocorre com os diferentes estilos de pais, alguns estilos organizacionais religiosos apostam mais em imbuir o indivíduo de sentimentos de autonomia e valor próprio do que outros. Esses ensinamentos promovem mensagens como: "Você nasceu bom e amado por Deus" (ou pelo universo etc.). Uma organização autoritária pode, contudo, diminuir o valor de uma pessoa em sua "forma terrena" e fomentar um foco na outra vida ("o outro mundo"). Esses ensinamentos podem efetivamente encorajar a aceitação do sofrimento e da premissa básica de que todos os seres humanos nasceram maus em conseqüência do "pecado original" e que somente por meio da prática de certas doutrinas religiosas que eles podem ter esperança de encontrar a paz. A redenção do mal é sempre precária e pode ser perdida a qualquer momento em que os pensamentos, sentimentos ou comportamentos se tornarem menos do que sagrados. As mensagens que esse tipo de organização religiosa promove podem incluir pensamentos como: "Eu não tenho direito ao respeito e ao amor sem pena ou sofrimento" ou "Eu só serei digno de paz e perdão se alcançar à perfeição". As religiões autoritárias usam freqüentemente ameaças psicológicas, quando não abertamente físicas, para manter os seguidores sob controle, muito semelhantemente aos pais que tentam controlar os seus filhos. É interessante notar que as pessoas que tendem a ser mais rígidas ou autoritárias escolhem organizações religiosas que refletem a sua própria personalidade.

A família de origem de Mark pertencia a uma igreja fundamentalista que ensinava que todos os pensamentos, sentimentos e comportamentos eram reflexos da pureza moral. Pensar qualquer coisa considerada impura era a mesma coisa que agir, devendo ser seguida de confissão e punição. A atração de Mark por outros homens começou numa idade muito tenra, mas ele sabia, mesmo sem nunca ter dialogado com ninguém a respeito do assunto, que seus sentimentos eram inaceitáveis para a sua igreja e família. Ele tentou lidar com esses sentimentos da melhor maneira que podia, desenvolvendo uma identidade secreta da qual se envergonhava e que tentava eliminar ou controlar. Suas tentativas de eliminar a sua identidade secreta incluíam preces para que Deus o transformasse em alguém "normal", algumas vezes se condenando e repreendendo cada vez que sentia atração por outro homem. Mark acabou percebendo que não podia controlar os seus sentimentos e, depois de muito preparo mental, falou a respeito com o seu ministro. Os temores de Mark confirmaram-se quase imediatamente. O religioso lhe disse que esses sentimentos eram realmente maus e que Mark só poderia se salvar do inferno através de uma limpeza espiritual intensa. A família de Mark foi imediatamente notificada a respeito da conversa e ele passou muitos meses sendo observado e recebendo orações. Enviaram-no a um orientador do sistema religioso que tentou formas ainda mais dolorosas e intensas de condicionamento e modificação de comportamento.

Por um momento, Mark acreditou que havia conseguido eliminar a sua atração por outros homens e estava convencido de que podia estabelecer uma relação bem-sucedida com uma mulher. Finalmente, porém, os sentimentos antigos retornaram, apesar das práticas religiosas fervorosas e do desejo sincero de mudar. Dessa vez ele decidiu procurar ajuda fora da igreja. Leu alguns livros e artigos e, depois de uma profunda pesquisa, encontrou um psicoterapeuta que o ajudou a aprender a se aceitar e perceber que podia viver uma vida feliz e satisfeita como gay. Mark continua a trabalhar para reduzir e eliminar as mensagens fortes e negativas que recebeu de sua igreja e de sua família e se sente muito mais esperançoso a seu respeito e a respeito de sua vida.

Algumas organizações religiosas são menos hostis às lésbicas e aos gays e menos rígidas de uma maneira geral que a religião de Mark. Algumas se assemelham mais à forma de pais que sabem impor limites, com regras firmes, mas com um respeito geral pela dignidade de seus seguidores e seu valor inerente. Algumas poucas podem se parecer com os pais permissivos, focadas em validar o sistema de crenças dos indivíduos ou a compreensão de como o **mundo** é organizado em vez de apoiar a doutrina geral da organização.

Muitos homossexuais sentiram que tinham de abandonar a organização religiosa na qual foram criados por razões semelhantes às que os levaram a deixar a sua família – encontrar uma aceitação completa como indivíduos e diminuir os obstáculos formados constantemente pelas mensagens negativas. Alguns escolheram evitar a religião como um todo e têm muitas lembranças desagradáveis a respeito da degradação e da rejeição que sentiram nas mãos das organizações religiosas no início de suas vidas. Outros encontram mais contentamento em religiões que aceitam melhor gays e lésbicas de uma maneira geral ou pelo menos não os condenam abertamente. Poucos continuam a tentar encontrar maneiras de lidar com a religião na qual foram criados por trazer lembranças negativas de suas experiências religiosas. Eles encontram congregações locais específicas que são mais tolerantes, continuam a viver com uma identidade secreta ou a trabalhar dentro da organização em busca de uma mudança.

Fé e aceitação

A beleza e a ironia de um sistema de crenças religiosas está no fato de você aceitar determinadas coisas baseado na fé e não na lógica. Quando alguma coisa não faz sentido e você a questiona, é possível que lhe digam: "Apenas creia". Quando é ensinado aos fiéis algo que intuitiva ou logicamente não faz sentido e eles começam um questionamento, são freqüentes as reações sugerindo que eles precisam se submeter e aceitar as mensagens de qualquer maneira. Pode ser que não haja nenhuma tentativa efetiva de responder às perguntas, ou que até mesmo o próprio processo de questionamento seja desencorajado. Dependendo de quão ameaçadoras forem as questões, a resposta dos líderes religiosos pode variar de palavras amáveis com a intenção de encorajar a fé não questionadora até ameaças de expulsão ou de condenação espiritual. Você pode ser encorajado a aceitar as definições absolutas de moralidade sem questioná-las de maneira alguma.

Doutrinação religiosa

Muitas instituições religiosas têm seus próprios meios de educar as crianças a respeito dos valores mais amplos da organização. Nas igrejas cristãs, a educação começa na escola dominical, na qual as crianças aprendem as crenças e os valores da organização. É freqüente a utilização de histórias baseadas em passagens bíblicas interpretadas através das lentes dos educadores cristãos. As histórias podem ir desde representações felizes e ingênuas de um Deus receptivo e amoroso até um Deus irado e crítico que envia as crianças "más" para o tormento eterno (inferno).

Se você teve uma educação religiosa, a sua visão de Deus e de si mesmo pode ter sido ser moldada por essas lições iniciais e reforçada pelos seus pais e algumas vezes também pela escola (especialmente se você freqüentou uma escola religiosa particular). Caso todas essas fontes de informação tenham sido fortemente contrárias aos homossexuais, é provável que você continue a perpetuar mensagens antigays igualmente fortes dentro de si mesmo.

Kathy foi criada por pais religiosos que freqüentavam a igreja várias vezes por semana. Além disso, ela foi enviada a uma escola particular associada à igreja, que incluía os ensinamentos religiosos em seu currículo. Como a visão de mundo de Kathy não ia muito além da de seus pais e da igreja, ela desenvolveu crenças essenciais a respeito de si mesma que refletiam o que lhe havia sido ensinado sobre gays e lésbicas. Como só havia recebido informações fortemente antigays em toda a sua vida, Kathy tinha uma profunda sensação de vergonha e culpa a respeito de sua atração por mulheres. A retórica antigay ao seu redor fez com que ela desenvolvesse fortes mensagens internas a respeito do seu próprio valor. Como nunca havia sido exposta a outras idéias e modos de pensar, Kathy a princípio teve muito mais dificuldade de mudar o seu diálogo interior a respeito de sua sexualidade. Com muita prática e apoio, entretanto, ela finalmente foi capaz de descobrir maneiras novas e mais positivas de ver a si mesma e à sua sexualidade.

Danos religiosos

Existem muitas maneiras de uma religião ser direta ou indiretamente nociva para gays e lésbicas, tanto para crianças em crescimento como para adultos. As posições públicas das organizações religiosas a respeito da sexualidade podem por si só ser nocivas. Embora o papa possa ser um homem bom e moral no seu próprio âmbito de referência, sua posição de que os gays e as lésbicas são moralmente corruptos é, na realidade, nociva para os mesmos. Ao ensinar que a homossexualidade é uma "escolha" moral errada, ele de muitas maneiras avaliza as pessoas que procuram justificativas para dar vazão às suas próprias frustrações, causando danos às lésbicas e aos gays no mundo todo. Esse mal pode ser causado por meios diretos e violentos, mas se estende a atitudes homofóbicas generalizadas. As pessoas homofóbicas ou heterocêntricas podem, em algum nível, reconhecer na retórica religiosa antigay um aval para as suas próprias visões. Mesmo que o papa tente contra-atacar comportamentos como discriminação, estigmatização e dano físico, ensinando a seus seguidores a "amar os pecadores e odiar o pecado", o fato de descrever a homossexualidade como uma "escolha moral" revela que o pontífice ignora várias outras formas de informação que sugerem coisas diferentes. A homossexualidade não é uma escolha, mas a auto-aceitação, sim.

Algumas vezes, as mensagens negativas ouvidas por você quando criança estão indiretamente relacionadas a sentimentos negativos a respeito da atração por pessoas do mesmo sexo. Algumas instituições, por exemplo, ensinam que a sexualidade, de uma maneira geral, é uma coisa ruim, exceto quando exercida com o propósito da procriação. As mensagens específicas por trás disso seguem o raciocínio de que a atividade sexual de qualquer tipo, mesmo entre um homem e uma mulher casados, é pecaminosa, a menos que seu único propósito seja a gravidez. Assim, de acordo com essas instituições, o sexo realizado com controle de natalidade, feito para expressar intimidade emocional, ou as práticas sexuais que não provocam gravidez, como a masturbação, o sexo oral ou anal, são todas erradas e nunca deveriam ser praticadas. Daí deriva-se obviamente que, uma vez que a relação entre duas pessoas do mesmo sexo não pode levar à gravidez, também deve estar errada. Não é preciso ouvir explicitamente que "O sexo entre gays e lésbicas é errado" para extrair dessa mensagem que você seria um pecador caso se envolvesse numa prática sexual apenas pelo prazer.

Freqüentemente, as mensagens que as crianças ouvem dentro das instituições religiosas antigays são mais diretas a respeito da proibição do sexo homossexual, bem como dos próprios homossexuais.

Algumas instituições ensinam diretamente que a atividade homossexual, assim como os pensamentos ou sentimentos homossexuais, são proibidos e levam à condenação. Alguns gays e lésbicas adultos que foram criados nesse tipo de ambiente são capazes de se lembrar da linguagem específica das mensagens usadas para repreender e podem incorporá-la às mensagens que repetem para si quando adultos. Formas extremas e repetidas de condenação como: "Você não merece aceitação social" tornam-se facilmente parte do sistema de crenças essenciais de uma criança que está desenvolvendo a sua identidade. Desafiar essas mensagens se tornará parte da sua estratégia para aumentar a sua auto-estima à medida que você for trabalhando com este livro.

Muitas instituições religiosas tendem a ignorar as pesquisas científicas que ameaçam enfraquecer as tradições estabelecidas dentro da organização. Em alguns casos, ceder à ciência é uma ameaça de desmistificar as crenças que serviram para fortalecer o poder da religião na sociedade. Se todas as crenças tradicionais fossem desmascaradas, muitas pessoas perderiam a fé, deixariam de apoiar a instituição religiosa e, segundo a perspectiva das instituições religiosas, o caos irromperia na sociedade. É impossível ignorar o medo que os líderes religiosos devem sentir ao perceber que um ritual antigo está sendo desafiado – a sua própria existência profissional está ameaçada. Eles, porém, também têm de ser vistos pelo que são – sustentáculos de uma tradição, professores de crenças e encorajadores da fé, bem como seres humanos que têm as suas próprias necessidades, conflitos interiores e sentimentos.

As religiões mudam com o tempo, lenta e sutilmente. Mesmo assim, muitas religiões ainda não estão preparadas para gays e lésbicas confiantes e saudáveis. Nós temos de estimulá-las para que nos aceitem como somos aceitando primeiramente a nós mesmos como inerentemente válidos e merecedores de respeito.

Espiritualidade *versus* religião

A religião é algo diferente da espiritualidade. A religião costuma ter uma organização central e é geralmente mais formal do que a espiritualidade, com regras, doutrinas e linhas mestras que funcionam para manter o controle social. A espiritualidade, por outro lado, é algo muito mais pessoal. É o modo idiossincrático de responder às questões mais amplas da vida, como: "Por que estou aqui?", "Qual é o sentido da vida?", "Qual é a minha missão?", "Qual é o meu lugar no universo?". As pessoas sentem-se por vezes cronicamente infelizes, ansiosas ou não realizadas quando não são capazes de dar respostas a esse tipo de questões existenciais. As religiões organizadas tentam respondê-las questões para o indivíduo. A reencarnação, por exemplo, é um conceito que ajuda a explicar o motivo das tragédias ou dos sucessos em nossas vidas atuais. Ela sugere que esses acontecimentos estão vinculados a uma progressão maior determinada através de muitas vidas, que aumenta a nossa experiência e compreensão do mundo e conduz à nossa iluminação final.

A experiência de um gay, contudo, difere freqüentemente daquilo que ele aprende numa instituição religiosa. Embora algumas religiões antigays, por exemplo, condenem claramente as relações sexuais entre pessoas do mesmo sexo como escolhas pecaminosas, muitos gays e lésbicas não se lembram de alguma vez ter escolhido sentir-se atraídos por determinados indivíduos (como se isso fosse possível para hetero ou homossexuais). Essa diferença entre a experiência de um indivíduo e aquilo que a doutrina da religião diz que você deveria sentir freqüentemente anestesia ou confunde a experiência espiritual do indivíduo.

Os sistemas filosóficos fundamentais inerentes a uma determinada religião podem variar de uma ênfase mais positiva e acolhedora ou suave a uma mais negativa baseada no medo. Algumas instituições religiosas tentam se limitar à espiritualidade centrada na criação, focando o lado afirmativo da vida de uma religião (a idéia básica de que todos os seres humanos têm valor incondicionalmente perante o universo ou uma figura divina), enquanto outras se centralizam em torno do temor a Deus (a idéia de que você vai sofrer se não seguir as regras). Além das diferenças filosóficas básicas, existem também algumas religiões baseadas no medo, que tentam responder a todas as questões de maneira polarizada, ou seja, através de duas únicas maneiras de pensar a respeito do mundo – o "bem e o mal" ou o "certo e o errado". Esse tipo de pensamento pode ser eficiente para reduzir a ansiedade quando as questões parecem ter respostas simples, porém quando as questões mais complexas sem respostas óbvias necessitam de respostas igualmente complexas, o pensamento dicotômico pode, na verdade, aumentar a ansiedade.

As religiões baseadas em conceitos dicotômicos tendem a se apoiar no amor condicional de um poder maior. Quem não aceita todas as condições sem restrição é rejeitado e condenado. Algumas religiões tentam rotular comportamentos moralmente aceitáveis sem condenar o indivíduo, embora seja inerentemente impossível dizer que se ama uma pessoa incondicionalmente se não se aceitam determinados pensamentos, sentimentos ou comportamentos. As pessoas que aderem à idéia de "ame o pecador e odeie o pecado" podem estar tentando resolver um conflito entre as suas experiências pessoais e o seu rígido sistema de crenças. Elas podem também estar tentando justificar uma hipocrisia pessoal. Romper com um sistema de crenças religiosas com um determinado estilo de pensamento amando alguém que não segue todas as regras ameaça minar a crença religiosa da pessoa de uma maneira geral. Como as pessoas são atraídas por determinadas religiões de certos tipos de pensamentos com os quais se sentem confortáveis ou familiarizados, as ameaças a esse sistema representam uma ameaça pessoal a esse indivíduo.

Embora a religião em si não possa promover crenças antigays, é provável que os seguidores que detêm esses valores possam, de maneira imprópria e ilógica, acreditar que as suas crenças são corretas, através das suas interpretações distorcidas dos verdadeiros ensinamentos religiosos. Eles freqüentemente sentem-se mais fortalecidos na sua hostilidade e no seu julgamento quando acreditam que existe um precedente sagrado ou uma justificativa para o seu próprio medo, ojeriza ou hipocrisia. Pode ser difícil sentir compaixão por pessoas que usam a religião para abusar verbalmente dos outros. Em muitos casos, contudo, essas pessoas iradas estão seguindo os modelos de que dispuseram durante o seu crescimento.

Como colher os benefícios da religião

Existem muitas vantagens nos cultos formais. Os encontros semanais servem para fortalecer as conexões sociais e o apoio dentro de uma comunidade, reforçar os valores positivos do bem comum e criar oportunidades de realizar bons trabalhos para a comunidade como um todo. Nem todas as religiões, ou congregações locais dentro de uma religião maior, perpetuam visões negativas a respeito de gays e lésbicas. Mesmo dentro de organizações mais amplas que expressam explicitamente visões antigays é possível encontrar indivíduos e líderes contrários às mesmas.

Existem atualmente opções para gays e lésbicas que desejam continuar afiliados a tais instituições e ajustar a retórica antigay. Em primeiro lugar é possível desafiar as interpretações da Bíblia ou de outras escrituras sagradas antigays baseadas na teoria da relevância cultural ou em interpretações lingüísticas incorretas. Nesse caso, rejeitar-se-ia a tradução como falha ou não aplicável aos tempos modernos ou se argumentaria que o escritor original era homofóbico ou portador de alguma deficiência pessoal. Os fundamentalistas, é claro, rejeitariam esses dois posicionamentos como incorretos, uma vez que acreditam que foi Deus quem escreveu as palavras originais (e presumivelmente todas as traduções subseqüentes do texto) usando um ser humano como ferramenta. Em segundo lugar, você pode aceitar a maioria das tendências da sua religião e ignorar aquelas que o condenam ou rejeitam.

Outros optam por rejeitar a religião como um todo. Ao escolher esse caminho, além de abrir mão dos aspectos positivos de fazer parte de um sistema de apoio mais amplo, eles também tendem a ignorar a sua própria espiritualidade. A religiosidade tem sido confundida com excessiva freqüência com a espiritualidade, de modo que qualquer coisa que lembre remotamente a religião traz consigo lembranças negativas. No caso de você ter sido prejudicado, machucado ou rejeitado por pessoas e crenças da religião em que você foi criado, a dor e a ira podem impedi-lo de encontrar uma paz espiritual interior e uma auto-aceitação.

Muitas pessoas que rejeitaram os ensinamentos religiosos supõem incorretamente que é preciso estar envolvido com uma instituição religiosa formal para desenvolver o seu lado espiritual. As instituições religiosas, na maioria dos casos, representam uma tentativa formalizada de ajudar as massas a cultivar a espiritualidade. Para mim, a espiritualidade inclui a busca individual de respostas pessoais a questões a respeito da existência, Deus ou outro poder supremo ou o universo. A maneira como você responde a essas questões pode ajudá-lo a resolver crenças essenciais persistentes. Mesmo que você não encontre respostas específicas para as questões mais amplas, o processo de fazê-las após anos de negligência pode ser emocionalmente curador.

Existem grupos religiosos formando-se à parte das igrejas tradicionais e há muitos padres, rabinos e pastores que apóiam a homossexualidade nos grandes centros.

Avaliar as mensagens

A religião, assim como a família e a cultura, é uma força poderosa no moldar das cognições de muitos indivíduos – e da nossa sociedade como um todo. Por mais dogmáticas que sejam muitas religiões, contudo, elas ainda se apóiam grandemente em interpretações abertas a distorções e irracionalidade.

Uma vez adulto, você tem a oportunidade de avaliar e desafiar as mensagens religiosas que recebeu quando criança. Você pode fazer escolhas conscientes entre as mensagens úteis e as mensagens nocivas. Se, quando criança, você recebeu mensagens de que ser lésbica ou gay era algo inaceitável ou que diminuía o seu valor como ser humano, terá de começar a encontrar outras mensagens alternativas que contradigam esses ensinamentos.

Como todas as religiões acreditam que os seguidores de outras religiões estão incorretos, parece que há sempre alguém visto como incorreto. Em outras palavras, em última instância não existe prova de que uma religião seja mais correta do que outra. Quando se pergunta às pessoas religiosas como elas sabem que as suas crenças são verdadeiras ou corretas, elas freqüentemente dizem que "simplesmente sabem", "sentem" ou que "a Bíblia diz assim". Se, conseqüentemente, é impossível determinar a superioridade de uma religião, nenhuma deve ser verdadeira ou todas elas devem ser verdadeiras.

As pessoas que aprenderam a não pensar de maneira dicotômica podem enxergar outras alternativas. Falando mais especificamente, são capazes de ver que algumas tendências de cada religião podem ser verdadeiras e que, para determinadas pessoas, essas tendências podem funcionar como um caminho para a espiritualidade.

Se uma determinada religião não se adequa a você, contudo, procure um caminho que leve a uma espiritualidade saudável e humana que o sirva. Encontre algo que cure em vez de algo nocivo. O capítulo 12 o ajudará a explorar e desenvolver a sua própria espiritualidade de modo mais direto e completo.

Questões para reflexão

- Caso você tenha sido criado numa família que praticava uma religião em particular, qual era a visão dessa religião quanto à homossexualidade? Você se lembra de ensinamentos religiosos específicos antigays e lésbicas? Qual era a perspectiva da religião para com o sexo de uma maneira geral?
- Como a culpa era usada para controlá-lo?
- Como você era ameaçado com conseqüências espirituais negativas (por exemplo, ir para o inferno) por seu comportamento? Pensamento? Sentimento?
- Como eram tratadas as suas questões a respeito dos ensinamentos religiosos? O questionamento era ou não encorajado de uma maneira geral?
- Qual era a intensidade ou a firmeza do sistema de crenças religiosas da sua família?
- Quais eram as expectativas dos papéis a serem desempenhados por mulheres, homens e crianças dentro dos ensinamentos religiosos? Você foi ensinado que certas pessoas ou atos eram maus e outros eram bons e corretos?
- Como a sua família tolerava as crenças de outros sistemas religiosos?
- A sua criação religiosa baseava-se numa perspectiva centrada na criação ou no medo (por exemplo, inferno e danação)?
- Como as visões religiosas de seus pais podem ter servido a eles psicologicamente? Eles sentiam menos ansiedade por ter respostas claras para questões difíceis ou complexas? Era mais fácil para eles ignorar as "áreas cinzentas" da vida?
- Quais são as mensagens da sua infância a respeito de religião que vêm à tona no seu diálogo interior atualmente?
- Como você pratica a sua espiritualidade hoje em dia?

5
Escola, amigos e outras influências

Tente com todas as forças manter-se consciente durante as aulas de álgebra. Eu lhe asseguro que na vida real não existe nada igual à álgebra.
Fran Lebowitz

Nos três capítulos anteriores você explorou a sua antiga vida familiar, a cultura mais ampla e a sua criação religiosa para encontrar algumas das origens do seu diálogo interior. Ainda assim, as fontes das mensagens auto-reflexivas não cessam por aí. Podem existir outras influências tão poderosas quanto as já citadas, que podem contribuir para as opiniões positivas e negativas que você tem a seu respeito. Duas delas, dignas de menção, são as suas experiências quando criança na escola e os grupos de amigos aos quais se associou durante a sua vida.

Escola

Um típico dia escolar dura por volta de seis horas e meia, e o ano letivo ocupa de nove a doze meses. Isso significa que você provavelmente passou uma parcela significativa do início da sua vida num ambiente escolar, aprendendo ciências e matemática, história, gramática e outras habilidades. Você também deve estar provavelmente consciente de que, além do aprendizado formal, algumas das lições sociais e psicológicas mais poderosas da escola foram obtidas informalmente. Você aprendeu a interagir com os seus amigos fora da sua família ou instituição religiosa e pode ter recebido *feedbacks* muito diferentes a respeito de si mesmo através dessas experiências do que os oriundos de sua própria casa.

A escola pode ter sido o primeiro lugar onde você recebeu uma educação formal a respeito das "regras" do mundo, como ler, escrever, multiplicar e dividir, além de controlar o seu comportamento, trabalhar com os outros e interagir com autoridades. As experiências escolares genéricas podem variar amplamente dependendo do ambiente (particular ou público), tamanho (grande, médio ou pequeno), região (rural, suburbana ou urbana), afiliação (religiosa ou laica) e filosofia educacional (progressiva ou conservadora). As suas experiências individuais podem também ter sido influenciadas pela interação com determinados professores, cujos valores e crenças moldaram sua maneira de ensinar e as formas de comunicação por eles usadas.

O ambiente escolar e os seus amigos podem ter reforçado algumas mensagens que você aprendeu a seu respeito dentro de casa. Isso pode ser bom quando essas mensagens são saudáveis, mas ruim quando as mensagens são nocivas. É possível que a escola tenha sido uma fonte de mensagens saudáveis quando aquelas que você recebia em casa não o eram. Nesse caso, a escola pode ter se tornado uma "fuga" da turbulência, rejeição, negligência ou abuso.

Muitos gays e lésbicas adultos bem sucedidos em atividades acadêmicas descobriram quando crianças uma maneira de suprir determinadas necessidades emocionais de atenção, carícias positivas e aceitação por meio de conquistas nesse campo. Eles podem ter sido reconhecidos por um professor respeitado ou querido, que lhes reassegurava o seu valor e potencial reassegurados. Uma relação saudável com um professor, sem julgamentos, pode efetivamente ter melhorado alguns dos efeitos das mensagens negativas recebidas dentro de casa.

Embora os sucessos escolares tenham sido saudáveis e fornecido a aceitação necessária para fortalecer as suas experiências, essas mesmas experiências podem ter criado padrões e expectativas para consigo mesmo, que geraram um desequilíbrio na sua vida atual. É possível que existam certas áreas satisfatórias e bem sucedidas da sua vida que talvez sejam fontes de auto-estima, enquanto outras podem estar subdesenvolvidas devido à negligência ou ao medo de conseqüências negativas caso sejam exploradas. Charlotte, por exemplo, veio de um lar tranqüilo de classe média, quase sempre sereno e agradável. Ela era a mais nova de três filhos. Seus pais eram pessoas gentis, mas sempre um tanto distantes, e evitavam demonstrações de afeto de uma maneira geral. Eles nunca foram abusivos ou desencorajadores para com ela. Na verdade, a elogiavam freqüentemente por suas conquistas atléticas e acadêmicas. Charlotte, contudo, tinha com freqüência uma sensação de solidão e nunca foi realmente capaz de discutir com a família a respeito de seus sentimentos mais íntimos e sobre sua sexualidade em desenvolvimento. Ela sentia como se os outros membros de sua família não percebessem a profundidade de seus sentimentos e não pudessem entender o seu desejo de falar a respeito deles.

Na escola, Charlotte saía-se muito bem em todos os níveis – notas, esportes e situações sociais. Ganhou vários prêmios e recebia muito reconhecimento por seus dons, sendo-lhe freqüentemente concedidos privilégios especiais por parte dos professores que a encorajavam a lutar para alcançar o seu objetivo final – a faculdade de direito. Charlotte sentia-se muito à vontade nesse ambiente acadêmico e aos trinta anos de idade era professora numa prestigiada universidade.

Uma vez terminada a sua vida de estudante, Charlotte começou a perceber que os antigos sentimentos de vazio e solidão voltavam à tona. Ela estava ficando exausta pelo tempo dedicado à sua carreira, sem nada na sua vida pessoal que lhe fosse satisfatório. Começou então a se dar conta de que talvez a sua atenção às conquistas acadêmicas, que haviam lhe proporcionado sensações maravilhosas de realização ao longo dos últimos anos, ocorrera em detrimento da exploração de seu lado emocional. Embora tivesse uma bela opinião a seu respeito em termos profissionais, pessoalmente ela se sentia insatisfeita e vazia. Ela nunca havia se conectado a alguém de maneira íntima e tinha apenas algumas poucas amizades superficiais. Embora reconhecendo uma atração por mulheres, ela nunca chegou a atuar sobre esses sentimentos de nenhuma maneira. Assim, aos trinta anos, Charlotte começou a buscar meios de corrigir esse desequilíbrio, de explorar formas de se encontrar emocionalmente.

Charlotte nunca teve modelos de como lidar com as sensações emocionais ou sexuais de uma maneira saudável. Ela não consideraria seus pais abusivos, mas emocionalmente distantes e pouco à vontade com questões relacionadas à intimidade. Como era recompensada por suas conquistas acadêmicas, tanto em casa quanto na escola, ela foi fundo nesse caminho, até chegar à faculdade e ao cargo de professora universitária. Essa era a única maneira de se sentir aceita e capaz. Isso infelizmente a deixou com sentimentos mistos a respeito de sua auto-estima. Ela sabia que era inteligente e profissionalmente competente, mas sentia-se emocionalmente imatura.

A maioria das escolas tem como valor mais alto as conquistas acadêmicas. Ocasionalmente, por meio da interação com um representante institucional positivo como um professor, diretor ou orientador, um estudante pode aprender, em acréscimo ao seu valor como aluno, a respeito do seu valor como pessoa. A escola, porém, tem o potencial de ser um agente poderoso na construção de uma auto-estima positiva para jovens gays e lésbicas, fornecendo descrições precisas de gays e lésbicas na sala de aula e encorajando, de uma maneira mais genérica, o respeito por maneiras alternativas de pensar, sentir e acreditar. Embora vários sistemas escolares progressivos estejam começando a encorajar ativamente programas que incluam currículos positivos para os homossexuais e habilidades de auto-estima positiva, a maioria das escolas não tem tais programas.

Muitos professores e orientadores escolares continuam ignorantes ou são homofóbicos e encorajam as mesmas visões estereotipadas da homossexualidade propagadas pela sociedade mais ampla. Uma escola freqüentemente reflete os valores da comunidade mais ampla e, em muitos casos, o lugar escolhido pelos pais para morar baseia-se nos valores da comunidade semelhantes aos seus. Em outras palavras, pais autoritários, conservadores, freqüentemente escolhem viver em comunidades conservadoras com escolas públicas de enfoque semelhante ou enviam seus filhos a escolas particulares ou religiosas que lhes ensinarão valores semelhantes aos seus. Nos últimos anos, muitos grupos religiosos fundamentalistas voltaram suas atenções para as eleições da junta escolar na tentativa de assegurar que a sua perspectiva se tornasse mais onipresente nos sistemas escolares dos Estados Unidos – um expectativa assustadora para a juventude homossexual do país.

Assim como as famílias, a nossa cultura e as nossas instituições religiosas, as escolas estão sujeitas às mesmas forças sistêmicas. As vias de comunicação utilizadas, o valor das necessidades dos indivíduos *versus* as do grupo em termos mais amplos e o respeito pela autoridade são todos sistemas e crenças que podem tanto causar danos quanto curar. Caso a sua vida em casa tenha sido abusiva e degradante, é possível que a sua vida escolar tenha lhe fornecido um porto seguro, com informações diferentes a respeito de você mesmo e do seu valor. Ou talvez a sua vida familiar tenha sido maravilhosa e apoiadora e as suas experiências escolares, negativas. Uma dificuldade de aprendizado com a necessidade de aulas extras, por exemplo, pode ter dificultado o seu sucesso na escola, fazendo com que você interiorizasse mensagens a respeito de si mesmo como: "Eu não sou suficientemente inteligente" ou "Eu não sou igual aos outros". Mensagens negativas recebidas de um professor ("Você é um causador de problemas") ou a rejeição de seus amigos ("Você é um fresco") podem se somar às crenças essenciais que você tem a respeito de si mesmo de maneira tão marcante quanto as mensagens que você ouve em casa.

Vale a pena avaliar as mensagens colhidas de sua vida escolar ao examinar os seus pensamentos automáticos e as suas crenças condicionais essenciais. As questões do final do capítulo o ajudarão a pensar a respeito da sua experiência na escola e dos seus sentimentos a respeito de conquistas acadêmicas, assim como o ajudarão a lembrar acontecimentos específicos que ajudaram a moldar a sua identidade como gay ou lésbica.

Grupos de amigos

As pessoas freqüentemente se identificam com grupos de amigos para se sentir entrosadas. Os grupos com os quais as pessoas escolhem se identificar baseiam-se em vários fatores como raça, *status* socioeconômico, aceitação ou rejeição de normas sociais, necessidade mútua de proteção num ambiente hostil, criação religiosa, idade ou educação. O seu comportamento é, em certa medida, moldado pela sua relativa aceitação ou rejeição por parte de seu grupo de amigos. Os adolescentes e crianças podem sucumbir à pressão do grupo para agir de um modo que não julgariam necessariamente satisfatório caso não recebessem algum tipo de reconhecimento, aprovação ou aceitação por parte de seus amigos. Quando os membros da família rejeitam, abertamente ou não, a criança ou o adolescente, os amigos podem, por vezes, tomar o lugar da família no fornecimento de segurança e da sensação de fazer parte de um grupo.

Alguns jovens gays e lésbicas crescem usufruindo os benefícios de fazer parte de um grupo de amigos como times esportivos, turmas escolares, "panelinhas" do bairro e grupos jovens religiosos. A maioria, contudo, tende a se sentir apenas parcialmente aceita, podendo nunca discutir a sua identidade sexual por medo de ser expulsa desse grupo. Esses jovens continuam a esconder a sua identidade secreta, revelando as qualidades que aprenderam ser aceitáveis. A mensagem neles incutida é: "Você só pode pertencer a esse grupo se agir ou fingir que é heterossexual". Portanto, embora o fato de pertencer a um grupo possa ter algumas qualidades importantes como permitir um suporte emocional, o desenvolvimento de habilidades sociais e uma crescente independência dos valores familiares, ele também pode ser uma fonte de afirmações internas negativas e de outras crenças distorcidas.

Alguns grupos são por natureza exclusivos. Seus membros tendem a ver as pessoas de fora como inferiores e encorajam o desenvolvimento de estereótipos, posturas racistas e/ou homofóbicas e outras atitudes separatistas. Para evitar a rejeição por parte do grupo de amigos, as crianças podem sucumbir à pressão expressa ou encoberta para se comportar da maneira que o grupo considera adequada e que na verdade pode ser prejudicial em longo prazo. Muitos jovens urbanos que se associaram a gangues em busca de proteção e da sensação de pertencer a um grupo também sentem que não têm outra escolha a não ser seguir a direção de líderes para brigar, usar ou vender drogas ou provar, de alguma outra maneira, que merecem pertencer ao grupo.

David e sua mãe mudaram-se de uma pequena cidade em Ohio para Cleveland quando ele tinha dez anos. Não foi fácil para David deixar os seus amigos e primos. Ele teve dificuldades em fazer novos amigos na cidade grande. Sua mãe trabalhava tantas horas fora de casa que ele acabou passando muito tempo sozinho.

Quando David ingressou no segundo grau, ficou evidente que muitos dos outros meninos pertenciam a "clubes" que ele logo percebeu serem, na realidade, gangues. Sua mãe o havia advertido a respeito desses grupos e ele de maneira geral os evitava, mas depois de ter sido ameaçado algumas vezes decidiu que precisava se juntar a um deles para obter proteção. A princípio, sentiu uma certa satisfação por finalmente pertencer a um grupo e fez o que pôde para se manter longe de problemas. Logo ficou claro, porém, que o grupo esperava que ele se adequasse ao desejos de seus líderes. Embora David considerasse a idéia de abandonar o grupo, foi lhe dito repetidas vezes que ele não seria capaz de se proteger sozinho caso não pertencesse ao grupo e ele compreendeu que, se partisse, seu próprio grupo se voltaria contra ele. Ele não só não podia deixar o grupo como foi instruído pelos líderes quanto a todo e qualquer detalhe de seu comportamento, desde as de cores da roupa que ele deveria vestir até o modo de pentear seu cabelo. Eles até lhe disseram com quem ele podia ou não namorar.

Embora gostasse de mulheres, David percebeu que tinha sentimentos especiais por outros rapazes. Ele sabia que não podia discuti-los com nenhum membro da gangue. As "bichas" eram, de fato, alvos ocasionais da violência da gangue, por puro divertimento. O que se iniciara como um meio de se proteger e de pertencer a um grupo transformou-se numa armadilha para David. Ele se flagrou fazendo e dizendo coisas que considerava inaceitáveis devido à incrível pressão que sentia para se adequar.

Quando fez dezoito anos, David mudou-se para Nova York e deu início a uma nova vida. Passou a se consultar com um terapeuta que o ajudou a lidar com o seu passado e a aprender a ser sincero consigo mesmo.

Os grupos de amigos podem ser altamente organizados e hierárquicos, com regras claras ou outras que podem não ser ditas, mas que são claramente compreendidas por todos aqueles que a ele pertencem. Dentro de uma estrutura desse tipo, existe sempre a ameaça potencial de rejeição. Ser aceito e permanecer como membro de um grupo pode ser extremamente importante para alguém que não desenvolveu uma identidade forte e uma auto-estima positiva. Talvez as pessoas com uma auto-estima mais elevada, especialmente aquelas que valorizam os seus modos próprios e únicos de pensar e sentir, possam resistir mais facilmente à pressão dos grupos de amigos para se adequar. É por isso que o encorajar as crianças a se sentir bem consigo mesmas para não ceder à pressão dos grupos de amigos é um tema freqüentemente usado nas campanhas contra as drogas e o fumo. Ter a coragem de se manter por si só requer tanto autoconfiança quanto auto-estima, qualidades que freqüentemente faltam às crianças e aos adolescentes gays e lésbicas.

Grupos de lésbicas e gays

Às vezes, até mesmo os grupos homossexuais perpetuam os estereótipos da sociedade mais ampla. Durante os primeiros anos do cinema, em Hollywood, os afro-americanos limitavam-se a papéis pequenos – com freqüência, de escravos, serviçais ou outros estereótipos culturais. Os atores que tinham a sorte de conseguir um papel naquela indústria dominada pelos brancos pertenciam a organizações que os apoiavam e encorajavam. Quando a jovem e multitalentosa Lena Horne começou a exigir papéis maiores além dos normalmente concedidos aos negros, contudo, ela não somente foi rejeitada pelo sistema branco (ou relegada a papéis menores) como ficou atônita ao ser também rejeitada por seus pares, atores afro-americanos cuja própria auto-imagem estereotipada poderia ser ameaçada pelo seu sucesso.

Indivíduos gays e lésbicas sentem-se freqüentemente atraídos pela comunidade homossexual mais ampla depois de assumirem-se para si mesmos ou para membros de sua família. Eles experimentam a maravilhosa sensação de pertencer a um grupo e ser aceitos pelo que realmente são, algumas vezes pela primeira vez nas suas vidas. Devido à falta de modelos óbvios na nossa cultura (até recentemente), o primeiro grupo de gays ou lésbicas com o qual você se sociabiliza torna-se, com freqüência, uma importante fonte de informações a respeito do que é "socialmente aceito" dentro da comunidade. É possível que você tenha querido se adequar a esse grupo quase que imediatamente, ou talvez tenha se flagrado tornando-se lentamente cada vez mais parecido com as pessoas com quem estava se associando. Os amigos gays tornam-se freqüentemente a fonte para as suas preferências em termos de roupas, penteados, posturas e comportamento. Infelizmente, assim como ocorre com outros grupos, você pode sentir também algum tipo de pressão para se adequar aos estilos e atitudes dos líderes gays e lésbicas "da moda" e de grande visibilidade. Isso pode reconduzi-lo a mensagens autodepreciativas, caso você descubra que não se adequa às normas socialmente aceitáveis. Envelhecer, por exemplo, é algo muito angustiante para alguns gays, uma vez que os grupos aos quais eles se associam mais proximamente dão um grande valor à juventude e à beleza. Como os amigos com os quais eles se associaram lhes parecem ser, por vezes, toda a comunidade e não somente um pequeno segmento da mesma, muitos gays não se dão conta de que existem outros gays envelhecendo, para quem a juventude não é um valor assim tão importante.

Às vezes podemos nos tornar vítimas de nossos próprios estereótipos. Como parte de uma sociedade mais ampla, somos influenciados por seus estereótipos generalizados de gays. Alguns autores gays, como Andrew Sullivan (1995), discutiram o papel da comunidade gay na perpetuação de seus próprios estereótipos. Muitos anúncios pessoais escritos por gays, por exemplo, foram criticados por alinhar entre as características desejadas para seus futuros namorados "atitude heterossexual", ou "não gordos nem efeminados", sugerindo que os homens que se comportam de maneira "gay" ou que não têm um "porte atlético" não são desejáveis. Um fenômeno semelhante foi observado na comunidade afro-americana pelo diretor Spike Lee em seu filme *School daze*, no qual ele explora a divisão cultural entre os afro-americanos de pele clara e os de pele escura.

A comunidade gay obviamente fornece uma série de benefícios, tais como apoio, educação e uma aceitação geral da orientação sexual, para enumerar apenas algumas. Mas assim como as famílias e as instituições religiosas, que também têm muitas características boas, a comunidade gay com a qual você interage é capaz de contribuir para o reservatório de mensagens negativas que você pode enviar a si mesmo. É por isso que você também tem de avaliar as mensagens baseadas nas suas relações com seus amigos, tanto em termos de acuidade quanto de utilidade. Assim como com as outras influências sobre as declarações internas, você não tem de rejeitar o seu grupo de amigos para desafiar as mensagens negativas e incorretas; você pode aceitar os componentes saudáveis e apoiadores e rejeitar aqueles que são nocivos.

Outras influências

Já abordamos as principais influências no diálogo interior diário: sua família de origem, cultura, religião, escola e amigos. Você pode, contudo, ter recebido algum tipo de *feedback* de outras fontes durante a sua infância que podem ter contribuído para o seu diálogo interior negativo.

Figuras de autoridade especiais

Ao retornar à sua infância e adolescência, você pode facilmente lembrar-se de figuras de autoridade específicas, normalmente adultos, que tinham algum impacto significativo sobre você. Já discutimos a respeito de alguma das figuras óbvias que provavelmente tiveram um influência positiva ou negativa sobre você – o que pode incluir certamente um ou ambos os pais ou outros membros da família, como avós, tios ou tias. Podem ter havido outras figuras importantes fora da sua família que lhe serviram tanto como modelo quanto como fonte de informação a seu respeito durante o seu desenvolvimento. Essas figuras podem ter sido os seus professores, sacerdotes ou outros líderes religiosos, médicos, treinadores, tutores ou vizinhos. As informações que eles lhe refletiram podem se assemelhar muito proximamente àquelas que a sua família lhe forneceu. As mensagens que eles lhe comunicaram podem ter sido tão positivas ou negativas quanto aquelas fornecidas pela sua família.

Talvez por não fazerem parte do sistema no qual você foi criado, essas pessoas podem ter fornecido a você uma perspectiva diferente a respeito da sua identidade, seu valor no mundo e para eles e seus talentos ou dons especiais. Essa percepção pode ter oferecido a você um porto seguro, permitindo-lhe um alívio da negatividade proveniente de outras fontes. As imagens positivas emanadas por essas figuras podem tê-lo ajudado a sobreviver aos primeiros anos com algum sentimento de satisfação consigo mesmo, ainda que graças apenas a uma qualidade ou habilidade em particular que você possuía. O encorajamento que você recebeu de um treinador que admirava podem tê-lo ajudado a se sentir bem a respeito das suas habilidades atléticas e aceitar-se nessa área da sua vida. Com sorte, você teve uma figura positiva cuja influência se estendeu para além de uma área limitada da sua vida, fornecendo-lhe um lugar onde pudesse ser incondicionalmente aceito e amparado. Essa figura pode ter sido capaz de ajudá-lo a reconhecer que parte da negatividade à qual você estava exposto em outros aspectos da sua vida não era apropriada. Com muita sorte, você teve uma figura que lhe ensinou que ser gay ou lésbica não era algo horrível, pecaminoso ou doente, mas uma parte natural de quem você é. Pense a respeito de algumas das influências positivas das quais você pode ter desfrutado durante o seu crescimento que podem tê-lo ajudado a salvar a sua auto-estima da devastação e distorção totais.

Esportes e outras atividades extracurriculares

Nossa cultura valoriza a competição em eventos esportivos e em outras áreas. Nossos sistemas escolares costumam incorporar a educação física em seus currículos. Exige-se da maior parte das crianças que participem de alguma forma de aulas de educação física, sendo que muitas praticam esportes depois do horário da escola.

O esporte certamente pode ser benéfico em vários sentidos. Além de colher os benefícios gerais para a saúde, caso você tenha sido um atleta particularmente bem-sucedido, você pode ter obtido muito reconhecimento e elogios por suas conquistas. Esse pode ter sido um dos mais importantes fatores na formação da sua percepção de si mesmo. Você pode ter descoberto um grande valor na sua habilidade atlética, tendo possivelmente aprendido a valorizar e gostar de competições como uma maneira de demonstrar o seu próprio valor. Essa associação positiva de competição com valor próprio, contudo, pode mais tarde ter se generalizado na sua vida profissional e pessoal, fazendo com que o seu estilo típico de pensamento soe como "Quando não venço sou um fracasso", ou "Eu não tenho nenhum valor se não consigo chegar em primeiro lugar".

A falta de talento esportivo também pode ter sido uma informação importante para a sua autodefinição. Ser rejeitado por um time ou escolhido por último é uma lembrança persistente para muitas crianças. Você pode imaginar que mensagens possivelmente desenvolveu a seu respeito no caso de ser constantemente preterido ou de ter de se confrontar com a ira do resto do time por erros ou trapalhadas. Você pode ainda as carregar, como: "Eu sou desajeitado e babaca" ou "Eu não serei integrante da equipe porque posso desapontar o time".

O fato de ser talentoso para o esporte também pode ter custado alguns desafios. Os times são uma forma poderosa de grupos. Embora participar de uma equipe esportiva possa ser uma forte influência positiva, ela pode também ser difícil. É capaz, por exemplo, de você ter percebido que não era possível se arriscar a expressar a sua sexualidade explicitamente com esses amigos muito próximos por medo de ser rejeitado, tendo escolhido desenvolver uma identidade secreta para permanecer no time.

Deficiências

Uma auto-estima saudável é importante para todo mundo, mas é ainda mais importante sentir-se bem a respeito de suas forças quando se sofre de algum tipo de deficiência. A deficiência pode assumir várias formas – paraplegias, deformidades, doenças congênitas ou crônicas que podem reduzir a mobilidade ou a habilidade em realizar atividades funcionais cotidianas. Ela pode se apresentar também na forma de uma dificuldade de aprendizado nas atividades acadêmicas, como dificuldade de leitura, escrita e aritmética ou a necessidade de tutores especiais ou formas alternativas de educação.

As crianças vistas por seus amigos como diferentes devido à sua deficiência podem tornar-se objeto de escárnio ou ser rejeitadas nas atividades do grupo. Crianças com deficiências colocadas em escolas ou salas especiais para crianças com problemas semelhantes podem, por vezes, não ter de se confrontar com tanta rejeição. Alguns especialistas, contudo, defendem a integração de crianças deficientes em classes normais, por acreditar que é importante que as crianças deficientes aprendam a lidar com a sociedade mais ampla e que as crianças normais as entendam melhor. Infelizmente, as crianças deficientes precisam, tanto numa situação como na outra, lutar contra as mensagens estigmatizantes, diretas e indiretas, da nossa cultura mais ampla a respeito de deficiência. Essas mensagens são freqüentemente duras e depreciativas, como: "Você não é normal, portanto é inferior", "Você é digno de pena e precisa de ajuda". Gays ou lésbicas com problemas semelhantes precisam manter uma atenção especial para construir uma auto-estima sólida e um diálogo interior positivo. Eles têm de trabalhar com ainda mais afinco para refutar as antigas e distorcidas mensagens a respeito do seu valor na nossa sociedade.

Posturas a respeito da aids

O impacto da aids sobre a comunidade homossexual foi imenso. Da mesma maneira como ocorre com outras questões sociais e relacionadas à saúde, o impacto da aids sobre a nossa sociedade, o mundo e o indivíduo não pode ser esgotado aqui. Vale a pena, contudo, mencioná-lo como uma importante influência no diálogo interior e na auto-estima.

O surgimento da aids gerou uma grande histeria naqueles que se conscientizaram de sua existência, inicialmente dentro da comunidade gay, que parecia ser a sua única vítima, e somente mais tarde fora. Como os gays pareciam ser o alvo específico da doença, muitos se apressaram em tirar conclusões a respeito da conexão entre o comportamento dos gays e o desenvolvimento da doença. A histeria em torno da aids tornou-se mote para ataques pela mídia, sociedade e clero. Alguns líderes religiosos fundamentalistas fizeram interpretações embaraçosamente ingênuas a respeito da aids, chamando-a de uma espécie de castigo de Deus para os gays por seu "comportamento imoral".

Jeff, oriundo desse *background* religioso e que nunca aprendeu a desafiar mensagens nocivas, lutou contra as suposições incorretas e negativas feitas por essas facções mal informadas. Em certa medida, ele começou a duvidar da legitimidade de sua própria sexualidade. Lá no fundo, ele chegava a se perguntar se havia alguma verdade nas alegações dos fundamentalistas. Como nunca havia tido o apoio da família, Jeff sempre sentiu vergonha de si mesmo. Foi somente conversando a respeito dessas alegações com seus amigos que Jeff conseguiu começar a refutá-las. As pessoas estavam sofrendo não apenas devido à desinformação turbulenta a respeito da aids e ao estigma que trouxera para a homossexualidade, mas também por causa da ameaça da doença e da morte, uma fonte significativa de angústia para muitos gays na época. Como explorar a sua identidade sexual quando isso significava possivelmente a morte? Muitos sentiram a necessidade de fazer uma opção entre o sexo e o risco de morrer ou a abstinência e uma vida incompleta.

Felizmente, muitos gays e lésbicas mantiveram a calma durante esse primeiro período e começaram a insistir num debate racional e num estudo científico a respeito da aids, em vez de permitir que o medo e o oportunismo moral reinassem supremos. Alguns historiadores homossexuais são de opinião que a aids fez com que a comunidade gay mais ampla se unisse de maneira jamais vista (Herek e Greene 1995; Miller 1995). Ela passou a ter inimigos em comum contra os quais lutar: a ignorância, a doença e o preconceito. Embora parecesse ser menos afetada de maneira direta pela doença, a comunidade lésbica certamente sofreu com a incrível histeria antigay que rapidamente se disseminou. Em alguma medida, essa foi e é uma questão gay e lésbica e não apenas gay.

Os gays e lésbicas que cresceram durante essa época foram provavelmente afetados de maneira crucial pela histeria cultural. Nossa comunidade estava, em vários aspectos, começando a desfrutar de uma visibilidade social e a adquirir uma força política conquistada inicialmente com a "vitória" simbólica do tumulto de Stonewall em 1969 e que continuou ao longo da libertadora década de 1970. No início, a aids pareceu ameaçar as conquistas obtidas durante os primeiros anos, provocando um recuo no movimento pelos direitos dos gays e um efeito negativo nas auto-imagens positivas recentemente desenvolvidas dentro da comunidade gay e lésbica. Pelo fato de muitos gays e lésbicas terem começado a se organizar e educar a si mesmos, o governo e os sistemas de saúde, vimos os fatos falarem mais alto que a histeria e a educação quanto à saúde assumir a prioridade em detrimento das crenças irracionais. A aids ainda é uma preocupação para todos nós, porém agora a entendemos tal como é – uma doença, não um veredicto.

Avaliar as mensagens

Neste e nos capítulos anteriores, comecei a explorar alguns dos fatores que moldaram as mensagens que você se envia a respeito de si, do mundo e dos outros. Caso tenha gastado algum tempo respondendo às questões que lhe foram colocadas no final de cada capítulo, você pode estar começando a reconhecer as influências específicas que moldaram a sua vida e as mensagens que você continua a enviar a si mesmo, tanto as positivas quanto as negativas.

As fontes de mensagens, contudo, não cessam por aí. É possível que existam outras pessoas, lugares ou experiências das quais você se lembre que influenciaram a percepção que você tem de si mesmo e que eu não tenha discutido aqui – um trauma maior como uma catástrofe ou uma guerra, mudanças freqüentes durante a infância ou ter passado por um ou muitos divórcios. Só você pode começar a ouvir as vozes residuais do seu passado e aprender a assumir o controle sobre elas. Lembre-se de que essas vozes podem ter lhe enviado mensagens distorcidas e que você é capaz de mudá-las.

Questões para reflexão

- Que tipos de experiências positivas você teve na escola durante o seu crescimento? E negativas?
- Quais foram as mensagens recebidas por você a seu respeito provenientes de seus professores? E de seus amigos?
- De que mensagens a respeito da homossexualidade de uma maneira geral você se lembra de suas experiências escolares? De seus professores? De seus amigos?
- Como as suas experiências escolares genéricas afetaram a

sua atual identidade profissional ou o desenvolvimento da sua autoconfiança?
- Como as suas conquistas (ou falta de) na escola foram recebidas em casa? Como as suas experiências negativas na escola eram tratadas em casa?
- Havia pessoas na sua escola, incluindo professores, funcionários ou amigos, que você acreditava que eram lésbicas ou gays? Quais são as imagens de gays e lésbicas que você ainda carrega consigo baseadas nessas pessoas? Elas eram estereotipadas? Assumidas? Enrustidas?
- Que lembranças você tem da sua interação com amigos quando criança? Você era aceito? Rejeitado? Social? Um estranho?
- Quais eram as atitudes que seu grupo de amigos mantinha a respeito de homossexuais?
- Você se lembra de fingir que era heterossexual para se adequar ou evitar a rejeição?
- Existiam figuras de autoridade específicas na sua vida que lhe forneceram uma fonte de aceitação incondicional?
- Como a sua participação ou não em atividades esportivas moldou a sua identidade?
- Como a aids mudou os seus conceitos e o seu comportamento?
- Que tipos de pressão para se adequar você sente por parte de seus amigos atuais?

Parte II

ESCOLHAS:
AUTO-ESTIMA NO DIA-A-DIA

6
Sua carreira

Trabalhando oito horas por dia você pode tornar-se chefe e passar a trabalhar doze...
Robert Frost

Depois de já ter explorado algumas das origens do seu diálogo interior, você está pronto para atentar para as maneiras com que esse diálogo afeta a sua vida atual. Uma das áreas influenciadas pela sua auto-estima é a sua performance profissional diária e os sucessos na sua carreira de uma maneira geral.

Algumas das idéias que você tem a seu respeito como funcionário ou profissional podem estar diretamente relacionadas às idéias genéricas que você tem a respeito de si mesmo. Se você acha, por exemplo, que não merece elogios ou atenção na sua vida pessoal, é provável que também se sinta assim na sua vida profissional. Sentir-se pouco à vontade com elogios ou sem direito a eles pode impedi-lo de apresentar um desempenho que atraia uma atenção especial sobre você ou o merecido reconhecimento.

É importante avaliar a sua vida profissional e qualquer obstáculo à sua auto-estima que possa estar impedindo uma carreira vitoriosa, a fim de ser possível determinar se o modo como você vê a si mesmo em termos gerais tem algum impacto negativo sobre o seu trabalho. Neste capítulo você avaliará como a auto-estima pode afetar a escolha vocacional, o desempenho no trabalho e os relacionamentos no ambiente profissional. Você também pode usar essas informações para avaliar se a sua carreira está tendo um impacto negativo na sua auto-estima.

Adequando-se no trabalho

Algumas pessoas encontram-se num verdadeiro dilema no ambiente profissional, uma vez que desejam as promoções oriundas de um trabalho digno de reconhecimento mas ao mesmo tempo resistem a qualquer coisa que os faria se sentir desconfortáveis ou os colocasse em evidência.

Caso você, como criança gay ou lésbica, tenha aprendido que chamar a atenção para si mesmo freqüentemente gerava especulações a respeito da sua sexualidade, talvez você tenha tendência à adequação, mantendo-se medíocre. Você pode estar dizendo a si mesmo que, ao evitar o olhar extra do seu chefe, está se protegendo da possibilidade de a sua sexualidade ser descoberta. A discriminação no emprego certamente é uma realidade, tanto no que diz respeito a gênero, religião, deficiências ou orientação sexual. Várias demissões ocorreram por razões não relacionadas diretamente ao trabalho e que de nenhuma maneira afetavam o desempenho profissional dos envolvidos. Como nós, infelizmente, não dispomos de proteção contra discriminação em muitos ambientes, o medo de se expor e perder o emprego pode ser real. Sua carreira pode, portanto, ter conseqüências positivas e negativas na sua auto-estima e vice-versa. Encontrar um equilíbrio confortável entre as necessidades pessoais e as profissionais será importante para a sua satisfação de uma maneira geral.

Como a auto-estima pode afetar a escolha da sua carreira

As pessoas optam por uma determinada carreira por vários motivos além do amor à profissão, incluindo a possibilidade de ganhos, as necessidades econômicas, a disponibilidade de opções e a pressão familiar. Certamente existem também várias maneiras de a auto-estima afetar a escolha de uma carreira. Você pode se lembrar da época em que estava escolhendo o primeiro caminho a seguir e excluindo certas opções por falta de interesse ou de autoconfiança. Talvez tenham existido pessoas na sua vida que o encorajaram fortemente a seguir um caminho em vez de outro, como um professor, seu pai ou um orientador do segundo grau. Eles podem ter invalidado seletivamente algumas das suas escolhas, classificando-as como não realistas ou "além dos seus limites", encorajando-o a seguir caminhos que eles aprovavam ou que eles próprios seguiram. Eles podem também ter evidenciado uma de suas potencialidades e o impelido a segui-la profissionalmente, mesmo que você pudesse ter preferido perseguir um caminho pelo qual estava mais apaixonado. Você provavelmente ouviu muitas mensagens durante esse período de decisões que começaram a moldar o seu caminho profissional e a sua identidade. Caso as pessoas da sua vida tenham invalidado os seus sentimentos e pensamentos de uma maneira geral, elas podem ter tentado moldar a escolha da sua carreira usando os mesmos métodos de invalidação. Adultos insatisfeitos com seus trabalhos questionam a sua escolha vocacional e se arrependem de decisões que fizeram no início de sua vida profissional.

Muitas lésbicas e gays não somente sofreram esse tipo de pressão externa para seguir uma determinada carreira, como também tiveram de se confrontar com conflitos internos. Dados os estereótipos negativos que a nossa sociedade tem a respeito da homossexualidade, muitos gays e lésbicas podem escolher determinadas carreiras e evitar outras baseados no nível de aparência e na aceitabilidade social da profissão em questão. Alguns gays podem ter evitado seguir uma carreira artística/criativa por causa do nível de desconforto que previam sentir devido à reação das pessoas homofóbicas de sua comunidade, mesmo tendo se sentido atraídos por esse tipo de profissão. Outros podem, de fato, ter escolhido uma carreira específica devido à sua orientação sexual, gênero, raça ou outro *status* de minoria oprimidas, sentindo que não seriam aceitos em outras carreiras. Na ausência de uma validação pessoal por parte da sociedade, muitos gays e lésbicas escolhem uma carreira que lhes renderá prestígio e autovalidação que não conquistariam de outra forma. Caso você, por exemplo, tenha obtido sucesso e validação através de suas conquistas acadêmicas, é provável que você escolha uma carreira que valorize esse lado. Seja como for, as escolhas profissionais são freqüentemente feitas por outras razões que não a satisfação pessoal ou um equilíbrio entre as potencialidades e as exigências da própria profissão.

Brad, um médico de 45 anos, veio ao meu consultório reclamando de falta de interesse no trabalho, apresentando vários outros sinais daquilo que a maioria das pessoas chamaria de crise de meia idade. Sua carreira tinha sido brilhante – seu sucesso escolar no segundo grau o havia conduzido a uma notável graduação numa renomada universidade, na qual se formou em bioquímica e farmacologia. Seu trabalho duro foi recompensado ao ser admitido numa faculdade de medicina e, mais tarde, com uma residência médica de prestígio e uma bolsa. Após o término da bolsa, ele recebeu uma oferta de um emprego bem remunerado numa das escolas médicas de ponta do país, em que rapidamente construiu seu nome como clínico talentoso, bom administrador e colega leal.

Seis anos depois, contudo, Brad estava insatisfeito tanto com o seu trabalho quanto com sua vida pessoal. Ele admitiu prontamente que o seu crescimento pessoal e as dificuldades em manter relacionamentos estavam provavelmente relacionados à quantidade desproporcional de tempo que dispendia com a sua carreira. Embora ainda gostasse de muitas facetas de seu trabalho, como o respeito a ele concedido pela comunidade médica, a recuperação e a gratidão de seus pacientes e o salário confortável, ele percebeu que estava querendo romper com a "rotina de conquistas" e colocar mais energia no resto de sua vida. Embora fosse muito bom na sua profissão e isso lhe oferecesse muitas vantagens, Brad não estava completamente satisfeito com os aspectos cotidianos da vida. Ele estava cansado de sua posição de autoridade, mas sentia-se preso numa armadilha por não acreditar que poderia se dedicar a outra coisa que não a medicina. Ele também temia as repercussões na família caso abandonasse a profissão, uma vez que seus pais e amigos tinham muito orgulho de suas conquistas como médico. A falta de autoconfiança e o medo impediram-no de explorar outras opções de carreiras.

Brad e eu começamos a explorar o modo como sua carreira foi escolhida e descobrimos que sua sexualidade havia sido um dos fatores importantes que a influenciaram. Ele se lembrou de que havia decidido se tornar médico para provar a si e à sua família que merecia o respeito que ele temia não receber devido à sua orientação sexual. Os médicos eram altamente respeitados pelos pais e pela família de Brad e tidos em alta conta pela cultura americana na época em que ele estava se orientando vocacionalmente.

Embora tivesse desenvolvido um conceito saudável e positivo de si mesmo em termos profissionais (ele se achava bom no que fazia e tinha indicadores externos de sucesso), essa auto-estima profissional elevada não parecia se estender aos seus relacionamentos pessoais e outras empreitadas. Ele ainda não acreditava merecer ser amado por alguém, especialmente por aqueles que sabiam quem ele realmente era ou conheciam as suas facetas menos bem sucedidas.

A experiência de Brad é bastante comum entre as pessoas cuja auto-estima se baseia no sucesso profissional. Construir uma auto-estima essencial para além do trabalho é uma maneira de começar a aliviar a sensação de ter sido capturado numa armadilha ou de ser um impostor. Para Brad isso significou mudar a carreira de uma maneira geral e escolher alguma coisa que ele acreditava que o faria se sentir mais satisfeito, independentemente da impressão alheia. Para outros, isso poderia significar aprender a mudar o seu comportamento no trabalho, se defender, fazer escolhas que gerassem sucesso e reconhecimento e viver mais aberta e autenticamente.

Embora a auto-estima possa ter tido um grande impacto na escolha de sua profissão, a sua profissão também pode ter um impacto na sua auto-estima. O seu trabalho pode de fato ser uma fonte de auto-estima (e de mensagens positivas) num sistema de vida mais amplo, recompensador e satisfatório.

Podem existir, contudo, aspectos profissionais que não o satisfaçam. Talvez você não esteja progredindo tão rapidamente quanto desejaria ou as situações relacionadas ao trabalho o impeçam de ser tão satisfatório quanto poderia ser. Talvez você se sinta pouco à vontade para falar sobre a sua vida pessoal no trabalho por medo das possíveis reações homofóbicas. Pode ser até que você realmente tenha ouvido seus colegas fazerem pressuposições heterocêntricas, piadas ou comentários impróprios. Talvez você se sinta frustrado ao ver os outros recebendo reconhecimento e sendo promovidos – coisas que você acha que merece mas não conquista porque tem medo de se confrontar com a sua empresa. Algumas vezes essa promoção pode se basear na sociabilidade (ou seja, na habilidade de interagir com outros confortavelmente) do funcionário, e você suspeita que manter a sua vida pessoal em segredo acabou funcionado contra você.

A identidade secreta no trabalho

Muitas lésbicas e gays acreditam que devem ser extremamente reservados quanto às suas vidas pessoais para serem bem-sucedidos no trabalho. Mesmo assim, muitos homossexuais não compartimentalizam as coisas dessa maneira, freqüentemente dividindo com outros vários detalhes de sua vida familiar, incluindo a maneira de ela influenciar o seu humor diário ou sua produtividade. A compartimentalização pode efetivamente diminuir a amplitude da criatividade de um funcionário e fazê-lo sentir-se alienado dos outros no trabalho. Essa limitação gera freqüentemente uma grande frustração e um desinteresse profissional. Trabalhar num ambiente em que você sente que não pode ser você mesmo pode gerar uma baixa na auto-estima quando começa a justificar por que não pode ser tão aberto quanto seus colegas: "Tenho de manter essa identidade secreta escondida e devo ser grato à oportunidade de ter esse emprego".

Nem sempre é fácil encontrar o equilíbrio numa situação como essa, uma vez que não há dúvidas de que a homofobia e a discriminação existem. Algumas pessoas que aceitaram o risco de se abrir mais a respeito de si mesmas obtiveram a aceitação do meio e efetivamente começaram a ser bem sucedidas posteriormente. Se você acha que não pode optar por revelar a sua verdadeira identidade em seu trabalho atual, talvez possa sair dele e buscar um emprego em que você se sinta mais confortável para viver mais abertamente. Este não é um livro para se assumir. Essas são escolhas que você tem de fazer por si só. Independentemente de sua opção, é importante que você reconheça as mensagens que está enviando para si mesmo a respeito do seu trabalho. Mesmo que não opte por mudar de emprego ou por se assumir, você certamente pode mudar o diálogo interior negativo que possivelmente está interferindo no seu funcionamento diário.

Relações no ambiente de trabalho

Um dos aspectos mais recompensadores e frustrantes no trabalho é a relação que você tem com os seus colegas – as pessoas que o supervisionam, seus colegas de trabalho e as pessoas que você supervisiona.

Pessoas que o supervisionam

Lidar com um chefe ou com um supervisor pode ser algo traiçoeiro, pois essa pessoa tem o poder de ajudar ou prejudicar sua carreira, ao elogiar ou criticar o seu trabalho, fazer boas ou más avaliações de seu desempenho, promovê-lo ou demiti-lo e influenciar futuras cartas de recomendação. Se o seu supervisor é de algum modo homofóbico, isso certamente afetará as suas relações no trabalho. Pode ser muito difícil conseguir se defender ou evitar se culpar ao se confrontar com o preconceito e com a discriminação de um supervisor, a menos que você tenha uma auto-estima bastante fortalecida.

As suas relações com pessoas em posição de autoridade podem ter sido afetadas pelas suas experiências passadas. As pessoas que supervisionavam as suas tarefas quando criança eram pacientes e acolhedoras ou exigentes e rígidas? Caso tenha tido uma família do tipo autoritário que deixou pouco espaço para que você tomasse as suas próprias decisões, você pode ter se tornado um adulto indeciso. Suas experiências podem tê-lo feito perguntar-se sempre: "Será que eu sou capaz de tomar tal decisão?". Caso tenha sofrido um molestamento quando criança por parte de um pai ou de uma mãe autoritários, pode ser que você tenha atualmente dificuldade para lidar com os chefes autoritários. Você pode ter expectativas negativas para com o seu atual supervisor somente porque ele o faz lembrar um adulto que o molestou no passado. Esse adulto pode não ter sido seu pai nem sua mãe, mas um professor, um treinador ou alguém que cuidava de você e que era opressivo e o menosprezava.

Mesmo que as experiências passadas com figuras de autoridade tenham sido basicamente positivas, é possível que as suas expectativas genéricas para com seu chefe e consigo mesmo sejam inferiores àquelas necessárias, devido ao elevado estado de alerta que você desenvolveu para se proteger da homofobia. Se a sua visão da sociedade é a de que os gays e as lésbicas são vistos como tendo menos valor do que os heterossexuais, é provável que você espere menos para si mesmo no trabalho – menos reconhecimento, menos valor para a empresa (ou talvez você até se veja como um peso financeiro) e com menos direito aos benefícios como assistência médica para o seu companheiro. Se você tem expectativas mais baixas quanto ao tratamento a ser dispensado a você (o que pode ser visto como uma forma de baixa auto-estima), é provável que seu chefe não tenha noção do seu mérito devido ao comportamento que você adotou. Esses comportamentos incluem tanto a comunicação direta, como dizer: "Eu mereço uma promoção", quanto a comunicação indireta, como ficar calado quando o seu chefe pergunta a respeito das suas necessidades.

Raiva no trabalho

Esperar que não lhe seja oferecido o mesmo *status* que aquele concedido aos seus colegas de trabalho pode gerar não apenas um diálogo interior negativo mas também uma frustração emocional. É muito importante lidar com a frustração e a raiva de maneira apropriada, especialmente no trabalho. Entre as maneiras equivocadas estão os comportamentos agressivos-passivos, como chegar atrasado em compromissos, "esquecer" prazos e ignorar possíveis problemas que não digam respeito às suas responsabilidades, fazendo com que o trabalho sofra as conseqüências. Entre as formas impróprias mais diretas estão as várias formas de agressão como perder o bom humor e elevar a voz, fazer ameaças (quanto a machucar alguém ou deixar o emprego) e sabotar um projeto ou outro funcionário hostil.

Uma maneira apropriada de lidar com a raiva é comportar-se positivamente quando você tem necessidades não saciadas ou quando os seus direitos são violados. Se a sua auto-estima é baixa, você pode ter dificuldades de se defender e se comportar de maneira confiante no trabalho. Isso pode levá-lo a falar coisas a si mesmo como: "Não diga nada a respeito desse comentário ofensivo, seja grato por ter um emprego". Aprender a mudar a maneira como você vê a si mesmo, interpretar o comportamento do seu supervisor e se defender quando necessário são formas apropriadas de lidar com a raiva no seu trabalho.

Limites

Os limites apropriados são importantes para uma pessoa com uma auto-estima elevada. Quanto mais elevada for a sua auto-estima, menos você tolerará a violação de seus limites, como ser explorado, desvalorizado ou passado para trás profissionalmente. Trabalhar para manter limites saudáveis na sua carreira significa permitir-se pedir a seu chefe aquilo de que você necessita para realizar bem o seu trabalho, expressar as suas opiniões a respeito de um projeto ou de uma decisão, dizer não quando se sentir sobrecarregado e estabelecer limites para a intromissão em assuntos pessoais com os seus colegas ou outras pessoas da empresa. Os limites saudáveis, contudo, não são tão rígidos a ponto de necessitar de um excesso de energia para serem mantidos. Como mencionado anteriormente, a maioria dos funcionários heterossexuais não se preocupa em manter a sua vida particular completamente em segredo, mesmo não acreditando que essa informação seja especialmente relevante para ser compartilhada no trabalho. Se você acha que passa uma parte significativa do seu tempo preocupado em como lidar com a sua imagem pessoal ("Não quero que ninguém saiba que eu sou lésbica, senão perderei o respeito dos meus amigos"), talvez esteja esgotando toda a sua energia criativa mantendo conscientemente essa separação entre o profissional e o pessoal. É claro que isso não significa que você deveria se assumir para o seu chefe e colegas, especialmente se a sua orientação sexual não é um *status* protegido na sua empresa ou cidade. Existem ainda muitos locais de trabalho onde se identificar como gay ou lésbica pode gerar discriminação, como no exército. Certas pessoas sentem, à medida que fortalecem a sua autoconfiança, uma forte necessidade de se assumir no trabalho, não importando quais sejam as conseqüências. Assumir-se para os outros é uma decisão altamente pessoal e deve ser tomada somente quando você estiver pronto para lidar com as reações (tanto positivas quanto negativas) das pessoas ao seu redor.

Seus colegas de trabalho

Embora possam não ter autoridade para demiti-lo, seus colegas são fontes importantes de apoio e cooperação no trabalho. Eles podem fazer a diferença para você em termos de satisfação profissional de uma maneira geral e da sua segurança ou conforto diário.

Pode ser que você gaste grande parte do seu tempo e de sua energia desviando a conversa com seus colegas de sua vida pessoal, assim como faz com o seu chefe, ou simplesmente fingindo que não tem uma vida pessoal. Embora você possa não ter consciência disso, o fato de ter passado anos se protegendo dessa maneira pode tê-lo levado a esperar menos do que a aceitação total ("Eu não posso esperar o mesmo apoio emocional concedido aos meus colegas heterossexuais"). Esse tipo de crenças persistentes pode impedi-lo de construir relações que poderiam apoiar e até incentivar seus talentos profissionais. Muitas pessoas desenvolvem amizades fora do trabalho com seus colegas. Embora algumas vezes seja difícil manter a amizade separada das relações profissionais, especialmente se essa relação é com um superior, ela pode também ser bastante fortalecedora profissionalmente. Para construir a auto-estima sólida é importante que você avalie as suas crenças persistentes que dizem respeito àquilo que você se permitirá e ao que não se permitirá receber no trabalho em termos de apoio.

As pessoas que você supervisiona

Embora muitos cargos de responsabilidade requeiram autoconfiança, isso se torna particularmente importante nas posições em que você tem de supervisionar outras pessoas. Supervisionar requer acima de tudo paciência, tato, equilíbrio e senso de justiça. Pense em alguns dos seus antigos supervisores. Talvez parecessem pessoalmente ameaçados pelo seu desempenho no trabalho, visto que eram avaliados pelos chefes de acordo com os sucessos ou fracassos de seus subordinados. Supervisores com uma auto-estima especialmente baixa têm maior probabilidade de encarar os erros de seus subordinados de maneira pessoal e reagir a eles de maneira igualmente pessoal e não profissional. Quanto menos autoconfiança têm nas suas próprias habilidades como supervisores, mais podem se sentir ameaçados pelo sucesso dos subordinados. Embora esse sucesso reflita positivamente sobre eles na maioria dos casos, as conquistas podem ameaçar aqueles que se sentem inseguros a respeito de seus próprios méritos como supervisores.

Para se tornar um supervisor eficiente, você tem de construir a sua auto-estima, não apenas de maneira genérica, mas especificamente no tocante a deter uma posição de autoridade sobre os outros. Para usar e acreditar em determinadas afirmativas saudáveis, como: "Eu sou competente para supervisionar um funcionário talentoso", você deve se assegurar de que tem o apoio e o treinamento adequados para essa posição. Lidar com funcionários requer conhecimentos específicos a respeito de comunicação, compreensão dos sistemas e expectativas da empresa e um apoio e modelo adequados por parte do seu próprio supervisor. Aqui vale a mesma regra que para qualquer outra posição – assegurar-se de que possui pelo menos os pré-requisitos básicos para o trabalho antes de se lançar a ele. Se você tem essas habilidades básicas, o seu desafio é evitar o diálogo interior negativo que pode sabotar o seu desempenho ou fazer com que você se sinta inseguro, frustrado ou esmagado pela situação.

Uma posição de autoridade dentro da empresa pode trazer consigo um subordinado ou um colega que se sente ameaçado pelo seu sucesso, independentemente da sua sexualidade. Ser um supervisor homossexual pode gerar preocupações especiais. Empregados com baixa auto-estima podem, muitas vezes, tomar decisões e voltar a sua ira para você de maneira pessoal. Você pode se sentir particularmente vulnerável às ameaças devido à sua orientação sexual (ou seja, você pode temer ser demitido, humilhado e assim por diante). Por essa razão, é bastante comum ver supervisores gays e lésbicas andarem numa verdadeira corda bamba entre a autenticidade e a autoproteção no que diz respeito às suas vidas pessoais. Não existe uma maneira correta única de resolver esse conflito, porém, independentemente da maneira como você decide se comportar no seu trabalho, é possível controlar qualquer tipo de diálogo interior que faça você se sentir inseguro e indeciso. As questões colocadas no final do capítulo vão ajudá-lo a avaliar o seu diálogo interior no tocante a como você vê a si mesmo numa posição de autoridade.

A sua auto-estima depende excessivamente do seu trabalho?

É possível sentir-se forte, seguro e capacitado e mesmo assim ainda ter eventuais dilemas com a auto-estima. Você pode estar se perguntando: "Como as pessoas podem algumas vezes ter uma auto-estima elevada e outras vezes não?". Como a auto-estima é um conceito de muitas camadas, afetado por vários acontecimentos do seu passado, presente e futuro, é provável que existam áreas na sua vida em que você se sente confiante e completo e outras em que isso não ocorre. É possível encontrar uma única fonte de reforço externo como base para a sua auto-estima ou a partir da qual medir o seu valor, como o sucesso profissional. Muitas pessoas descobrem que ajudar as outras eleva a sua auto-estima. Para muitos, o trabalho transforma-se numa fonte de auto-estima, quando não a única.

Embora essas maneiras de construir uma boa auto-estima sejam importantes para desenvolver um diálogo interior positivo, corre-se o risco por vezes de colocar tanta ênfase nos reforços externos da própria vida a ponto de negligenciar a estrutura interna que é importante para construir uma boa auto-estima de maneira geral. Basear a auto-estima somente em algo que depende de seu desempenho, como a profissão, apresenta o risco de baixá-la caso você não possa mais realizar o seu trabalho por um motivo qualquer. A chave para construir uma auto-estima duradoura é trabalhar para aprender a amar a si mesmo na sua essência. Isso significa aprender a aceitar-se verdadeiramente como você é, ser gentil consigo mesmo e com as escolhas que você faz e com o diálogo interior que você carrega consigo.

Questões para reflexão

- Como a sua vida profissional afetou a visão que você tem de si mesmo? Como esta visão afetou a sua vida profissional?
- Você está feliz com o seu trabalho atual? Por quê?
- Como você tomou a decisão de seguir sua profissão? Que fatores você levou em consideração ao escolhê-la? Quanto da sua escolha profissional baseou-se naquilo que os outros esperavam de você *versus* o que você queria fazer?
- Como os estereótipos culturais de lésbicas e gays afetaram a sua decisão?
- A preocupação com as conseqüências negativas no seu trabalho atual o impedem de compartilhar a sua vida pessoal ou de tentar uma promoção?
- Quais são as atitudes de seu atual supervisor em relação a gays e lésbicas? Em que informações isso se baseia?
- Como a homofobia de seu trabalho afetou o seu nível de conforto diário?
- Quais são as mensagens do seu passado ou a respeito da sua orientação sexual que afetam o seu diálogo interior no tocante ao trabalho?

7
Relacionamentos

> *Para ter relacionamentos saudáveis com os outros,*
> *é preciso primeiro sentir-se à vontade consigo mesmo.*
> Susan L. Taylor, *Lessons in living*

As suas crenças essenciais afetam o desenvolvimento, a qualidade e até o sucesso dos seus relacionamentos pessoais. O valor que você dá a si mesmo, o quão seguro você se sente com os outros, o nível de independência de que necessita, o quanto você acredita que merece ser ou não amado e como você espera ser tratado pelos outros – tudo isso é determinado pelas suas crenças essenciais. Se as suas crenças essenciais fazem com que você tenha uma auto-estima baixa, talvez você se sinta menos capaz de evitar a manipulação ou o abuso explícito por parte de outras pessoas. Você pode se sentir inadequado nos relacionamentos ou como se não merecesse se relacionar com alguém de modo saudável e recíproco.

Uma auto-estima baixa não afeta apenas os relacionamentos amorosos, mas também a sua habilidade de fazer amigos próximos ou de se sentir conectado à sua família. Estabelecer confiança, a base necessária para aprofundar um relacionamento, significa aprender a expressar vulnerabilidade, protegendo-se ao mesmo tempo da possibilidade de ser ferido. Aprender quando se permitir depender de alguém e quando se manter independente pode ser um processo confuso e acabar funcionando como uma barreira para a sua satisfação no relacionamento interpessoal. O que você aprendeu quanto a depender de outras pessoas, confiar nelas com seus aspectos vulneráveis e que tipo de pessoa vem a ser um bom companheiro foi influenciado pelos seus modelos de relacionamento durante a infância e juventude e pelas mensagens que recebeu a respeito do seu valor para os outros.

É também de grande ajuda considerar que a auto-estima é uma espécie de relacionamento consigo mesmo. O modo como você mantém seu diálogo interno, o que diz e as regras que você se impõe podem ser bastante diferentes do seu modo de lidar com as outras pessoas. Pessoas muito duras consigo mesmas muitas vezes jamais considerariam a possibilidade de tratar alguém tão severamente. As exigências que têm consigo mesmas são às vezes tão irreais a ponto de ser inalcançáveis, gerando mais afirmações autopunitivas e sentimentos de inadequação. Se você tem uma relação adversa consigo mesmo, em que a sua motivação depende da sua autocrítica, por exemplo, você pode estar afetando a sua capacidade de se relacionar com outros. Você pode estar se impedindo de sentir prazer ou impedindo que os outros desfrutem de você completamente. Na parte 3 você lerá sobre abordar a relação que você tem consigo mesmo e as maneiras de melhorar esse importante relacionamento.

Intimidade

A intimidade, um componente necessário nas relações próximas, pode ser algo difícil de conquistar quando você subestima a si e às possíveis contribuições que você poderia trazer para outra pessoa. Embora algumas vezes a palavra intimidade seja usada como eufemismo para a atividade sexual, neste capítulo eu a usarei somente no seu contexto mais amplo, significando o modo como você compartilha os seus sentimentos e pensamentos mais particulares ou pessoais com outra pessoa. As suas experiências íntimas do passado (se é que houve alguma) podem certamente estar afetando a sua capacidade de conquistar uma verdadeira intimidade com um parceiro ou amigo próximo. Se você aprendeu quando criança que certos sentimentos e pensamentos não deveriam ser compartilhados, pode ser que ainda tenha dificuldade em compartilhar seus verdadeiros sentimentos com alguém de quem você gostaria de ser próximo. Muitos adultos gays e lésbicas que desenvolvem quando crianças uma identidade secreta apresentam dificuldades para compartilhar os seus verdadeiros sentimentos por medo de rejeição ou abandono. A mensagem que receberam quando crianças quanto a serem honestos e se expor pode ter sido: "Se você me disser algo que eu não quero ouvir, eu o punirei ou o abandonarei". Algumas pessoas podem ter experiências diretas, como assumir-se para alguém que lhes é caro e ver a pessoa abandonar a relação.

Uma das vantagens de não compartilhar os seus pensamentos e sentimentos mais íntimos é que isso funciona como uma forma de proteção, impedindo as pessoas de usar as informações para magoá-lo ou abandoná-lo. Uma desvantagem, contudo, é o fato de que manter uma barreira entre você e os outros pode ser um comportamento excessivamente rígido, impedindo que você desfrute da alegria de uma relação mutuamente íntima e confiante. Sem bons modelos de como estabelecer limites fortes, mas flexíveis, você pode ficar excessivamente aberto, vulnerável a possíveis abusos ou passar a evitar todo mundo. Ao ensinar a si mesmo como mudar o diálogo interior negativo e aprender a se valorizar e a se proteger, você ao mesmo tempo elevará a sua auto-estima e mudará a sua maneira de se relacionar com os outros.

Desenvolvimento sexual

Os heterossexuais costumam aprender a respeito de suas identidades sexuais no início da puberdade e adolescência. Eles aprendem a respeito das transformações físicas ocorridas nos seus corpos e começam a sentir os efeitos emocionais das mudanças físicas e hormonais. Começam a prestar atenção em seus atrativos físicos e na maneira como são vistos pelo sexo oposto. A maior parte dos heterossexuais passa pela adolescência e pelas primeiras experiências sexuais na mesma época. Em outras palavras, eles aprendem a estabelecer relacionamentos, sexuais e românticos, com o sexo oposto de um processo identificável. Os adolescentes inicialmente se socializam com o sexo oposto em pequenos grupos (idas ao cinema, shopping ou a uma danceteria em grupo e não em encontros a dois). À medida que vão ganhando confiança, começam a sair aos pares. As expectativas da exploração sexual costumam ser claramente explicitadas pelos pais preocupados – nada de toques, agarramentos nem beijos até uma determinada idade ou condição. É senso e desejo comum que os pais eduquem os seus filhos a respeito da sexualidade e do comportamento sexual, aos quais estes freqüentemente se referem como "os fatos da vida" ou "a história dos pássaros e das abelhinhas". É interessante notar como esses termos refletem o nível de desconforto que a nossa cultura parece ter em discutir as questões sexuais. Alguns estudos sugerirem que a maioria dos adolescentes aprende a respeito de sexo a partir de outras fontes que não a sua família mais próxima.

Os heterossexuais têm o benefício da aprovação social para as experiências com o sexo oposto durante a adolescência. As lésbicas e os gays, contudo, geralmente não têm essa mesma aprovação para desvendar os mistérios do namoro e do sexo com uma pessoa do mesmo sexo, de maneira que são obrigados a se confrontar com várias alternativas desconfortáveis. Uma delas é evitar lidar com as atrações emocionais e com os sentimentos sexuais de uma maneira geral ("Eu não posso me permitir ter esses sentimentos" ou "Meus sentimentos não são válidos nem apropriados"). Aqueles que têm consciência desses sentimentos podem optar por efetivamente escondê-los. Muitos jovens homossexuais podem não reconhecer ou não ser capazes de dar um nome a esses sentimentos por estarem inconscientemente evitando-os. Eles podem se voltar para outras atividade para desviar essa energia. Um tipo de desvio positivo pode ser um hobby ou qualquer outro interesse saudável. Os negativos incluem rebeldia contra os pais, abuso ou dependência de drogas ou outros comportamentos autodestrutivos.

Outra maneira de lidar com esses sentimentos poderia ser reconhecê-los abertamente, correndo porém o risco de rejeição por parte da família e dos amigos. A rejeição gera as suas próprias conseqüências: solidão, isolamento e depressão. Em algumas circunstâncias extremas, o reconhecimento aberto da atração por pessoas do mesmo sexo pode gerar não somente rejeição, mas também hostilidade explícita e agressões físicas. Desenvolver uma identidade secreta é outra alternativa escolhida por muitos. Manter identidades separadas pode ser exaustivo e confuso para jovens em desenvolvimento, gerando sentimentos de raiva, depressão e fadiga emocional.

Evitar ou suprimir os sentimentos normais pode ser muito nocivo para a juventude em desenvolvimento. Em primeiro lugar não são dados a esses jovens homossexuais o mesmo apoio e a mesma instrução durante o seu desenvolvimento sexual concedidos universalmente aos adolescentes heterossexuais. Muitos gays e lésbicas têm de ser os seus próprios guias em termos do que vêm a ser atração, namoro e comportamentos sexuais apropriados e acabam sendo bem sucedidos na descoberta de suas próprias regras e expectativas. Outros, contudo, só alcançam um determinado conforto no desenvolvimento de seus componentes sexuais quando já são adultos, e se sentem finalmente mais à vontade com esses sentimentos.

Os heterossexuais têm uma vantagem essencial pelo fato de passarem, todos eles, pelo desenvolvimento sexual relativamente na mesma idade, enquanto as lésbicas e os gays podem ter uma amplitude de idades muito maior em que esses processos de identidade sexual podem ocorrer. Assim, é possível ser especialmente difícil para os adultos gays e lésbicas encontrar parceiros compatíveis, uma vez que a idade cronológica pode estar em descompasso com o estágio de identidade sexual da pessoa. Em outras palavras, pode acontecer de um homem de 45 anos, ao descobrir que é gay, estar de alguma maneira numa situação semelhante à de um de 25 que fez a mesma descoberta. Com menos marcadores de quem são os parceiros em estágios de desenvolvimento semelhantes, os processos de namoro e intimidade podem ser mais complicados para gays e lésbicas. Com uma aceitação social maior para os jovens gays e lésbicas e um apoio à educação sexual apropriada para idade, talvez a comunidade gay comece a entrar nas fases de autodescoberta e exploração em sincronia, assim como ocorre com muitos heterossexuais.

Auto-estima e estágios de relacionamento

Estabelecer relações bem-sucedidas e satisfatórias não se conquista da noite para o dia. Embora você possa encontrar pessoas que considere excitantes e atraentes quase imediatamente, o desenvolvimento da confiança e da intimidade emocional normalmente leva tempo. A construção de um relacionamento costuma ocorrer em fases – encontrar outras pessoas, dar o próximo passo, aprofundar o relacionamento e manter a conexão –, sendo que cada fase pode ser afetada pelo diálogo interior. Aumentar a sua auto-estima o ajudará a fortalecer as suas relações a cada etapa do caminho.

Encontrando outras pessoas

Um dos primeiros problemas com os quais você pode deparar nos relacionamentos é saber onde e como encontrar pessoas. Existem muitas formas através das quais você pode encontrá-las, desde o supermercado às redes sociais designadas especificamente para juntar solteiros interessados em namorar. A maior parte das pessoas que se sente isolada conhece os lugares ou grupos nos quais estaria interessada em se sociabilizar, mas não consegue enxergar a si mesma entrosada neles ou encontrar as motivações para se dirigir até lá. Esses bloqueios estão freqüentemente ligados a mensagens internas inibitórias do tipo: "Como não tenho muita experiência em paquerar, provavelmente pareceria desengonçado se fosse a um desses clubes de encontros". Essas mensagens fazem com que as pessoas que se sentem isoladas esperem de antemão por uma decepção, convencendo-se a evitar até mesmo as tentativas.

Você se sente inadequado?

Muitos gays e lésbicas sentem que suas alternativas para conhecer pessoas são limitadas porque acham que não combinam com a imagem que têm dos padrões da comunidade gls. Uma reclamação comum que ouço dos gays urbanos (na sua maioria brancos) é a de que acham que já estão "velhos" ou que não são suficientemente "sarados" para se adequar à cena gay local mais visível.

Muitos dos meus clientes supõem que, por não beberem ou por tenderem a visões mais conservadoras do comportamento sexual do que aquelas que acreditam ser a norma, não serão aceitos nos círculos sociais. Sandra, que teve somente algumas poucas relações curtas, está optando por parar de tentar estabelecer uma nova relação, decretando a si mesma uma vida solitária. Ela conta com um círculo de amigos próximos, mas desistiu de encontrar uma possível parceira. Sua tendência é prestar atenção para aquilo que não pode oferecer num relacionamento em vez de ficar no que efetivamente tem para dar. A sua baixa auto-estima é perpetuada pelas mensagens que ela envia a si mesma: "Eu sou gorda demais, chata e sem atrativos para qualquer pessoa".

Aprender a valorizar a si mesmo e suas qualidades positivas pode ajudá-lo a superar esses pensamentos negativos e a encontrar a motivação para procurar por amigos e parceiros que compartilhem de seus valores. Você também deve se lembrar de que as lésbicas e os gays representam toda uma amplitude de tipos físicos, emocionais, intelectuais e profissionais, incluindo o seu próprio. Essas pessoas que você vê nos bares, clubes ou nos grupos políticos que parecem ser a tendência ou o ideal são todas subgrupos de uma população gay e lésbica mais ampla e diversificada.

Habilidades sociais

É possível que você descubra que tem acesso a amigos em potencial, mas que tende a se sentir desajeitado em ambientes sociais, sentindo-se muitas vezes travado por causa da sua ansiedade. Se você não desenvolveu meios eficientes para começar ou manter uma conversa no início da sua vida, suas sensações atuais a respeito de sociabilização podem ser justificadas até você adquirir experiência e prática com essas habilidades. Reconhecer que talvez você precise trabalhar essas habilidades sociais é o primeiro passo para se abrir e aprender a estabelecer outras relações. Para aumentar a sua amplitude de estratégias e ferramentas de comunicação você deverá praticá-los com os amigos e família antes de tentar criar novas relações. Isso pode aumentar a sua confiança em novas situações sociais e ajudá-lo a diminuir o diálogo interior negativo. Caso você se sinta especialmente perdido nesse processo, consultar um psicólogo especializado em construir relacionamentos pode ser de grande valia. Ele pode fornecer a você os meios necessários para ajudá-lo a se sentir mais à vontade nas novas situações sociais por meio de técnicas como a de assumir determinados papéis ou de visualização (para treinar o uso das habilidades sociais) e o treinamento da autoconfiança (para ajudá-lo a se comunicar de maneira mais eficiente).

É importante que você avalie cuidadosamente as mensagens que está enviando a si mesmo ao se preparar para conhecer pessoas novas, a respeito de como será percebido pelos outros na nova situação ("Eles vão me achar um idiota"), quem você acha que você pode abordar ("Alguém como ela jamais falaria com alguém como eu") e a sua probabilidade de estabelecer uma conexão positiva ("Mesmo que eu consiga arrumar coragem para dizer alguma coisa, ele nunca vai se interessar em sair comigo"). As declarações internas negativas associadas a essas mensagens acabam reduzindo a motivação de ao menos tentar ter comportamentos sociais e podem deixá-lo deprimido, desajeitado e intimidado. Elas às vezes também fazem com que você escolha pessoas que acredita serem abordáveis, mas que não são necessariamente aquelas que você preferiria encontrar. As questões do final do capítulo o ajudarão a analisar as declarações internas inibitórias que você pode estar se colocando.

Dando o próximo passo

Quando você encontra uma pessoa de quem gosta, é preciso seguir em frente para desenvolver um relacionamento. Como na fase inicial, essa também é uma área em que o seu diálogo interior pode ser inibitório ou fortalecedor. É possível que "Ligar ou não" seja um dilema que o faça romper a conexão estabelecida no primeiro encontro. Pessoas com uma auto-estima baixa freqüentemente supõem que, embora o primeiro contato tenha sido bom, pode ter ocorrido por acaso. Elas dizem coisas a si mesmas como "Se ele me conhecesse de verdade, não iria querer me reencontrar". Esse tipo de mensagens é capaz de gerar comportamentos que desencorajam o desenvolvimento de relacionamentos, como não dar o próximo passo e ligar para marcar um novo encontro, manter-se excessivamente distante, revelando o mínimo de informações pessoais nos encontros subseqüentes, e recusar convites futuros – tudo por medo de ser rejeitado.

Aprender a se valorizar como um amigo interessante, de valor, e um parceiro em potencial envolverá reconhecer o diálogo interior negativo automático e substituí-lo por um outro apoiador. Substituir declarações como: "Se ela tivesse gostado mesmo de mim, me ligaria primeiro" por "As coisas pareceram ir bem da primeira vez que nós nos encontramos. Eu gostaria de revê-la e descobrir se o sentimento é mútuo. Mesmo que ela não esteja interessada em me encontrar de novo, isso não se deve a alguma deficiência que tenha encontrado em mim". Aprender a falar consigo mesmo de uma maneira mais racional e respeitosa como essa exige prática, mas é algo que pode ser aprendido.

Aprofundando o relacionamento

Quando você segue para além do primeiro encontro, percorre cada fase e percebe que está estabelecendo um novo relacionamento, tem de se confrontar com o fato de decidir com que rapidez ou intensidade confiar da nova pessoa na sua vida. O verdadeiro trabalho em desenvolver um relacionamento honesto e sincero começa nessa fase. Muitos gays e lésbicas foram criados acreditando que precisavam manter as suas identidades internas em segredo daqueles que os cercavam. Isso incluía não somente a sua sexualidade mas também os seus sentimentos honestos, reações e pensamentos. Viver como se fosse alguém que você não é, contudo, pode gerar sentimentos crônicos como os de ser um impostor ou uma fraude. Desenvolver relacionamentos com os outros a partir dessa perspectiva é confuso e complexo porque você nunca terá certeza se aquilo de que as pessoas gostam em você é a imagem que você representa ou você mesmo.

Você pode ter aprendido que um relacionamento se aprofunda quando você se torna indispensável para a outra pessoa, fazendo coisas que a agradam, mesmo que isso signifique sacrificar as suas próprias necessidades. As pessoas com uma auto-estima baixa freqüentemente valorizam as necessidades dos outros em detrimento das suas próprias necessidades e desejos, o que possibilita uma frustração posterior por não serem assistidos por aqueles de quem cuidaram. É quase como se tivessem dito que os seus próprios sentimentos não têm valor, especialmente por não terem dado mostra de valorizá-los. Seu desejo – ser amadas pelo que realmente são – não se realiza porque elas não permitem que ninguém chegue às suas vulneráveis, porém verdadeiras, opiniões e necessidades internas. Entre as mensagens que aprenderam está: "Preciso esconder os meus verdadeiros sentimentos e desejos, senão as pessoas saberão como me ferir, rejeitando-me ou me fazendo mal". Mensagens como essa costumam estar profundamente arraigadas, de modo que é importante avaliar os seus pensamentos e emoções essenciais a respeito de relacionamentos para conseguir desenvolver relacionamentos honestos e satisfatórios.

Mesmo que você sinta que pode ser honesto com os seus pensamentos e sentimentos, é importante durante essa fase manter um certo sentido de autoproteção enquanto você aprofunda a confiança dentro de um relacionamento. Caso você não tenha experiência em efetivamente confiar nas pessoas, estabelecer relações honestas ou tiver sido ferido anteriormente por alguém em quem você confiava, será especialmente importante que você leve o tempo necessário para tornar-se mais honesto com o seu amigo ou parceiro, progredindo lentamente à medida que for se sentindo mais à vontade.

Os limites saudáveis são muito importantes nessa fase. Eles o protegerão, evitando que outras pessoas tirem vantagem de você, permitindo, ao mesmo tempo, que você se abra para as outras pessoas que tiverem provado ser merecedoras de confiança. Isso significa que você mantém o controle sobre as informações pessoais a seu respeito (especialmente aquelas que podem fazê-lo sentir-se vulnerável, como os seus sentimentos, pensamentos, desejos e anseios) até que tenha provas suficientes de que a pessoa com quem está se relacionando pode respeitar e valorizar essa informação. Essas provas para seguir adiante podem ser recolhidas pela observação de como a pessoa trata ou valoriza as outras com quem ela se relaciona ou pelo fornecimento de algumas pequenas informações pessoais para a pessoa, sem se expor excessivamente.

Essas estratégias podem parecer muito calculadas, porém não têm a intenção de servir a todos. Essas etapas são principalmente designadas para pessoas que reconhecem em si a dificuldade de confiar nos outros e de desenvolver relacionamentos mais profundos. A idéia não é criar testes nos quais as pessoas tenham de ser aprovadas para conquistar a sua confiança, mas sim de fazer escolhas apropriadas e bem informadas a respeito das pessoas de suas relações com quem você pode correr riscos emocionais.

Mantendo a conexão

Depois de ter construído relacionamentos substanciais na sua vida, é preciso trabalho para mantê-los satisfatórios e honestos. Pessoas com uma auto-estima elevada podem usar relacionamentos significativos para vivenciar a intimidade nos seus níveis mais profundos. Sentir-se próximo a alguém, permitir-se pedir o que se deseja e aceitar afeto são experiências pelas quais a maioria das pessoas anseia a fim de tornar as suas vidas completas. Caso tenha uma auto-estima baixa, contudo, é possível que você sinta que não merece vivenciar tais experiências. O cinema, a literatura e a cultura popular estão repletas de imagens do amor e de amizades ideais que chegam por vezes a retratar a intimidade de maneira pouco realista. Namorados que nunca discutem nem discordam, amigos que são sempre leais e pessoas que não cometem nenhum erro são modelos não apropriados na maioria dos casos e podem deixá-lo magoado ou desapontado prematuramente. Aprender a ter expectativas razoáveis para consigo mesmo e para com os outros num relacionamento bem estabelecido é uma parte importante da manutenção de uma conexão e de um crescimento em conjunto. Avaliar as expectativas irreais, como, esperar que o seu parceiro ou amigo seja capaz de saber o que você está pensando e aprender a ser flexível e realista faz parte do processo de expressar respeito e apoio mútuo.

Uma auto-estima saudável cresce à medida que você equilibra as suas próprias necessidades e as do seu parceiro, sem diminuir o valor da experiência, sentimentos ou modos de pensar de nenhuma dos dois. A intimidade continua a crescer à medida que você se dá conta de que duas pessoas não precisam sentir a mesma coisa a respeito de uma questão para serem capazes de aceitar a perspectiva do outro. Num relacionamento saudável, você aprende a respeitar a si mesmo e ao seu parceiro, cada qual mantendo a sua própria individualidade.

Aprender a aceitar a sua própria responsabilidade num conflito com alguém de quem você gosta é igualmente importante. Embora algumas pessoas com baixa auto-estima assumam toda a responsabilidade pelos erros num relacionamento, é importante saber se defender quando você sente que os seus direitos foram violados ou que os seus sentimentos não foram levados em conta. Isto nem sempre é fácil, especialmente se você tende a enviar mensagens distorcidas a si mesmo.

As pessoas com uma auto-estima baixa freqüentemente têm medo de admitir seus erros, achando que cometê-los prova que elas não têm valor. Elas evitam aceitar sua responsabilidade nas disputas, o que pode, por sua vez, causar mais dificuldades. Elizabeth e Sharon começaram a ter problemas em seu relacionamento porque Elizabeth nunca admitia que estava errada. Suas discussões sempre terminavam com Sharon pedindo desculpas e tomando para si toda a responsabilidade. Depois de um certo tempo, Sharon começou a ficar ressentida com Elizabeth por causa disso, e começou a provocar brigas só para obter uma reação da namorada. Nesse caso, é provável que as duas parceiras sofram de problemas de auto-estima, uma vez que ninguém está sempre certo ou sempre errado em todos os conflitos que surgem durante um relacionamento. A melhor estratégia é discutir aberta e honestamente a respeito de sentimentos, percepções e suposições e admitir a sua parcela de culpa na discussão ou desentendimento. Aprender a compreender e perdoar um parceiro que errou é importante para os dois à medida que vocês crescem como um casal ou amigos íntimos.

Relacionamentos bem-sucedidos

Um diálogo interior negativo pode tolher a sua habilidade de estabelecer um relacionamento bem sucedido em qualquer nível. Assim como pode estar se convencendo a não dar o melhor de si no trabalho, você também pode estar inibindo ou sabotando a si mesmo nos relacionamentos, por meio de mensagens negativas e rígidas que o excluem antes de sequer entrar. Uma vez formada uma relação, aprender a se aceitar mais completamente e a se apresentar de maneira mais genuína para a outra pessoa pode ajudá-lo a experimentar uma maior satisfação nos seus relacionamentos. Responder às perguntas a seguir pode ajudá-lo a avaliar o seu próprio diálogo interior negativo e a determinar em que você precisa mudar.

Questões para reflexão

- Que lições você aprendeu quando criança e jovem a respeito de depender dos outros?
- O que foi que você aprendeu a respeito da vulnerabilidade em relacionamentos?
- Que tipo de modelo os seus pais lhe deixaram a respeito de relacionamentos amorosos adultos?
- Que tipo de modelos você teve para relações adultas entre gays e lésbicas? Quais foram os estereótipos a respeito desses relacionamentos?
- Com que idade você começou suas experiências sexuais? E relacionamentos sérios? Essas idades correspondem às idades em que os seus amigos heterossexuais começaram a ter as suas próprias experiências? Com que idade cronológica você atravessou a sua fase "adolescente" de desenvolvimento em termos de exploração sexual?
- Como as suas experiências íntimas do passado afetam as suas relações ou atitudes atuais a respeito de um relacionamento?
- O seu diálogo interior cria uma barreira para o desenvolvimento de relacionamentos satisfatórios? Como isso afeta adversamente o seu encontro com outras pessoas? Em dar o próximo passo nesses encontros? Em aprofundar o relacionamento? Em mantê-lo?

- Você questiona a sua habilidade de manter um relacionamento? De que maneira?
- Você tenta diminuir a sua ansiedade ou reduzir a possibilidade de rejeição e dor subseqüente, convencendo-se a sair de um relacionamento? Como você faz isso?
- Como você poderia manter a atividade sexual separada da intimidade? Como a atividade sexual está relacionada à intimidade?

8
Estilo de vida

Que quantidade absurda de energia eu tenho gastado durante toda a minha vida tentando descobrir como as coisas "realmente são", quando, o tempo todo, elas não eram.
Hugh Prather, *Notes to myself*

Este capítulo destina-se à exploração de como a sua auto-estima afeta as suas escolhas diárias e a sua auto-identificação. O seu estilo de vida depende das escolhas que você faz – se você bebe ou usa outras drogas, se você interage no ambiente de um bar ou se protege da aids. O tipo de comunidade social à qual você escolhe se associar e todos os efeitos de tal auto-identificação também são uma parte importante do seu estilo de vida.

A bebida e outras drogas

As pessoas usam drogas por várias razões – melhorar o humor, diminuir a dor, encorajar a cura, entrar em contato com o mundo espiritual e escapar da realidade, para enumerar apenas algumas delas. A decisão de usar uma substância química por razões legais ou ilegais é freqüentemente influenciada por mensagens sociais como: "Tome um remédio quando estiver doente" e "O álcool vai ajudá-lo a relaxar se você estiver nervoso". Se você tem a tendência de desvalorizar as suas próprias experiências, pensamentos e sentimentos, pode ser mais suscetível à influência dos outros ao seu redor. Você pode beber ou usar drogas numa tentativa de se adequar, reduzir os seus sentimentos de desconforto (como ansiedade, ira ou aflição) que emergem a partir do diálogo interior negativo ou para provar o seu valor e a sua sintonia com gostos avançados.

É importante tomar consciência das mensagens que você envia a si mesmo a respeito de quando, como e se você deveria beber ou usar outras drogas. Muitas dessas mensagens podem ser distorcidas, irracionais ou de pouca valia. Se você progrediu no uso de substâncias tóxicas a ponto de chegar ao uso excessivo e dependência, é provável que o diálogo interior negativo o perpetue. Embora os programas tradicionais de doze passos sejam parte de um trabalho bem-sucedido de tratamento da dependência química para muitas pessoas, existe um outro tratamento desenvolvido a partir da obra de Albert Ellis. Originalmente chamado de Recuperação Racional, o programa é atualmente chamado de SMART (*self-management and recovery training* – treinamento de auto-gerenciamento e recuperação, Trimpey 1996). Esse programa assevera que as distorções cognitivas e as idéias irracionais fazem com que as pessoas continuem usando substâncias químicas de maneira nociva. O programa inclui um guia passo a passo para quem deseja superar esse diálogo interior negativo.

Muitas pesquisas sustentam a conexão entre a auto-estima e o abuso de substâncias químicas. Crianças e adolescentes com baixa auto-estima tendem a beber e se drogar com mais freqüência quando comparadas com crianças e adolescentes da mesma idade com uma auto-estima mais elevada. Embora os pesquisadores não tenham conseguido estabelecer a conexão exata, pode-se supor com segurança que esses jovens são talvez mais vulneráveis à pressão dos amigos, tendendo a correr mais riscos ou, como muitos adultos, a beber ou se drogar para fugir de seu próprio diálogo interior negativo e de suas autopercepções transitórias.

Se você bebe ou usa drogas, pode estar dizendo a si mesmo em algum nível que não há problemas em se drogar para melhorar as coisas, que as drogas são melhores do que as suas próprias habilidades de lidar com as situações. Caso tenha menos confiança nas suas próprias habilidades, você pode acreditar que beber ou se drogar para melhorar o seu desempenho é aceitável. Se lhe foi dito que você não tinha valor, é possível que você sinta que não pode se virar sem a ajuda do álcool ou das drogas, e acabar se massacrando verbalmente e beber ou se drogar para reduzir a sua dor emocional.

Hedonismo em curto prazo versus hedonismo em longo prazo

As pessoas que buscam prazer em curto prazo por meio do uso excessivo da bebida, de outras drogas ou cigarros freqüentemente dizem a si mesmas que os efeitos em longo prazo dessas atividades não importam, uma vez que "todos nós vamos morrer mesmo algum dia". A dependência química é um fenômeno complexo com múltiplos fatores causais. Algumas vezes, contudo, continuar ativamente a abusar de substâncias nocivas pode ser indício de problemas mais profundos com a auto-estima. Albert Ellis foi o proponente de um conceito que chamou de hedonismo em longo prazo. Ele sugeriu que nós podemos fazer as nossas opções hoje, mirando o futuro. Segundo ele, se nós nos valorizássemos de verdade, escolheríamos não nos envolver em comportamentos que geram prazer em curto prazo, mas que poderiam acabar por abreviar ou reduzir a qualidade de nossas vidas. Ele conectou intimamente a idéia de cuidar de si mesmo (um aspecto da auto-estima) com as escolhas que nós fazemos e as crenças irracionais que mantemos. Entre os exemplos dessas crenças que podem ser ligadas ao uso excessivo de substâncias nocivas estão: "Minha vida está tão ruim que não faz diferença se eu sofrer um acidente ou morrer", "Eu não sou capaz de suportar outra rejeição. Uma bebida vai ajudar" ou "Eu realmente não consigo me controlar". O seu método era desafiar essas crenças irracionais e substituí-las por outras mais realistas.

Bares e boates

Um problema comum para os gays e lésbicas é o fato de que muitas das atividades sociais urbanas estão centralizadas em torno de bares de gays ou lésbicas. Embora não haja nada inerentemente errado em freqüentar esses centros de sociabilização, eles podem ser problemáticos para aqueles que têm problemas com o álcool ou uso de drogas ou para aqueles que não se sentem "adaptados à norma" da multidão do bar. Talvez você ache que as opções para encontrar pessoas sejam limitadas e se sinta deprimido por passar desapercebido ou não ser abordado pelos outros. Para alguns, bares parecem um mercado de carne, em que as aparências são mais valorizadas que as qualidades mais profundas. Você pode ter a tendência a se comparar com os outros e se sentir inferior, especialmente se a sua auto-estima for baixa. Você pode acabar descobrindo que evita sair por causa das mensagens internas extremas quanto a não se adaptar, como: "Ninguém ia querer saber de mim com essa aparência".

Quando era mais novo, Justin havia freqüentado algumas boates gays regularmente. Ele não tinha encontrado dificuldade em conhecer pessoas e fazer amigos quando tinha seus vinte ou trinta anos, mas agora que se aproximava dos cinqüenta, descobrira que os homens da sua idade eram poucos nesses ambientes. Ele também passou a sentir-se menos atraente à medida que sua cintura começou a engrossar e o cabelo, rarear. Justin sempre achou que estaria vivendo uma relação confortável quando chegasse aos cinqüenta e estava incomodado quanto às possibilidades de estabelecer um relacionamento duradouro nessa idade. Quando ia às boates, era raro que alguém o tirasse para dançar ou mesmo falasse com ele, caso não tomasse a iniciativa. Devido a essas experiências, Justin começou a sentir-se velho e pouco atraente. Passou a evitar boates ao sentir que eram excessivamente voltadas para o público jovem. Como os bares e as danceterias tinham sido a sua principal fonte de sociabilização, viu-se cada vez mais isolado e deprimido. Disse a si mesmo que provavelmente morreria "sozinho, velho e amargo".

Felizmente Justin ouviu falar de um grupo para gays acima de quarenta anos que se encontrava na Igreja Unitária. Com algum encorajamento por parte de amigos, ele foi a algumas reuniões e encontrou outros homens como ele, solteiros, atraentes e cheios de vitalidade. Percebeu que os gays podiam envelhecer de maneira graciosa e que nem todos se sentiam atraídos pela juventude e beleza exterior.

Aids e auto-estima

A aids é uma questão importante para as comunidades gay e lésbica, não somente para aqueles que a contraíram mas também para os não infectados. Num recente estudo feito com 301 gays com idades variando entre 18 e 27 anos identificados como menos resolvidos com a sua identidade gay (Waldo, Kegeles e Hays 1998), 46% dos homens pesquisados haviam praticado sexo sem segurança, comparados a somente 30% daqueles que haviam registrado níveis mais altos de auto-aceitação. De acordo com um artigo de Thimothy Rodrigues, jornalista do *Bay Area Reporter*, (1998), outros pesquisadores, como Rafael Diaz, da San Francisco Aids Foundation, estão detectando também uma significativa relação entre a baixa auto-estima e a transmissão do hiv em homens, especialmente os que procuram experiências que os façam sentir, ainda que temporariamente, melhor a respeito de si mesmos. Assim como Rodrigues, Hazel Betsy, da Women's Aids Netwoork, acha que a auto-estima é também um problema na relação das mulheres com o hiv, embora acredite que a causa específica seja diferente, pois elas podem simplesmente ter dificuldade em dizer "não".

Embora as perdas causadas pela aids sejam devastadoras, algumas pessoas acham que a doença pode ter afetado a comunidade de algumas maneiras benéficas. A atenção do mundo voltou-se para as questões homossexuais, tornando mais difícil ignorá-las ou negar a sua existência. De certa maneira isso é bom, pois quanto mais a comunidade gay e lésbica se expuser para a comunidade geral, mais provavelmente mudarão suas visões estereotipadas. A aids também serviu para unir a comunidade na luta contra a doença e o estigma a ela associado. As pessoas juntaram forças para criar organizações para a distribuição de medicamentos antiaids em todo o globo terrestre, desafiar os sistemas motivados por questões políticas e econômicas que ignoram ou violam os direitos dos gays e das lésbicas e, em nome da educação para a aids, aumentar a visibilidade das questões homossexuais. Como muitos empregadores tiveram de tratar da questão do hiv em seu trabalho, também precisaram lidar com gays e lésbicas em termos políticos. Embora muitos tenham aproveitado a oportunidade para discriminar e molestar as pessoas com aids e os gays e lésbicas de uma maneira geral, alguns poucos empresários nobres aproveitaram a oportunidade para fazer a coisa certa, expandindo os benefícios e políticas familiares para incluir as lésbicas e os gays e lhes dar suporte.

A resposta inicial dos gays e lésbicas à epidemia da aids foi também positiva, na medida em que se organizaram em torno de um objetivo comum de sobrevivência. Muitas organizações ligadas à aids surgiram por todo o país, oferecendo modelos de educação sexual e serviços de apoio que nunca tinham sido conquistados em tão larga escala. O ativismo da aids ajudou a desafiar o velho e antiquado sistema de aprovação de remédios e a forjar novas políticas que afetaram não somente as pessoas com aids mas também as pessoas com outras doenças que estavam esperando que novos remédios entrassem no mercado.

O lado negativo é que a epidemia da aids deu aos homofóbicos e outros ignorantes a oportunidade de fazer conexões danosas e impróprias entre o comportamento sexual e o suposto castigo. Eles afirmavam que a aids justificava a sua posição de a homossexualidade ser algo errado, mau ou doentio. Como sugere a autora Susan Sontag (1990), a aids passou a ser conhecida como uma metáfora para a perversão sexual e a morte. Muitas pessoas que sofriam de aids foram levadas a se sentir culpadas e envergonhadas por terem contraído a doença, algumas chegando a se comportar de maneira autodestrutiva ou até mesmo suicida. Os gays infectados no início da década de 1980 ficavam freqüentemente aterrorizados com essa doença misteriosa e virulenta, vendo cada vez mais amigos e familiares morrerem com pouca assistência médica. O presidente dos Estados Unidos nessa época, Ronald Reagan, ignorou completamente a questão em termos de discussão, ação ou assistência financeira. Alguns dizem que isso se deveu em grande parte ao fato de as vítimas serem gays. Áreas urbanas como São Francisco e Nova York, com grandes comunidades gays e lésbicas, viram mudanças rápidas e devastadoras quando os hospitais e clínicas começaram a ficar repletos de pacientes que morreriam por vezes de modo assustador e doloroso.

O efeito nos gays e lésbicas enquanto grupo foi muito forte. Muitos cujo teste havia dado positivo, mas eram assintomáticos, e os que não estavam infectados sofriam freqüentemente múltiplas perdas de pessoas que amavam e de quem cuidavam. A obra do autor/ativista Larry Kramer retrata a profunda aflição e a intensa ira experimentada por muitos gays e lésbicas durante essa época. Muitos sobreviventes dos primeiros anos da aids sentiam-se como veteranos de guerra, emocionalmente esgotados e com muitas perdas a prantear.

O efeito na auto-estima de alguém que sobreviveu a tal perda, medo e turbulência tem de ser significativo. Confrontar-se com a própria mortalidade é uma coisa difícil para todos. A maioria das pessoas vive, de certa forma, negando a possibilidade de morrer para conseguir seguir adiante. Se você pensasse na sua morte a cada segundo, provavelmente não seria capaz de fazer escolhas apropriadas, realizar suas tarefas diárias ou manter a sua atenção voltada para o seu trabalho. As pessoas soropositivas, ainda que assintomáticas, freqüentemente lutam para recuperar algum sentido de normalidade em suas vidas enquanto tentam se ajustar psicologicamente ao diagnóstico que continua sem cura até o momento em que escrevo e com as aparentemente infinitas variações de infecções oportunistas possíveis. Não é a inevitabilidade da morte que é tão devastadora, uma vez que essa é uma realidade para todos os seres humanos. Ao que parece, são as constantes lembranças diárias da mortalidade – cada sintoma físico benigno, cada dose de medicação, cada história do noticiário noturno a respeito de aids – que impedem que as pessoas soropositivas retomem um nível confortável e moderado de negação da própria mortalidade. Uma negação excessiva pode fazer com que você evite o tratamento médico apropriado, enquanto que a não negação pode ser aterradora.

Muitas lésbicas e gays carregam consigo em seu diálogo interior mensagens que se relacionam direta ou indiretamente com a aids. Margareth, por exemplo, apesar de não ser soropositiva e não conhecer pessoalmente ninguém que fosse ou que tivesse morrido em virtude da doença, tinha amigos que haviam passado por essa experiência, sendo profundamente afetados por elas. Embora o índice de transmissão da doença entre a população lésbica fosse baixo, comparado aos de outros grupos, Margareth percebeu que seu comportamento sexual havia mudado em decorrência da consciência da doença. Ela sabia que havia mulheres que se identificavam como bissexuais e que algumas delas haviam contraído o hiv ao se relacionar com homens. Ela também tinha ouvido falar de lésbicas que compartilhavam agulhas no uso de drogas injetáveis. Margareth tentou praticar sexo seguro com suas parceiras, mas flagrava-se ocasionalmente se perguntando se estaria infectada. E também se deveria ter relações sexuais, ou se deveria se contentar com um relacionamento que não incluísse o sexo. Ela se pegou até imaginando se era possível contrair algum tipo novo e igualmente horrível de vírus que afetasse as lésbicas do mesmo modo como os gays foram afetados no início da epidemia. As mensagens que ela se ouvia enviando para si mesma enquanto tentava estabelecer novos relacionamento eram do tipo: "Ela parece bem, mas pode ter uma história. Acho que vou recusar seu convite para jantar".

O diálogo interior de Margareth quanto à possibilidade de contrair uma doença concatenou-se num diálogo negativo a respeito de si mesma, com declarações do tipo: "Não vou sair com ela porque ela não compreenderia realmente a minha necessidade de segurança", fazendo com que continuasse a evitar novos relacionamentos. O medo de contrair uma doença, estimulado pela maior ênfase colocada pela comunidade gay e lésbica na prevenção à doença, terminou por oferecer a Margareth uma maneira confortável de evitar relacionamentos de um modo geral.

A aids tem outros efeitos na auto-estima além de fornecer uma desculpa para evitar a intimidade. Algumas vezes, é muito difícil resistir às mensagens negativas veiculadas pela mídia e pelas figuras públicas. É comum ouvir políticos dizerem que os homossexuais são pecadores e deveriam ser tratados como pessoas com problemas, do mesmo modo como os alcoólatras. Em uma única afirmação, condenam os gays e as lésbicas como imorais, fazendo depois uma comparação entre homossexualidade e "outras doenças". No entanto, mesmo os líderes religiosos não costumam achar que uma doença seja um pecado.

Atacar o estigma de ter aids, que é uma doença contraída através do contato sexual e da troca de outros fluidos físicos freqüentemente condenados como imorais, com o estereótipo da hipersexualidade e da promiscuidade, permite que pessoas façam afirmações errôneas e distorcidas. Pode ser difícil resistir às constantes mensagens da mídia a respeito de quem você é, especialmente quando essas mensagens são enviadas por figuras politicamente fortes. Mesmo que você não tenha dificuldade em rejeitar tal ignorância diretamente, o efeito em cadeia desse tipo de discurso encoraja, e de certa maneira até endossa, as pessoas que acham aceitável a discriminação dos gays e lésbicas e seu dano explícito.

As pessoas que vivem com o vírus têm de lidar não apenas com as mensagens negativas a respeito de ser gay e lésbica como também com os temores residuais a respeito da aids propagados na época em que pouco se sabia a respeito da epidemia. Elas podem achar que se um estranho que acabaram de conhecer souber que são soropositivas, sua atitude e seu comportamento mudarão drasticamente – desde uma atitude negativa, de evitar o contato, até uma excessivamente simpática, beirando o desconforto. As pessoas soropositivas sentem-se freqüentemente tratadas como se fossem uma doença e não uma pessoa ou como se estivessem morrendo e não vivendo.

Caso seja soropositivo, é importante que você mantenha a sua auto-estima elevada. Você tem de desafiar pensamentos negativos a respeito do futuro ("Por que me preocupar em fazer planos para o futuro se eu não estarei por aqui quando ele chegar?"), culpar-se pelo passado ("Fui tão estúpido de ter contraído essa doença") e mensagens distorcidas atuais ("Não vale a pena tentar estabelecer um relacionamento porque ninguém vai querer ficar com uma pessoa doente"). Manter uma auto-imagem saudável pode ser difícil com as constantes lembranças a respeito do hiv, como registros oscilantes de carga viral ou contagens constantes de células T, infecções oportunistas e efeitos colaterais de medicações. Uma auto-estima baixa anterior à contração do hiv ou como resultado de repetidas perdas ou sustos no tocante à saúde pode diminuir a sua motivação para cuidar de si mesmo da maneira apropriada. Desafiar as mensagens incorretas da mídia e da sua crítica interna pode se tornar mais difícil quando você está cansado e doente. Conseguir bastante apoio emocional é importante e eficaz, bem como aprender a se ver com compaixão e ter cuidados consigo mesmo.

Certas pessoas com hiv ou aids podem ter ganhos pessoais com sua condição. Embora seja evidente que ninguém deseja ficar doente, o fato de descobrir que eram soropositivos fez com que alguns de meus clientes fossem forçados a se reclassificar em níveis mais profundos e a reavaliar as prioridades na sua vida. Alguns se descobriram conectados ou reconectados com a sua família e amigos de maneiras que anteriormente não pareciam possíveis. Outros exploraram a sua vida religiosa e espiritual e descobriram novos significados e valores. Confrontar-se com a própria mortalidade é com freqüência uma experiência assustadora que pode ajudá-lo a aprender a ouvir o que é realmente importante e fazer as suas escolhas de maneira mais consciente e com mais autocompaixão – um objetivo a ser alcançado por todos nós.

Escolhas diárias

Mesmo as suas escolhas diárias mais comuns podem ser afetadas pelo nível da sua auto-estima. Cliff, por exemplo, um afro-americano gay de 28 anos, foi criado numa pequena cidade de classe média predominantemente branca, sendo com freqüência a única pessoa negra em sua sala de aula durante os anos dos cursos fundamental e médio. Seu principal contato com outros afro-americanos dava-se quando sua família visitava os parentes em Chicago, uma ou duas vezes por ano. Cliff amava a sua família, especialmente seus primos, mas nunca lhes revelou a sua orientação sexual com medo de sua reação. Ele freqüentemente não se sentia entrosado na escola devido à cor da sua pele, e sim um estranho a maior parte do tempo.

Cliff tinha consciência de estar tentando se adaptar o máximo que podia. Tentava agir como seus amigos de escola e se parecer com eles, mas também adotou o linguajar e os padrões de sua família em Chicago. Foi ficando bom em imitar o estilo de quase todo mundo com quem interagia, o que lhe rendeu aceitação e o manteve a salvo de ser rejeitado ou esquecido. Infelizmente, apesar de conseguir se ajustar a qualquer meio, Cliff nunca estava satisfeito. Ele raramente corria o risco de explorar as suas próprias preferências e ficar de fora ou ser submetido ao ridículo, à rejeição ou a algum possível dano. Desenvolveu uma identidade secreta no tocante à sua sexualidade e aos seus gostos pessoais. Quando adulto, com freqüência saía-se bem no trabalho, mas não interagia muito com seus colegas, nem fazia nada para chamar a atenção sobre si mesmo. Seu diálogo interior girava muitas vezes em torno de mensagens como "Não entorne o caldo. Faça o que tem de fazer e vá embora. Você não faz parte disso aqui mesmo".

Sem nunca ter aprendido a explorar suas raízes africanas nem sua sexualidade, Cliff estava triste com a sua vida em muitos níveis. Ele acabou procurando um terapeuta para ajudá-lo a compreender como a sua família e a sociedade afetaram a sua auto-estima. Começou a compreender que havia desenvolvido grande parte de seu enfoque da vida como uma maneira de sobreviver como homem de cor numa comunidade branca e como gay num mundo heterossexual. Seu orientador começou a ajudá-lo a explorar os seus verdadeiros sentimentos a respeito das escolhas na sua vida em vez de sempre ficar com a que era menos obstrutiva ou mais conservadora.

Cliff aprendeu a aplacar o seu diálogo interior repressor e a ouvir suas verdadeiras predileções, gerando mudanças significativas no seu estilo de vida, deixando-o finalmente mais satisfeito. Ele começou a assumir mais riscos quanto à maneira de se vestir, à música que ouvia e até mesmo ao que comia e descobriu que havia mais escolhas disponíveis do que as que havia imaginado. De vez em quando, Cliff descobria que os seus amigos, colegas de trabalho e família desaprovavam algumas de suas escolhas, mas aprendeu a confiar nos seus próprios julgamentos e a reconhecer que não era responsabilidade sua lidar com a angústia dos outros em relação à conformidade. À medida que começou a fazer as suas próprias escolhas, assumir seus próprios sentimentos e opiniões, Cliff descobriu que o vazio crônico anterior diminuía, dando lugar a um crescente sentimento de bem-estar e autoconfiança.

Comunidades sociais

Alguns teóricos sociais e psicológicos (Cass 1984, 1990) propuseram que o desenvolvimento de uma identidade gay ou lésbica saudável envolve a auto-identificação com uma comunidade mais ampla. Embora as organizações sociais políticas para gays e lésbicas já existissem anteriormente, muitos historiadores apontam sua origem nos tumultos de Stonewall Inn, um bar gay de Greenwich Village, em que começaram a fervilhar os primeiros acontecimentos pré-aids, dando início ao ativismo político e social. Cansados de ser humilhados e molestados pela polícia da cidade de Nova York, os fregueses gays e lésbicas atacaram a polícia aquela noite, gritando e jogando garrafas, arrancando parquímetros e protestando contra os abusos com palavras de ordem como *gay power*. As manchetes dos jornais do dia seguinte proclamaram ao mundo o início de um novo movimento histórico, no qual os gays e as lésbicas não iriam mais aceitar passivamente ser identificados como cidadãos de segunda classe.

Para muitos gays e lésbicas, assumir-se envolve descobrir e se conectar com outros que lhes sejam semelhantes. Muitos se lembram afetuosamente da primeira vez em que foram a um bar de gays ou lésbicas ou a um evento político. Eles sentiram-se ameaçados ao ir até lá, às vezes levando semanas ou meses para criar coragem de se aventurar num bar gay ou lésbico, num culto de cristãos gays, num encontro dos AA de lésbicas e gays. Eles podem ter se sentido inicialmente desorientados, mas descobriram que esse sentimento deu lugar à excitação e, mais tarde, à sensação de pertencer a um grupo. Essa sensação de aceitação e compreensão forneceu uma ligação poderosa entre estranhos com uma identidade comum. Para muitos, tais reuniões se transformaram num porto seguro e num lugar onde compartilham a sua identidade secreta antes de voltar para os mundos heterocêntricos nos quais viviam.

À medida que cada vez mais pessoas foram se conscientizando de sua orientação sexual e tendo essas experiências, houve um aumento nas situações organizadas de sociabilização e vida em comum; como acontece com qualquer grupo, novos subgrupos começaram a se formar dentro das organizações maiores. Entre os subgrupos de lésbicas e gays que influenciaram muitos outros estão os gays do bairro de Castro, em São Francisco, que adotaram maneiras de se vestir e pentear como cabelos curtos, bigodes, camisas de flanela e jeans. Ao longo dos anos, à medida que a completa diversidade da cultura gay e lésbica se tornou aparente, outros subgrupos começaram a enfatizar semelhanças e interesses comuns, como as lésbicas com filhos, os simpatizantes de drags (os que as personificam pessoalmente ou apenas as observam ludicamente), aqueles que gostam de vestir-se com peças de couro, mulheres que vivem em comunidades nas quais não há homens, "rapazes" de academias (homens que valorizam a pele bronzeada e o corpo musculoso) e "lésbicas de batom" (aquelas que usam maquiagem e roupas tradicionalmente femininas). A lista segue com outros subgrupos dentro de subgrupos dentro de outros subgrupos...

O fato de pertencer a um grupo pode oferecer muitas experiências positivas e de vida fortalecedoras. Seus membros passam a ser um círculo de amigos, possibilitando contatos e compartilhamentos, um lugar para se entrosar, especialmente depois de anos de rejeição e condenação real ou temida. Assim como ocorre com a maioria dos grupos de amigos, esse círculo, com o passar do tempo, pode começar a limitá-lo, sendo que o mesmo processo que gerou o desenvolvimento do grupo específico pode gerar uma pressão de adequação ao mesmo. Sociabilizar-se somente com as pessoas do seu grupo pode se tornar confinante, deixando-o com a sensação de que não pode emitir opiniões que desviem das normas ou das expectativas do grupo. À medida que você vai envelhecendo e passando por diferentes estágios da vida, ou mudando as suas visões, é possível que você se flagre sentindo-se rejeitado, mesmo que os membros do grupo não tenham tomado atitudes explícitas para excluí-lo. Você pode descobrir que diz coisas para si mesmo como: "Meus amigos vão rir se eu sair com alguém tão jovem" ou "Mesmo que eu tenha uma opinião diferente a respeito dessa pessoa, é melhor guardá-la para mim durante a festa". A pressão para se equiparar aos seus amigos pode ser imensa e, se a sua auto-estima for baixa, você pode achar difícil ser você mesmo e ter as suas próprias opiniões, pensamentos e sentimentos.

É fácil esquecer que existem outras formas de se conectar de maneira social, emocional ou intelectual se a amplitude das suas experiências é muito estreita. Assim como as pessoas que defendem o pensamento heterocêntrico ou homofóbico tendem a permanecer em grupos que detêm as mesmas crenças que elas, o mesmo pode acontecer com qualquer outro grupo de amigos exclusivos, com ambos os grupos perdendo muitas oportunidades de crescimento. Achar um equilíbrio no grupo com o qual você se identifica, sentindo-se, no entanto, ainda livre para seguir o seu próprio caminho, requer tempo e esforço, mas é um objetivo conquistável e válido. Aprender a tolerar outras pessoas com opiniões diferentes e descobrir grupos de amigos com a capacidade de tolerar individualidade pode ser muito satisfatório.

Baseado nos valores da sua família de origem, da comunidade e da cultura mais ampla ao seu redor você talvez tenha aprendido a desvalorizar, ignorar ou reprimir a sua intuição natural e sentimentos, mas isso não significa que o seu estilo de vida tenha de se curvar a isso. A construção da auto-estima tem como premissa uma maior auto-aceitação e inclui aprender a valorizar as suas próprias respostas naturais e os acontecimentos na sua vida. Você tem de aprender a tomar decisões baseado nos seus próprios sentimentos e não no que os outros esperam de você e no que o seu diálogo interior negativo o fez acreditar. A última seção deste livro o ensinará a mudar o seu diálogo interior negativo, as atitudes e crenças distorcidas ou que o impedem de ser saudável, feliz e seguro.

Questões para reflexão

- Quais foram as primeiras mensagens que você aprendeu quando criança a respeito da bebida e do uso de outras drogas? Quais foram os seus modelos familiares no tocante ao álcool e outras drogas?
- Se você bebe ou usa drogas atualmente, sob que condições você o faz? Você costuma estar num ambiente social ou sozinho?
- Você bebe ou usa drogas para reduzir a sua ansiedade ou para relaxar? Para ajudá-lo no seu desempenho?
- Quais são as mensagens que você dá a si mesmo a respeito de quando, como e por que beber ou usar drogas?
- Sua abordagem quanto à sua qualidade de vida é em curto ou em longo prazo? Caso seja em curto prazo, quais são as mensagens negativas ou distorcidas que você envia a si mesmo que o mantêm pessimista a respeito do futuro?
- Que mensagens são ativadas quando você vai a um bar ou outro local de encontro de gays e lésbicas?

- Como a aids afetou a sua vida? Como o estigma da aids afetou a sua vida – direta ou indiretamente? Como os seus pensamentos, sentimentos e crenças foram afetados pela aids?
- Como a sua orientação sexual, etnia e gênero interagem afetando a sua auto-estima?
- Como você descreveria o seu círculo de amizades? Eles são diversificados em termos de gênero, orientação sexual, raça e status socioeconômico? Se não, como a falta de diversidade afeta a sua liberdade de escolha?
- Seus amigos compartilham de interesses, atividades e objetivos comuns? Quão fácil é para você mudar a maneira de se vestir ou a sua aparência frente à possível reação de seus amigos?
- Em que medida você considera a opinião de seus amigos quando toma decisões a respeito de roupas, cabelo, com quem namorar etc.?
- Quais são as vantagens de ter amigos como os seus? E as desvantagens?

Parte III

CURA:
COMO MELHORAR A AUTO-ESTIMA

9
Entrando em contato com os sentimentos

*Aqueles que não sabem chorar com
o coração também não sabem rir.*
Golda Meir

Depois de ler as partes I e II, você provavelmente já começou a identificar os pensamentos específicos, as crenças condicionais e essenciais que afetam os seus sentimentos e comportamentos. Caso tenha respondido às questões do final de cada capítulo (se não, ainda tem tempo de fazê-lo quando sentir que está pronto), é possível que reconheça alguns temas comuns que ainda se apresentam para você.

Como discutimos no primeiro capítulo, um princípio básico da terapia comportamental cognitiva é o de que os pensamentos geram sentimentos. Um acontecimento, que por si só não tem nenhum significado especial, tem lugar em sua vida. Então, quase imediatamente você tem um pensamento a respeito do acontecido, gerando determinados sentimentos dentro de si mesmo. A emoção pode até surgir antes que se reconheça o pensamento, fazendo-nos acreditar que esta é seqüência. O que ocorre mais freqüentemente, porém, é que você realmente teve um pensamento ou interpretação a respeito de um determinado acontecimento, ainda que rápida e imperceptivelmente, ocasionando aquela emoção. É o seu diálogo interior que o ajuda a interpretar o mundo e as suas relações com ele.

Às vezes você tem consciência desse diálogo constante e outras não. Muitas pessoas reagem até mesmo ao menor deslize no seu dia-a-dia com represálias, "Isso foi tão estúpido da minha parte", tanto em pensamento apenas como em voz alta. Somos uma espécie de comentarista esportivo falando conosco mesmos, tecendo comentários a respeito de cada movimento, cada decisão e cada acontecimento de nossas vidas.

Se você tem menos consciência desse diálogo interior, talvez sinta apenas as suas conseqüências emocionais. É como ver as conseqüências de um tornado – a devastação e o medo de alguma coisa poderosa ainda são perceptíveis. Infelizmente, se você não tem consciência desse diálogo ou ferramentas para desafiá-lo ou alterá-lo, ficará à mercê das distorções, irracionalidade e malícia do seu passado.

A terapia comportamental cognitiva aborda a tomada de consciência do seu diálogo interior, de modo a poder avaliá-lo de uma maneira mais racional e objetiva. O diálogo interior negativo diminuirá seu poder de provocar sentimentos de tristeza, ira, condenação ou desespero. Você é capaz de desafiar as vozes negativas que podem subjugá-lo e fazer com que se sinta antecipadamente rejeitado. O capítulo 10 fornece algumas técnicas comumente usadas para desafiar os pensamentos automáticos no momento em que ocorrem.

Desvendar os seus pensamentos automáticos é a primeira etapa para elevar a sua auto-estima e você talvez já tenha experimentado alguns sentimentos positivos lendo os capítulos anteriores e reconhecendo as falhas de algumas das influências em sua vida. No início, contudo, você pode ter sentido um aumento dos sentimentos negativos ao longo dos capítulos deste livro. Isto não seria inesperado dadas a extensão e a amplitude das questões abordadas – negligência precoce, abuso, rejeição e abandono. Esses acontecimentos, seu significado no passado e nos dias de hoje são provavelmente dolorosos ou no mínimo desconfortáveis de ser recordados por você. As regras da sua família quanto a ter e expressar sentimentos são coisas importantes de ser levadas em conta. Quais eram as regras da sua família no tocante a emoções? Quais eram as emoções passíveis de ser expressas e quais não eram? Como a sua família lidava com os seus próprios sentimentos? Seus pais bebiam quando estavam tensos ou gritavam quando estavam zangados?

É certo que nossa cultura valoriza algumas coisas em detrimento de outras. Existem até diferenças baseadas em gênero que distinguem quais são os sentimentos "apropriados" e quais não são. Os homens, por exemplo, são encorajados a sentir raiva e se comportar de maneira agressiva, enquanto as mulheres são freqüentemente treinadas para agir de maneira passiva. Numa sociedade patriarcal, as características masculinas são freqüentemente vistas como sinais de força e as femininas, desvalorizadas e vistas como sinal de fraqueza.

À medida que começar a reconhecer e lidar com o seu diálogo interior, você provavelmente sentirá algumas das emoções de quando criança caso fosse capaz de pensar como um adulto naquela época. Você talvez sinta raiva dos sistemas que o ensinaram que você era fraco, inferior e sem valor. Você pode ficar zangado consigo mesmo por ter perpetuado esse diálogo interior negativo e distorcido ou irado com os outros à medida que lembrar de si mesmo como uma criança inocente e otimista que foi metodicamente ensinada a se ver como fraca, ignorante e tola. Muitos adultos têm medo de entrar em contato com determinados sentimentos por nunca terem aprendido a processá-los de maneira saudável ou por terem aprendido que sentir significava ser fraco ou imaturo. De fato, se você não teve bons modelos de como processar os sentimentos de maneira apropriada, o problema é de deficiência. Felizmente é possível aprender quando adulto algo que você não aprendeu quando criança.

Será importante que você se dê o tempo necessário para lidar com esses sentimentos à medida que eles forem surgindo e permitir que eles evoluam o mais naturalmente possível, sem tentar evitá-los nem se condenar por senti-los. Será também importante que você tenha um apoio adequado na sua vida enquanto estiver resolvendo esses sentimentos intensos. Você pode obtê-lo dos amigos próximos, família ou outros entes queridos que possam lhe oferecer um ouvido atento e disponível, permitindo que você entre em contato com esses sentimentos sem dar opinião, ouvindo sem julgar. Às vezes, as pessoas que você ama podem não ser capazes de lhe dar esse tipo de apoio por se sentirem pouco à vontade de estarem próximas a alguém com sentimentos intensos. Nesse caso, vale procurar um profissional treinado que permita que você expresse os seus sentimentos num ambiente sem julgamento (em que você sinta que pode se expressar honestamente e em segurança).

Outros descobriram que os grupos de apoio são muito valiosos nesse aspecto, especialmente os que têm regras claras a respeito de como o grupo pode responder à expressão emocional de um de seus membros. O objetivo não é que alguém o conserte, ajudando-o a suprimir os sentimentos ou desviando a sua atenção deles, mas que apóie a sua habilidade natural de processar uma opinião. Com experiência, alguma orientação e um apoio, você pode desenvolver a sua habilidade de lidar com sentimentos de diferentes tipos e intensidades. O importante a ser lembrado é não invalidar nem minimizar os seus processos naturais de sentimentos.

Jane veio de uma família que não permitia a expressão direta de emoções. Logo cedo ela aprendeu as regras familiares quanto a não permitir que os outros vissem os seus sentimentos. Aos dez anos ela compreendeu claramente que "meninas grandes não choram" e que se o fizesse seria vista como fraca e "diferente" do resto da família. Ela aprendeu a suprimir os seus sentimentos a respeito de muitas coisas – ira, tristeza, solidão e até uma alegria desenfreada ou uma paixão. O controle sobre as emoções era uma coisa valorizada e honrada dentro da sua família. Seu pai parecia orgulhoso de não ter chorado no funeral da mãe, quando Jane tinha quinze anos, nem faltado um só dia ao trabalho depois da sua morte.

Ela aprendeu essas regras familiares muito bem e os outros a viam como imperturbável, sempre contando com a sua força e calma durante as crises. Ela era o tipo "forte e calado" na sua relação de catorze anos com Marga. Elas se davam bastante bem, tendo criado um grupo de amigos, desenvolvido carreiras independentes e bem-sucedidas, e viviam numa casa que elas haviam construído para si.

Quando Marga morreu repentinamente depois de um câncer fulminante no seio, o mundo de Jane pareceu desabar. Ela imediatamente sentiu uma aflição aterradora que a paralisou em diversos sentidos. Jane nunca havia experimentado uma emoção tão intensa e implacável. Tentou fazer o melhor que pôde para reprimir as suas lágrimas e seguir adiante com a sua vida o mais rápido possível, como seu pai havia feito quando da morte de sua avó. No início ela encontrou algum alívio no trabalho. Descobriu que quanto mais se envolvia com o trabalho, menos pensava em Marga. Quando ficar sozinha em casa tornou-se muito difícil, ela começou a levar trabalho para casa, assegurando-se de ter muito pouco tempo livre. Ela continuou nesse ritmo por quase dois anos, obtendo reconhecimento especial e promoção no trabalho por seu esforço extra, e descobriu que pensava muito pouco em Marga e no seu passado juntas. Finalmente ela começou a se sentir esgotada, exausta e infeliz. Passou a ter dificuldade para dormir e se sentia sozinha, mas não conseguia se animar para sair, namorar ou participar de eventos sociais com seus amigos casados.

O caso de Jane é típico de perda não resolvido. Jane não tinha os modelos familiares ou as ferramentas necessárias para permitir a si mesma processar a sua aflição quanto à perda aterradora. Ela tomou o único caminho que conhecia: suprimir as emoções e desviar os sentimentos o máximo de tempo possível. No meu consultório, vejo com freqüência pacientes que não se permitiram sentir na totalidade as emoções genuínas que surgiram em suas vidas.

A aflição foi uma resposta saudável à sua perda. Nem todas as emoções dolorosas resultam de pensamentos distorcidos. Sentir raiva quando alguém abusa de você ou viola os seus direitos é uma resposta emocional apropriada. Muitas pessoas, porém, têm dificuldade de lidar de maneira saudável com essas emoções genuínas. A raiva, enquanto emoção, é tão válida quanto qualquer outro sentimento – ela tem o mesmo valor do restante do seu repertório de sentimentos. O que você faz comportamentalmente com a sua ira ou com a sua aflição, contudo, é muito importante. Maneiras não saudáveis de lidar com a emoção incluem sua supressão (em longo e não em curto prazo), agir impulsivamente em relação aos sentimentos com conseqüências negativas a longo ou curto prazo (assim como se envolver em brigas ou beber excessivamente) ou entrar em círculos viciosos autodepreciativos e situações que validem a sua intensa experiência emocional (dar a si mesmo razão para continuar se sentindo triste ou com raiva). O último comportamento é freqüentemente chamado de profecia autocumpridora, em que você provoca o acontecimento daquilo que mais teme, simplesmente por estar excessivamente focado nisso. É como aprender a andar de bicicleta e ficar tão preocupado com a possibilidade de passar por um buraco e cair que você acaba não prestando atenção suficiente na própria bicicleta, topa com um buraco e cai no chão.

    Se ao reconhecer o seu diálogo interior negativo você se descobrir experimentando momentos de tristeza relativos à dor que você sofreu quando criança que não era completamente aceita, ou aflição pela perda da imagem de uma infância perfeita, dê a si mesmo o tempo necessário para sentir e processar essas emoções naturais. Algumas pessoas usam essa oportunidade para começar a manter um diário de seus sentimentos. Um diário pode ser simplesmente um bloquinho onde você documente os seus sentimentos, explora-os em segurança e mantém o seu rastro para discussões posteriores com um terapeuta ou amigo próximo. Freqüentemente encorajo os meus clientes a manter o rastro de seus sentimentos ao mesmo tempo que seguem a trilha de seus pensamentos. Todo o processo de autodescoberta pode ser perseguido dessa maneira para uma revisão posterior. É bom poder fazer uma revisão de tempos em tempos e ver o quanto você avançou a partir de onde estava quando assumiu a tarefa de melhorar a sua auto-estima.

    Permitir-se sentir as emoções que borbulham dentro de você pode ser mais fácil de falar do que de fazer. As pessoas que não têm grande experiência em processar as emoções sentem-se muitas vezes desajeitadas e desconfortáveis para lidar com seus sentimentos. Eles podem até ficar com medo de "destampar" as emoções intensas, imaginando que se começarem a dar vazão a elas nunca mais conseguirão refreá-las. Meus clientes relatam com freqüência a sensação de que existem sentimentos presos lá no fundo, mas que temem perder o controle sobre eles se começarem a processá-los. Como contrapartida, apresento-lhes a idéia de liberação controlada de sentimentos, na qual eles designam uma quantidade de tempo e um lugar específico, por eles considerados seguros para abrir as comportas e deixar os sentimentos fluir. Por exemplo, você diz a si mesmo que vai se ocupar dos seus sentimentos na hora apropriada, como depois do jantar, em casa, no seu quarto. É importante manter esse contrato consigo mesmo. Usar essa técnica sem persistência é como prometer a uma criança que você a levará ao cinema e cancelar o programa posteriormente sem qualquer explicação.

Embora não haja o que temer nos próprios sentimentos, os comportamentos aos quais eles conduzem certamente podem ser perigosos ou nocivos. As pessoas que não têm prática em permitir a si mesmas sentir grande tristeza, medo ou raiva podem ter desenvolvido fortes meios de desviar a sua atenção da profundidade aterradora dessas emoções. Isso inclui a bebida ou o uso de outras drogas, a destruição (sua, dos outros ou de coisas) e até a imprudência. Se você tem um histórico de comportamentos potencialmente destrutivos ou impulsivos quando os sentimentos se tornam aterradores ou quando você teme que isso aconteça, não tente processar esses sentimentos sozinho. Os sentimentos que parecem excessivamente intensos devem ser processados num ambiente em que você esteja seguro, protegido e não possa ferir nem a si nem a outras pessoas. O consultório de um psicoterapeuta qualificado é o melhor lugar para aprender a lidar com os sentimentos fortes de maneira mais eficaz. O capítulo 13 trata de como encontrar um psicoterapeuta adequado.

Você está aprendendo ao longo deste livro a ter uma relação melhor com você mesmo e isso inclui ouvir e validar o seu lado emocional. Quando adulto, você tem a capacidade de mudar a voz dentro da sua mente e transformá-la de uma voz dura, punitiva e autoritária em uma mais razoável, validante e incentivadora. Isso significa não ignorar, punir nem evitar o seu lado emocional. Pais saudáveis não punem seus filhos pelos seus sentimentos. Pais saudáveis ajudam seus filhos a compreender os seus sentimentos, validando-os e ensinando-lhes que esses sentimentos devem ser ouvidos e atendidos de maneira apropriada.

Aprendendo a ouvir os seus sentimentos sem temê-los, você poderá determinar mais cuidadosamente sua fonte, que podem ser acontecimentos que provocariam os mesmos sentimentos em quase qualquer pessoa, como aflição depois de uma perda ou raiva depois de um insulto. Algumas vezes, contudo, os sentimentos são uma resposta à sua interpretação distorcida dos acontecimentos. O valor do trabalho que você está fazendo agora está na capacidade deste livro de ajudá-lo a aprender a avaliar os seus pensamentos automáticos e as suas interpretações quanto à sua racionalidade. Pensamentos distorcidos por informações incorretas do seu passado ou presente podem ser modificados com a prática.

Algumas vezes você pode achar que uma interpretação é correta e conduz a uma emoção igualmente correta. Por exemplo, que pode sentir uma insegurança freqüente quando pensa coisas como: "A maior parte das pessoas do meu escritório é homofóbica". Esse raciocínio é capaz de estar correto, mas certamente não é sempre útil. Ter esse pensamento regularmente chega até a interferir no seu trabalho, deixando-o hesitante para tomar decisões ou dizer o que você pensa numa reunião. Reconhecer quando você está dizendo coisas a si mesmo que são distorcidas ou interferem na sua habilidade de agir eficientemente é uma habilidade importante que você está aprendendo.

10
Modificando o diálogo interior

*Queremos deixar claro: nosso primeiro trabalho
é libertar a nós mesmos: isso significa limpar as
nossas mentes do lixo que foi jogado nelas...*
Carl Whitman, *"A gay manifesto"*

Reconhecer o seu diálogo interior é apenas a primeira etapa para elevar a sua auto-estima. Transformá-lo efetivamente envolve aprender a avaliar e responder ao conteúdo daquilo que você está dizendo e ao tipo de pensamento distorcido que você usa normalmente. Leve o tempo necessário para ler este capítulo. Talvez você queira repetir algumas seções quando achar necessário.

Pensamentos problemáticos

A esta altura do livro, você já tem uma compreensão melhor dos pensamentos automáticos e do diálogo interior que lhe são peculiares. Se você seguiu o rastro dos seus pensamentos com o registro diário de pensamentos do capítulo 1, talvez já seja capaz de reconhecer claramente os padrões do que você diz a si mesmo e de como você se trata. A maior parte das pessoas descobre, ao começar a prestar atenção aos seus pensamentos, que é mais fácil analisar um acontecimento que gerou um pensamento e depois a emoção proveniente do fato. Aprender a reconhecer o exato momento ou próximo de quando você está dizendo coisas negativas a si mesmo é estranho e pouco natural nas primeiras tentativas. Com o passar do tempo e a prática, contudo, torna-se cada vez mais fácil flagrar-se fazendo declarações negativas ou até punitivas que, por sua vez, geram emoções desagradáveis. A chave é não desistir. Tente não se dizer coisas como: "Eu nunca vou aprender essa técnica... Isso só confirma a minha falta de valor!".

Pensamentos automáticos: uma revisão

Depois de ganhar mais agilidade no reconhecimento de seus pensamentos automáticos, você estará pronto para implementar a segunda etapa da construção de sua auto-estima: avaliar a acuidade e a utilidade do pensamento. Antes de começar a aprender a modificá-los, porém, pode ser muito proveitoso neste momento avaliar alguns pontos-chave a respeito dos pensamentos automáticos.

1. Eles costumam ser experimentados como auto-afirmações curtas, algumas vezes apenas algumas palavras como: "Estúpido!" ou "Eu não sou capaz de lidar com isso". Para algumas pessoas eles surgem como breves imagens negativas, do passado talvez, ou como a antecipação de uma temida conseqüência negativa. As palavras e as imagens automáticas parecem ter espocado espontaneamente e podem ser tão fugidias que você não as nota, a menos que esteja tentando fazê-lo.

2. Você experimenta a maioria dos pensamentos ou imagens automáticas como se fossem verdadeiros, uma vez que são oriundos da sua infância, uma época da sua vida em que você não tinha a capacidade nem a liberdade de questioná-los. Você também os experimenta como reflexos, de tão rapidamente que ocorrem quando se dá um acontecimento desencadeador, a ponto de você achar que não tem poder sobre eles ou como se eles nunca pudessem ser modificados.

3. Muitas vezes esses pensamentos automáticos são expressos de maneira extremada e incluem regras rígidas escondidas nas palavras "devo", "tenho de" ou "preciso", como: "Eu tenho de ser sempre per-

feito (feliz, jovem, elegante, responsável)". Muitas das regras que você teve de seguir quando era criança o ajudaram a sobreviver e foram adequadas para aquela época. Quando adulto, contudo, muitas dessas regras não se aplicam mais a você ou não são mais necessárias, uma vez que você agora tem o poder de tomar as suas próprias decisões. Muitas afirmações do tipo "devo" estabelecem padrões inalcançáveis que o deixam se sentindo cronicamente fracassado.

4. Como esses pensamentos espocam tão rápida e espontaneamente, você muitas vezes não os desafia e não se lembra de outras informações que os contradizem. Eles acontecem de maneira tão natural que você é capaz de esquecer que o pensamento automático é aprendido e não congênito.

5. Embora os pensamentos automáticos sejam normalmente relacionados especificamente à situação em que você se encontra, existem níveis mais profundos de crenças que representam temas comuns. Depois de começar a reconhecer os seus vários tipos específicos de pensamentos automáticos, será importante que você comece a reconhecer os temas ou padrões das crenças subjacentes. Você terá menos crenças subjacentes do que pensamentos automáticos específicos. Suas crenças essenciais, no nível mais profundo, serão poucas.

Estilos de pensamento

Agora que você reviu alguns dos conceitos-chave a respeito de pensamentos automáticos, é importante que você perceba que não tem pensamentos automáticos e crenças subjacentes somente a seu respeito, mas que provavelmente também usa alguns estilos característicos de raciocínio de uma maneira geral. Embora existam vários estilos problemáticos de raciocínio, os enumerados a seguir são os predominantes.

Muitos desses comportamentos têm características comuns entre si. Você talvez descobrirá que não se adapta a apenas um padrão, mas que tem aspectos de vários tipos diferentes de pensamentos em situações diversas. Todos os padrões, contudo, tendem a apresentar uma visão distorcida, enfatizando excessivamente o aspecto negativo de uma situação ou pessoa ou desacentuando os seus aspectos positivos. Todos eles se ressentem de uma falta de equilíbrio em termos de perspectiva e tendem a provocar sentimentos intensos e negativos. Todos os modos de pensar também compartilham uma outra característica – foram aprendidos.

Pensamento polarizado ou em preto ou branco

Esse é um dos tipos mais comuns de pensamento. As pessoas limitam as suas opções ou modos de ver uma situação em duas alternativas: sim ou não, certo ou errado. Elas com freqüência não conseguem ver as áreas cinza da vida. As pessoas que usam muito os termos "tem de", "deve", "precisa" recaem nessa categoria e podem se tornar bastante autopunitivas quando não se saem perfeitamente bem em suas tarefas.

Exemplo: "Se eu cometer um erro nesse projeto, serei despedido".

Filtragem, subtração do aspecto positivo ou visão de túnel

Essas pessoas tendem a ver a vida através de um filtro ou de lentes que distorcem a sua perspectiva. Uma forma de filtragem chamada por Aaron Beck de abstração seletiva refere-se ao processo pelo qual se destacam seletivamente certos detalhes geralmente negativos no seu meio em vez de a situação ser vista de maneira mais realista e completa, incluindo os seus aspectos positivos. Esse tipo de pensamento pode fazer com que a pessoa se sinta soterrada numa situação porque faz com que ela exagere a reação emocional, ao atentar somente para o lado negativo do acontecimento. O processo de filtragem do diálogo interior freqüentemente inclui palavras como "horrível", "medonho", "insuportável" e "aterrador". Tais palavras sugerem que a situação é insolúvel e incontrolável. Alguém com uma auto-estima baixa poderia, por exemplo, interpretar o fato de ir a uma reunião social e não encontrar ninguém como um sinal de ser "completamente sozinho e incapaz de ser amado", esquecendo o fato de que tem uma família ou amigos e descartando as relações passadas nas quais se sentiu amado.

Exemplo: "Depois que meu namorado me deixou, não tenho mais nada na vida".

Catastrofizar ou prever o futuro

As pessoas que catastrofizam prevêem e/ou esperam o pior cenário possível, independentemente da sua probabilidade real. Embora o cenário do pior desfecho seja altamente improvável, um catastrofizador enfocará os futuros resultados negativos, mantendo-se permanente preso a um estado de preocupação e ansiedade.

Exemplo: "Por ter fracassado nesse primeiro teste, provavelmente fracassarei no curso todo".

Generalizar, ampliar e rotular

Esse tipo de raciocínio se dá quando você, a partir de um acontecimento isolado, tira conclusões mais amplas a respeito de sua vida baseadas unicamente nele. As pessoas desse tipo de raciocínio freqüentemente acreditam que não podem cometer erros ou que têm de ser perfeitas. Quando cometem um erro, elas se sentem fracassadas ou como se estivessem predestinadas a repetir o mesmo erro. As palavras que freqüentemente revelam uma generalização são "todos" ou "nenhum", "todo mundo" ou "ninguém", "sempre" ou "nunca". As pessoas que generalizam tendem a fazer declarações globais infladas ou de alcance excessivo a respeito de si mesmas ou de outras pessoas, lugares e coisas em suas vidas, baseadas freqüentemente num único encontro. Uma observação ignorante de um líder da maioria no Senado a respeito de gays e lésbicas faz com que os generalizadores concluam que: "Todos os políticos são ignorantes" ou um erro por elas cometido faz com que pensem: "Eu sou tão estúpido!", como se esse fato isolado refletisse todo o valor de uma pessoa.

Já o processo de ampliação ocorre quando você eleva o valor de um acontecimento para além da sua verdadeira importância, como, esquecer alguma coisa da sua lista de compras e então se repreender como dona de casa. Você pode também minimizar as características positivas de uma situação, menosprezando os bons resultados e enfatizando os ruins com declarações internas do tipo: "Mesmo que o chefe tenha gostado do meu trabalho hoje, isso não significa que eu sou um bom funcionário".

Exemplo: "Como saí magoado do meu último relacionamento, nunca mais serei capaz de confiar em alguém novamente".

"Tenho de" e "devo"

Essas são regras de vida absolutas que você se aplica rotineiramente e aos outros. Quando você ou outras pessoas não as seguem, sem querer ou intencionalmente, você fica irritado, irado e faz julgamentos. As expectativas que você carrega na forma de regras são freqüentemente irracionais, mas pelo fato de provavelmente tê-las aprendido quando criança são aceitas sem questionamentos. Além disso, como nem sempre você tem consciência dessas afirmações, responde emocionadamente a elas de maneira automática e sem oportunidade de desafiá-las. Ter expectativas não realistas quanto a si mesmo ou aos outros gera por vezes erros ou situações em que você não consegue alcançar os padrões irracionais que podem deixá-lo com uma sensação constante de fracasso ou irritação com as pessoas ao seu redor.

Exemplo: "Eu tenho de controlar as minhas emoções sempre".

Personalizar

Esse estilo refere-se ao modo como você se vê em relação aos outros. Uma maneira de personalizar uma situação é sempre se comparar às outras pessoas, normalmente de maneira desfavorável, com declarações internas do tipo: "Ela é tão mais inteligente do que eu" ou "O meu corpo é hediondo comparado ao dele". Você tende a fazer julgamentos de valor a respeito de si mesmo de maneira contínua, acabando por se desvalorizar quando sua auto-estima é baixa. Outra maneira de personalizar é sempre supor que você é a fonte dos problemas dos outros ou a causa de um acontecimento negativo. Você pode, por exemplo, se culpar pelo fracasso do projeto da equipe ainda que o resultado possa mais provavelmente se dever a vários problemas ocorridos durante o processo.

Exemplo: "Este caixa está me olhando feio porque não gosta de mim".

Outros estilos

Outros estilos de erros de pensamento incluem o raciocínio emocional, ou a tomada de decisões baseada unicamente nos seus sentimentos e não na consideração racional de todas as informações; a leitura de pensamento, em que a pessoa é altamente sensível ao que acredita que os outros estejam pensando a seu respeito ou a respeito de uma situação e não consegue considerar outras alternativas; a culpabilização, que envolve encontrar defeitos em qualquer situação e tornar a si mesmo ou ao outro responsável por eles, mesmo quando não existe uma fonte clara de responsabilidade; as falácias de direitos, que envolvem a crença irracional de que você deve sempre conseguir o que quer e ter sucesso em qualquer situação, o que conduz a uma decepção extrema, a um diálogo interior negativo e à autoculpabilização quando o resultado não é satisfatório; e as falácias de controle, quando você espera controlar uma situação incontrolável como o tempo ou uma doença.

Muitas pessoas começam a modificar os padrões negativos do seu pensamento simplesmente aumentando a sua consciência de quando e como eles ocorrem. Alguns dos meus clientes sentem uma excitação inicial quando começam a se conscientizar do seu diálogo interior negativo e, na seqüência, reconhecem os padrões de pensamento distorcido. Espero que você, a esta altura, tenha começado a sentir uma maior autoconsciência e até mesmo um maior senso de controle à medida que começar a entender por que às vezes lhe ocorreram determinados sentimentos e pensamentos.

Pensamento problemático não distorcido

Algumas vezes é possível reconhecer um pensamento automático que não parece distorcido ou irracional e que gera emoções negativas ou imobilizantes. Jeff, por exemplo, era considerado, por todos os padrões, muito acima do peso com seus cerca de 182 kg. À medida que os ponteiros da balança foram subindo ao longo dos anos, Jeff foi ficando cada vez mais deprimido e isolado socialmente. Ele reconheceu claramente que havia desenvolvido maneiras de pensar a seu respeito que sabotavam os seus planos. Há três anos, por exemplo, ele havia decidido mudar a sua vida seguindo um programa racional para perder peso, que incluía exercícios moderados, mudança de hábitos alimentares e apoio emocional. Ele começou o programa com um entusiasmo considerável e o seguiu à risca durante os cinco primeiros dias. No sexto dia, porém, Jeff acordou com o telefonema de sua mãe a respeito da recente hospitalização de seu pai, que apresentava dor no peito e falta de ar. Preocupado com o pai e morando longe demais para chegar lá rapidamente, Jeff passou o dia catastrofizando a respeito do resultado dos exames, imaginando que seu pai estava morrendo e que ele mesmo provavelmente morreria por causa da obesidade.

Jeff abandonou completamente o seu cuidadoso programa de perda de peso naquele dia, flagrando-se comendo mais que o normal enquanto tentava lidar com a sua ansiedade a respeito dos sintomas do pai. Ele não só passou a catastrofizar a seu próprio respeito e a respeito do futuro do pai como também começou a se culpar por arruinar o seu programa de perda de peso, generalizando que um dia de intensidade emocional significava que ele nunca poderia perder peso e assim por diante.

O que realmente mais parecia incomodá-lo, contudo, era se olhar no espelho. Tudo o que ele via era gordura. Ele não podia ignorar a balança que registrava 181 kg, só um quilo a menos do que o seu peso inicial, cinco dias atrás. Ele descobriu que tudo o que conseguia pensar de vez em quando era: "Eu sou gordo. Eu não estou no meu tamanho normal. Eu sou lento", declarações que o deixavam imediatamente triste e sentindo-se solitário. Jeff aprendeu a reconhecer seus pensamentos distorcidos ou irracionais e teve um relativo sucesso em desafiá-los e substituí-los por outros mais saudáveis. Parecia, contudo, tropeçar toda vez que olhava para o espelho, recomeçando a fazer aquelas repetitivas afirmações para si mesmo a respeito do seu tamanho. Na verdade, ele acreditava que merecia ficar deprimido quando tentava descobrir as distorções nas imagens do espelho e não conseguia discordar do seu conteúdo. Ele achava que era verdade que ele era gordo, que o seu peso estava fora da "norma" para os homens da sua altura e que levava mais tempo para subir escadas ou caminhar do que a maioria das pessoas, mas não sabia o que fazer a respeito desses poderosos pensamentos que traziam à tona uma forte depressão e sentimentos desmotivadores.

É claro que existem vezes em que os pensamentos que você reconhece como geradores de sentimentos negativos como depressão ou insegurança são desencadeados por pensamentos verdadeiros. Seria possível dizer que uma das mais amedrontadoras mensagens culturais recebidas pelos gays e lésbicas, "Se você é gay, está correndo risco de ser prejudicado", também é verdadeira, uma vez que nós vivemos numa sociedade relativamente homofóbica. A questão não é se os pensamentos são distorcidos ou não, mas se eles são úteis ou nocivos. Os pensamentos repetitivos que podem até ser verdadeiros, mas que servem para minar a sua autoconfiança, deixá-lo irado por horas e deprimir o seu humor, também são problemáticos e podem ser desafiados.

Mudando o seu diálogo interior

Foram descobertas várias técnicas para aprender a mudar o seu diálogo interior que se mostraram bastante úteis. O método de avaliação de pensamentos, o modelo já explicado e a contenção do pensamento são os mais eficientes.

Avaliação dos pensamentos

A esta altura você já está bastante familiarizado com a idéia de identificar e avaliar os seus pensamentos automáticos e padrões de pensamento distorcido. Reveja alguns dos seus registros diários de pensamento (do capítulo 1) de modo a identificar os seus padrões de pensamento. Para cada acontecimento que desencadeou um sentimento você deve ter identificado um pensamento automático. É importante não só avaliar o conteúdo dos pensamentos mas também prestar atenção ao tom e às imagens associadas aos pensamentos. Tenho certeza de que você irá reconhecer que, às vezes, o que as pessoas expressam com palavras e o que elas realmente estão pensando é bem diferente. Alguém pode dizer, por exemplo: "Como você está bem esta noite!", mas basta uma leve alteração na emissão da frase, como uma careta ou um sorriso afetado, para transformar radicalmente o elogio em sarcasmo. É importante, portanto, não apenas determinar quais são as palavras que você diz a si mesmo, mas também considerar o tom no qual você as diz. Atendi alguns clientes que me disseram que efetivamente "ouviam" as palavras ou expressões proferidas por seus pais durante a infância com o mesmo tom de voz usado por eles no passado. Se você acha que seus pensamentos atuais parecem razoáveis, mas ainda se sente derrotado ou inseguro, tente cavar um pouco mais fundo atrás do sarcasmo ou da ameaça implícita que você ainda pode estar usando consigo mesmo.

A próxima etapa é identificar o padrão de pensamento distorcido. Ele é um exemplo de filtragem, pensamento polarizado ou personalização? Ou é um pensamento não distorcido, mas problemático, como no exemplo de Jeff?

Uma vez identificado o padrão de pensamento, a próxima etapa é descobrir uma alternativa mais saudável para os pensamentos negativos, fazendo um esforço consciente de refletir a respeito do acontecimento de uma maneira mais razoável. A lista de distorções de pensamentos a seguir e de modos de refutá-los pode ser de grande ajuda:

Para esses e outros estilos de pensamento negativo mencionados, mas não abordados aqui, a chave é reconhecer que cada um tem um modo sistemático de distorcer a percepção correta que você deveria ter de si mesmo, de uma situação ou dos outros. Contra-atacar os seus pensamentos negativos pode necessitar de alguma prática e você talvez precise usar o seu registro de pensamentos diários regularmente no início para pegar o jeito da coisa.

Estilos de pensamento	Sugestões para combatê-los
Pensamento polarizado (pensamos extremos) Exemplo: *Se eu cometer um erro neste projeto, serei despedido.*	Pensar em nuanças em vez de "preto ou branco" e conscientizar-se da complexidade da vida Exemplo: *Eu posso cometer um erro aqui, mas sou apenas humano e às vezes existem coisas que estão fora do meu controle. Meu chefe pode ficar desapontado, mas é pouco provável que me despeça.*
Filtragem, subtração de um aspecto positivo ou atentação somente para os aspectos negativos de uma situação. Exemplo: *Desde que o meu namorado me deixou, nada mais existe para mim.*	Considerar os aspectos positivos, as coisas boas a respeito das quais você deve ser grato. Exemplo: *Dói muito o fato de ele ter me deixado, mas eu tenho alguns amigos maravilhosos que me dão muito apoio e que ainda me amam.*
Catastrofizar ou prever sempre o pior possível para o futuro. Exemplo: *Por ter fracassado nesse primeiro teste, provavelmente fracassarei no curso todo.*	Lembrar-se da probabilidade real de a previsão ocorrer Exemplo: *Fracassar no primeiro teste não significa que eu não posso aprender essa matéria. Eu só tenho de estudar de uma maneira diferente.*
Generalização (tirar conclusões generalizadas a partir de um evento específico) Exemplo: *Por ter saído magoado da minha última relação, nunca mais serei capaz de confiar em ninguém.*	Colocar o acontecimento específico no contexto mais amplo Exemplo: *Vou levar um tempo para sarar da última relação, mas aprenderei com ela e acabarei encontrando alguém em quem possa confiar.*
"Tenho de", "devo" (regras inflexíveis e absolutas) Exemplo: *Eu não acredito que não vi esse problema se aproximando. Eu sempre devo antecipar qualquer possível problema.*	Permitir que os erros aconteçam e ser mais razoável e flexível consigo mesmo. Exemplo: *Eu estou chateado com esse problema, mas não posso esperar conseguir antecipar todos os possíveis problemas.*
Personalizar (supor que tudo se relaciona a você) Exemplo: *Este caixa está irritado comigo porque não gosta de mim.*	Não fazer suposições não provadas sem checá-las na vida real. Reconhecer que todos os seres humanos têm qualidades positivas e negativas. Exemplo: *Este caixa deve estar tendo um dia ruim.*

Ao contra-atacar um pensamento distorcido, às vezes é de grande ajuda imaginar-se respondendo ao diálogo interior distorcido como se você estivesse respondendo a um amigo próximo, numa voz delicada e plena de compaixão. Uma estratégia que foi muito útil para alguns dos meus pacientes é imaginar que a sua voz contra-atacante é a de um pai ou de uma mãe ideal que o aceita totalmente, que o ama incondicionalmente e é incentivador. Alguns tiraram proveito de imaginar como poderiam falar com uma criança que estaria se sentindo envergonhada, inadequada, amedrontada ou sozinha, uma vez que é mais fácil, no início, sentir compaixão por outra pessoa (uma criança inocente, por exemplo) do que por nós mesmos. Eles foram então gradualmente aprendendo a reconhecer imediatamente o diálogo interior negativo assim que começavam a ter sentimentos desconfortáveis e a contra-atacá-los rapidamente com uma voz nova e incentivadora. Eu me estenderei mais a respeito do uso dessas técnicas no capítulo a respeito de auto-acolhimento.

Modelo de combate ao diálogo negativo

Outro método mais estruturado para compreender o seu diálogo interior é o modelo abaixo, comumente usado na terapia comportamental behaviorista. Cada letra equivale a uma etapa no reconhecimento e no questionamento do diálogo interior negativo.

A – Acontecimento ativador que desencadeia o diálogo interior negativo. Um exemplo poderia ser ler uma notícia de jornal a respeito de um crime movido pelo ódio vitimando um gay ou uma lésbica.

B – Crenças (ou pensamentos negativos) que são desencadeados. Depois de ver a história a respeito do crime movido pelo ódio, você pode pensar: "O mundo é um lugar perigoso para mim" ou "Eu provavelmente serei atacado em breve".

C – Conseqüências desses pensamentos: os sentimentos que você experimenta, como ansiedade, insegurança ou ira, e os comportamentos que esses sentimentos geram, como evitar sair, namorar ou confiar em alguém de quem você gosta.

D – Combate ao diálogo interior para contra-atacar as distorções negativas. Nesse caso, você poderia dizer algo como "Eu estou generalizando um acontecimento específico (alguém que foi atacado) para mim mesmo ("O mundo é um lugar perigoso..."), que é uma forma de personalizar, e estou esperando o pior ("Eu provavelmente serei atacado em breve"), que é catastrofizar. Ainda que seja verdade que a violência contra gays e lésbicas existe, não adianta muito ruminar a esse respeito. Seus pensamentos questionadores poderiam ser: "Eu fico com raiva/assustado/triste de ler a respeito da violência contra os gays, mas tudo o que eu posso fazer é aprender a me proteger e lembrar que a grande maioria dos gays e das lésbicas não é vítima de ataques violentos".

Pode ser útil transcrever esse modelo. Pratique-o regularmente até que você consiga identificar e combater os pensamentos distorcidos. Com a prática, a maioria das pessoas consegue aprender a fazer isso sem escrever cada etapa e descobre um alívio emocional quase imediato quando combate o pensamento negativo.

Contenção do pensamento

Uma das práticas mais básicas e eficientes para lidar com pensamentos distorcidos e nocivos é conter o pensamento. Como mencionei anteriormente, o diálogo interior acontece rapidamente quando você está numa situação ou num acontecimento desencadeador. No momento em que interpretar o acontecimento, mesmo que ele seja vago ou ambíguo e der início ao diálogo interior, você imediatamente sentirá uma emoção em reação a ele. Quanto mais negativo for o diálogo a respeito do seu valor, suas habilidades ou seu potencial, mais baixa será a sua auto-estima e mais inseguro você se sentirá para fazer as suas escolhas. Esse diálogo interior pode estabelecer um círculo vicioso que gera mais sentimentos negativos e mais diálogo interior negativo. O primeiro passo para interrompê-lo é aprender a reconhecer o diálogo interior negativo imediatamente. Esse processo consiste em concentrar-se no pensamento negativo ou indesejado por um breve espaço de tempo e então rapidamente contê-lo e tirá-lo da cabeça.

Antes de tentar essa técnica, você precisa primeiro se preparar para responder ao seu diálogo interior negativo quando o reconhecer, com um outro mais saudável. Faça uma lista de respostas saudáveis contrárias aos processos típicos de pensamento que você observou em si mesmo ao ler este livro. Eis aqui alguns exemplos de declarações genéricas, mas positivas, que você pode usar:

- "Eu não sou uma pessoa sem valor, estúpida ou má. Eu tenho valor, sou inteligente e bom."
- "Eu não tenho de ser perfeito. Todos os seres humanos cometem erros."
- "Relaxe e respire fundo. Eu posso lidar com essa situação."
- "Não adianta nada pensar desse jeito. Eu não mereço me tratar assim. Esse diálogo interior é só um hábito antigo."
- "Apesar de ela ter me rejeitado, eu sei que eu sou digna de amor."
- "Eu tenho valor independentemente do que as pessoas digam."
- "Não há nada de errado em ter sentimentos intensos a respeito dessa situação, mas eu não vou deixar que os meus sentimentos desencadeiem o velho e habitual pensamento autopunitivo."

Algumas dessas afirmações podem ser difíceis de fazer a si mesmo, a princípio, e podem parecer forçadas e não naturais. O próximo capítulo, "Auto-acolhimento e perdão", abordará algumas das suas crenças essenciais que podem fazer soar artificial ou falsa qualquer coisa positiva dita para si mesmo. Talvez você precise construir a sua própria lista de afirmações positivas que lhe sejam mais confortáveis. Não se diga coisas que são flagrantemente falsas, como "Eu sou um gênio em matemática", se você tem dificuldades em pôr o canhoto do seu talão de cheques em dia. Tente fazer uma lista equilibrada, realista e crível para si mesmo. As palavras específicas são menos importantes do que a atitude de auto-aceitação e encorajamento. Escreva a sua própria lista de pensamentos agradáveis, encorajadores ou positivos no seu diário ou num pedaço de papel.

Percebo, por vezes, que algumas pessoas têm dificuldade de se dizer coisas mais encorajadoras e positivas por se dizerem também, num nível mais profundo, que não podem ou não acreditam nessas afirmações. O que ocorre, creio eu, é que elas passaram tantos anos repetindo as mesmas afirmações negativas que passaram a acreditar nelas até a sua essência. Se esse é o seu caso, é possível que você tenha problemas em mudar algumas dessas crenças essenciais do dia para a noite. Mudar os pensamentos é somente o começo da construção da essência da sua auto-estima. Os capítulos finais deste livro investigam outros meios pelos quais você pode começar a modificar as suas crenças essenciais e a sua relação consigo mesmo. Por agora, pratique a contenção do seu pensamento negativo e desenvolva o novo hábito de pensar algo encorajador ou mais positivo.

Dizer "Pare!" a si mesmo de uma maneira enérgica pode interromper o processo espiral negativo e permitir que você comece a combater e substituir os seus pensamentos iniciais e distorcidos por outros mais saudáveis. Um tratamento behaviorista muito conhecido para parar de fumar usa uma variação dessa técnica, na qual o fumante interrompe o desejo intenso de fumar usando um elástico ao redor do pulso, puxando-o quando necessário. Essa técnica foi usada em muitas outras terapias de orientação behaviorista, desde programas de dietas a tratamentos de fobias.

Não é necessário usar tais técnicas se você acha que pode se convencer a deter o diálogo negativo sozinho. Algumas pessoas descobrem que dizer simplesmente para si mesmas "Pare!" é suficiente para interromper a espiral de pensamentos automáticos. Outros descobriram que às vezes o padrão de pensamento se faz tão forte que eles têm de falar em voz alta, gritar ou até mesmo bater palmas ou estalar os dedos. Recomendo que você pratique a contenção de pensamento quando estiver sozinho, até ser capaz de interromper o processo apenas com o pensamento ou usando algum lembrete silencioso como apertar o próprio pulso ou dar um tapinha na sua testa (algo que chame menos a atenção para você quando estiver em público).

Se você descobrir que a sua frustração cresce com repetidos pensamentos e imagens desagradáveis, faça algum tipo de afirmação zangada como uma forma de lutar contra o diálogo interior negativo. Por exemplo:

- "Pare de se culpar e de catastrofizar!"
- "Este lixo negativo não está ajudando em nada!"
- "Estas mensagens velhas são equivocadas e injustas!"
- "Basta é basta!"

Siga criando as suas próprias afirmações para refutar o diálogo negativo. Você pode ser tão versátil quanto necessário. Lembre-se apenas de que você está refutando as mensagens antigas e negativas e não falando consigo mesmo de um jeito punitivo. Escreva isso no seu diário ou num pedaço de papel (e guarde-o com as suas outras listas).

Depois de ter interrompido os seus pensamentos indesejados, você estará pronto para inserir o diálogo interior mais positivo. Você pode também, a esta altura, inserir cenas agradáveis, incluindo as suas imagens favoritas e mais relaxantes. Quanto mais vívida você puder tornar a sua imagem, lembrando das vistas, sons, cheiros e sabores, mais capaz você será de romper a espiral do pensamento negativo. Se os pensamentos negativos voltarem depois de trinta segundos, continue se dizendo "Pare!", contra-atacando o pensamento negativo e substituindo-o pela mesma cena agradável ou por outra. Você deve praticar algumas cenas agradáveis em outros momentos de maneira a estar mais preparado para usá-las rapidamente quando for necessário interromper o pensamento negativo.

Reserve um momento para descrever para si mesmo uma cena que o faz se sentir relaxado e confortável. Assegure-se de que está incluindo a localização e todos os aspectos sensoriais do lugar, como vistas, cheiros, sensações e sons. As praias são cenas relaxantes comuns para muitas pessoas. Se for o seu caso, imagine a sensação da areia quente, o som da maré, o cheiro do ar do oceano e talvez até o sabor do sal enquanto você nada ou flutua na água. Escreva a sua própria cena relaxante em seu diário ou num pedaço de papel.

Discutiremos o uso das imagens e a visualização para a construção da auto-estima detalhadamente mais à frente, neste livro.

A esta altura, também pode ser de grande ajuda rever o registro de pensamentos diários do capítulo 1 e adicionar a ele duas outras colunas do lado direito. Depois da coluna "Sensações", faça uma coluna com o cabeçalho "Contra-ataque". Nessa coluna você vai registrar um modo adaptado, alternativo, de pensar que vai ajudá-lo a reduzir os sentimentos negativos. Para ajudá-lo na construção de sua coluna, faça a si mesmo as perguntas a seguir, adaptadas do livro *Cognitive therapy: basics and beyond*, de Judith Beck (1995):

1. Que provas eu tenho de que esse pensamento é verdadeiro ou de que realmente se concretizará?
2. Existem outras maneiras de pensar a respeito dessa situação ou de explicá-la?
3. Qual é a melhor e qual é a pior coisa que poderia acontecer nessa situação? Sobreviverei a ela? Qual é o resultado mais realisticamente provável?
4. Como a mudança de pensamento poderia afetar essa situação ou a minha reação?
5. O que eu deveria fazer a respeito dessa situação que me ajudaria a lidar com ela?
6. Se o meu amigo estivesse nessa situação e tivesse esse pensamento, que conselho eu daria a ele?

Depois de ter criado um argumento para contra-atacar o pensamento não apropriado ou irracional, faça um outro cabeçalho ao lado direito e chame essa coluna de "Resultados". Nela você registrará o efeito que a mudança dos seus pensamentos tem sobre os seus sentimentos e o seu comportamento. Tome esse registro diário de pensamentos revisados como exemplo.

Responder a mensagens externas

Se você se pegar respondendo emocionalmente às afirmações públicas feitas por pessoas da mídia, como políticos e figuras religiosas, tire alguns minutos para fazer o seguinte:

Considere a fonte: Essa pessoa tem posições radicais? Ela é porta-voz de uma organização maior? Ela está falando com base nos seus próprios preconceitos em vez de como um verdadeiro representante das visões de todos os membros de sua organização total?

Registro diário de pensamentos revisados

Hora Data	Acontecimento	Pensamentos automáticos	Sensações	Contra-ataque	Resultados
18h02 2ª feira 15/7	papelaria fechada	1) "E se eu for despedido?"	Medo, ansiedade.	Este é um erro que qualquer um poderia cometer. Encontrarei uma loja que fique aberta até mais tarde ou irei a uma amanhã cedo.	Menos ansiedade.
		2) "Eu sou tão incompetente!"	Desespero, tristeza.	Isso não tem nada a ver com a minha competência. Eu não tinha como controlar o tráfego.	Menos triste e com pensamentos mais razoáveis.

Considere qual poderia ser a motivação pessoal desse indivíduo para fazer tal afirmação. O que ela tem a ganhar, pessoal ou politicamente, fazendo tal declaração? Caso a pessoa esteja falando a partir de um ponto de vista pessoal, ela teve uma interação negativa com um gay ou uma lésbica no passado? Ela está lutando com a sua própria identidade sexual e, portanto, sente-se ameaçada pelos gays e lésbicas assumidos? Ela está respondendo a estereótipos sociais e a desinformação? Essa pessoa foi paga pela mídia ou por sua organização para fazer declarações falsas e inflamadas? Caso a pessoa represente as visões de uma organização mais ampla, seria essa uma maneira de dividir ou de unir os políticos? Essa é uma declaração "bomba", calculada com o intuito de estimular a captação de fundos de campanha?

Pergunte a si mesmo se as afirmações que ela está fazendo são distorcidas. As afirmações desse indivíduo tornam o que diz verdadeiro somente pelo fato de ele dizê-lo? Essa pessoa poderia estar usando dados não comprovados e não científicos? Esta pessoa está manipulando ou interpretando de maneira errada os resultados de um estudo legítimo? Essa pessoa é egocêntrica e não contextual na sua interpretação da Bíblia, Torá, Corão ou outros escritos religiosos?

Descubra se a mídia omitiu a posição de pessoas com nível semelhante de autoridade que têm visões diferentes mas moderadas ou saudáveis a respeito de gays e lésbicas. Os produtores do programa procuraram uma pessoa pública que faria observações inflamadas para ganhar audiência? Eles estabeleceram o tom da discussão de acordo com o conflito entre dois pontos de vista em vez de oferecer uma amplitude de perspectivas? Você está se deixando ser manipulado pela mídia para que ela fature em cima disso?

Essas são questões que podem ser de grande ajuda para reduzir a intensidade dos seus sentimentos. Espero que você acabe enxergando que as opiniões ou afirmações de uma pessoa que fala de maneira negativa a respeito de gays e lésbicas são distorcidas, da mesma maneira como ocorre, às vezes, com o seu pensamento. Você pode descobrir que o simples fato de ouvir em voz alta as afirmações negativas que aprendeu a se dizer é suficiente para desencadear a espiral negativa de pensamentos autopunitivos. Seria bom então que você desse início ao processo de contenção dos pensamentos negativos que estão o assolando e começasse a substituí-los por outros mais saudáveis.

Acredito, contudo, que, num nível mais amplo, construir uma auto-estima internamente significa também por vezes tomar uma atitude externa. O ativismo social pode assumir várias formas diferentes, incluindo a participação em protestos, escrever cartas para o seu representante no Congresso, o editor do jornal local ou os produtores de um programa de tv sensacionalista ou até mesmo recusar-se a fazer negócios com empresas que discriminam gays e lésbicas. Outras formas de ação social incluem ajudar os amigos e a família a compreender as questões gays e lésbicas de uma maneira mais ampla, marchar numa parada de orgulho gay, reclamar com sua operadora de tv sobre a programação que o ofende e fazer negócios com empresas de gays, lésbicas ou de simpatizantes. Existem muitos níveis de ação nos quais a maioria das pessoas se sente à vontade, independentemente do quão corajosa ou tímida sejam. Todos podem desligar a televisão ou mudar o canal quando um ponto de vista fanático ou intolerante está sendo veiculado e todos podem aprender a desligar os efeitos residuais por ter ouvido esse tipo de discussão.

Você não pode mudar o mundo do dia para a noite, mas pode ensinar a si mesmo a sentir-se menos impotente num mundo complexo e, por vezes, aterrador. Ao mudar a sua maneira de pensar e de agir para transformar o mundo quando é possível, você descobrirá uma grande sensação de poder pessoal e uma maior auto-estima.

11
Auto-acolhimento e perdão

> *"Calma, Lucille, calma", disse esta Lucille aqui. Tentei lembrar-me das palavras que minha mãe usava quando eu estava doente. Precisava de uma palavra apaziguadora para confortar a mim mesma. Quem mais o faria?*
> Alan Gurganus, *Oldest living confederate widow tells all*

Embora mudar o seu diálogo interior negativo seja crucial para aumentar a sua auto-estima, isso é só o começo do processo para melhorar a imagem que você tem de si mesmo. Mais importante é trabalhar na mudança das crenças essenciais que você tem a respeito de si, aquelas crenças que estão tão profundamente arraigadas que chega a ser difícil para você reconhecer que são distorcidas.

Mudar as suas crenças essenciais requer uma mudança de atitude na sua relação consigo mesmo. Você não pode mais continuar a se tratar com menos respeito do que trataria um estranho. Você vai ter de olhar honestamente para quem você realmente é em vez daquilo que as outras pessoas gostariam que você fosse ou querem que você seja. Olhar honestamente para dentro de si mesmo pode ser desconfortável, especialmente se você carrega emoções que preferiria não sentir. Você é capaz de descobrir que não tem os sentimentos que esperava, o que também pode ser desconfortável.

A chave para tratar a si mesmo com respeito é compreender quem você realmente é e sentir algum tipo de compaixão, afeição e finalmente amor incondicional por si mesmo. Isso significa descobrir o que você realmente sente e o que você honestamente pensa a respeito das coisas, em vez de tentar sentir e pensar a respeito das coisas da maneira que os outros esperam que você o faça. Significa também descobrir do que você gosta e do que você não gosta, sem ser julgado.

Esse processo pode ser longo. Aprender a superar anos de treinamento para suprimir e reprimir os seus verdadeiros sentimentos a respeito de sexualidade e os seus desejos mais amplos necessitará de tempo e paciência. Talvez você nunca consiga apagar todos os traços das crenças essenciais que aprendeu quando criança. O melhor que você será capaz de fazer será desperdiçar menos tempo suprimindo os seus sentimentos e julgando severamente os seus pensamentos e sentimentos e se dedicar mais a ter maior compaixão por si mesmo, como você faria com a maioria dos seres humanos. Esse é um objetivo de vida de grande valor. Se você passar mais tempo sendo gentil consigo mesmo, provavelmente se sentirá menos irado e será menos crítico em relação aos outros – um benefício para o mundo como um todo.

Entre os pontos-chave do auto-acolhimento estão: aprender a revisar as antigas crenças essenciais, aprender a ouvir e a validar as suas sensações, reconstruir uma imagem mais equilibrada de si mesmo incluindo os aspectos positivos e negativos em vez de apenas os negativos, proteger-se do mal ou do abuso construindo limites saudáveis e pedir o que você quer e precisa de maneira apropriada.

Mudando as suas crenças essenciais e condicionais

Como mencionei no capítulo 1, construir a sua auto-estima é algo mais profundo do que apenas mudar hábitos de raciocínio disfuncionais ou distorcidos. Sob os pensamentos automáticos que você aprendeu a reconhecer, avaliar e mudar estão as crenças condicionais (ou regras segundo as quais você vive) e, subliminarmente a essas, encontram-se, nos níveis mais profundos, as crenças essenciais – aquelas que parecem absolutas e talvez imutáveis. Para alcançar esses sentimentos mais profundos a respeito do seu próprio valor, você pode aplicar técnicas semelhantes às mencionadas no capítulo anterior.

Com um pouco de prática, você vai começar a ouvir os temas comuns presentes sob os pensamentos automáticos específicos de cada situação. Por exemplo, uma crença essencial comum a muitas lésbicas e gays com baixa auto-estima é a de que "os gays e as lésbicas são moralmente inferiores aos heteros". Essa crença é reforçada de várias maneiras por algumas religiões, a cultura geral e algumas famílias, como exploramos na primeira metade deste livro. Você não terá crenças específicas somente a respeito de ser gay ou lésbica, ou a respeito do comportamento sexual de uma maneira geral, mas terá também crenças essenciais a respeito do seu valor como ser humano, além das crenças negativas da sociedade a respeito da homossexualidade. Algumas dessas crenças essenciais podem fazer com que você se sinta "uma pessoa má, não merecedora de amor ou que será sempre rejeitada".

Note que eu disse que essas crenças podem fazer você se sentir mau ou como se não merecesse ser amado. Intelectualmente você pode ser capaz de descartar essa crença como irracional, mas os sentimentos são mais difíceis de ser ignorados. Talvez seja útil reconhecer e articular primeiro as suas crenças essenciais e condicionais mais profundas para então revisá-las e transformá-las em crenças mais objetivas e realistas.

Os exemplos e exercícios a seguir podem ajudá-lo a se preparar cognitivamente para lidar com os seus pensamentos e sentimentos quando você reconhecer uma crença essencial direcionando os seus pensamentos e comportamentos.

Tente escrever algumas das suas próprias crenças essenciais no seu diário ou num pedaço de papel e depois anote outras revisadas e mais saudáveis. A mesma estratégia será útil também para mudar as crenças condicionais ou as regras segundo as quais você vive, que podem ser extremas, irracionais ou mal adaptadas.

Tente listar algumas das regras segundo as quais você vive no seu diário ou num pedaço de papel e reescreva-as para torná-las menos extremas. Faça uma coluna do lado esquerdo que você chamará de antigas regras e uma coluna do lado direito que você chamará de novas regras. Para cada regra antiga à esquerda, escreva uma regra nova e mais razoável à direita.

Antigas crenças essenciais	Crenças essenciais revisadas
Sou inferior aos outros porque sou gay.	Gays são seres humanos e portanto iguais a todos.
Tenho de ser sempre perfeito para ser aceito.	Ninguém é perfeito.
Eu sou má/pecadora porque sou lésbica.	A orientação sexual não é uma questão moral. As relações sexuais mutuamente consensuais e emocionais entre adultos são meu direito e minha escolha.
Eu não mereço amor / alegria / paz.	Todos os seres humanos têm valor, mesmo que nós não entendamos as suas particularidades
Eu sou estúpido.	Eu fui suficientemente inteligente para sobreviver, aprender e mudar.
Eu não tenho saída.	Eu não sou uma pessoa sem saída. Sou um adulto com um cérebro, amigos que me apóiam etc.

Antiga regra	Nova regra
Eu tenho de estar sempre magro/atlético/ numa dieta restrita.	Eu tentarei me manter saudável e em forma, mas ganhar alguns quilinhos de vez em quando é normal.
As pessoas com as quais eu me relaciono e que me desapontam devem ser evitadas.	Cometer erros é totalmente humano. Eu direi à pessoa como me sinto e tratarei do conflito.

Mais uma vez, mudar o seu diálogo interior e avaliar e rever as crenças essenciais e as regras segundo as quais você vive são as etapas iniciais na transformação da sua auto-estima de uma maneira geral. Descobri, contudo, que mesmo quando os meus pacientes seguem os exercícios de maneira precisa e experimentam uma significativa redução da ansiedade, insegurança, ira e desespero, isso não significa necessariamente que eles passam a sentir mais felicidade, paz, alegria e satisfação em suas vidas. Além de combater os pensamentos disfuncionais, você tem de desenvolver uma conexão emocional consigo mesmo e trabalhar em busca de uma relação mais acolhedora.

Em termos ideais, você teria sido criado para acreditar que tem valor desde o momento em que nasceu, simplesmente pelo fato de existir. Este, contudo, pode não ter sido o caso. Seus pais podem não ter lhe ensinado que, no momento em que veio ao mundo, você o modificou de uma maneira irreversível. Sua presença modificou todas as decisões e escolhas que os seus pais e outras pessoas que cuidavam de você fizeram. É importante que você se lembre disso. Grandes sistemas espirituais e religiosos desenvolveram-se a partir de uma necessidade que nós temos de compreender o nosso lugar no universo, o nosso significado e o nosso propósito na Terra. O próximo capítulo destina-se a ajudá-lo a acessar fontes internas e externas que o auxiliem a encontrar as suas próprias respostas a essas perguntas. A busca e as respostas de cada pessoa são únicas. Compreender que você tem um lugar neste mundo e que a sua própria existência é uma prova de um valor e de um propósito maior é a chave para desenvolver uma relação mais acolhedora consigo mesmo.

Auto-acolhimento: para além do cognitivo

Imagine que lidar com o seu diálogo interior é como viver num quartel com um alto-falante berrando insultos pessoais durante o dia todo cada vez que você comete um erro: "Você é um idiota!", "Você nunca vai ser bem sucedido!", "Você não tem valor!", "Você tem de se esforçar mais para compensar as suas deficiências!" e assim por diante. Imagine a ansiedade, a irritabilidade e finalmente o desespero que você sentiria se nunca ouvisse uma palavra de encorajamento. Você acabaria por aprender a não esperar nada de si mesmo e a se ver como alguém inferior e sem valor. Você provavelmente também começaria a achar que não é capaz de tomar decisões importantes sem ser guiado. Você poderia se tornar passivo, tentando evitar erros que gerariam mais abuso verbal.

Considere a qualidade geral do seu diálogo interior e as suas respostas emocionais a ele. O conteúdo do seu diálogo interior é algo que você diria a uma outra pessoa? Na maioria dos casos em que o diálogo interior é predominantemente negativo, as pessoas quase nunca diriam a uma outra pessoa aquilo que dizem a si mesmas. Por exemplo, você poderia se dizer: "Você merece uma punição por ser tão indolente", numa tentativa de motivar-se para fazer alguma coisa para a qual não está muito disposto. A maioria das pessoas, contudo, hesitaria bastante em dizer essas mesmas palavras a um estranho, devido a um senso de respeito e de adequação. Você escolheria motivar alguém de uma maneira diferente, por exemplo: "Eu sei que você deve estar cansado de fazer este trabalho, mas só falta uma hora e eu sei que você vai conseguir dar conta".

A segunda afirmação é obviamente menos punitiva e mais encorajadora. Imagine agora que você mora num quartel em que existe um alto-falante que emite palavras de encorajamento quando você comete um erro ou está cansado: "Tudo bem, todo mundo comete erros! Você vai acabar conseguindo", "Continue tentando, eu sei que você vai acabar descobrindo um jeito". A voz também poderia fazer comentários a respeito das coisas que você tivesse realizado a contento: "Isso foi ótimo! Mantenha o bom trabalho!", "Você é um funcionário modelo!".

A tarefa não é, obviamente, passar de uma atitude negativa para uma encorajadora. É preciso que a determinada altura você se faça a seguinte pergunta: "Eu mereço compaixão?" A resposta certa é: "Sim". Todos merecem compaixão. Não importa quem você seja, a cor da sua pele, o dinheiro que você tenha, a religião que você siga, o seu comportamento passado ou o gênero da pessoa que você ame. É somente por meio da compaixão que as pessoas podem criar confiança suficiente para fazer mudanças. Culpar um viciado, condenar um criminoso, julgar o valor de outra pessoa, tudo isso recai no campo punitivo. Alguns dizem: "Como eu posso sentir compaixão por um assassino ou um molestador de crianças? Eles não merecem ser punidos? Eles não são maus?" Todas essas são questões muito boas com uma resposta bem simples: todas as pessoas têm valor e merecem compaixão, determinados comportamento é que são inaceitáveis.

Essa é uma distinção importante. Todas as pessoas têm algum valor, mesmo um assassino ou um estuprador. No filme *Os últimos passos de um homem* (baseado nas experiências reais de Helen Prejean), Susan Sarandon faz o papel de uma freira que vai visitar um homem no corredor da morte, condenado por um assassinato horrendo. Ela está convencida de que o homem, interpretado por Sean Penn, merece o perdão e a redenção espiritual, mesmo que as famílias das vítimas dos assassino estejam feridas e iradas, desejando que ele morra rápida e dolorosamente. As famílias não acham que ele merece o perdão de Deus ou de qualquer outra pessoa e querem que a freira puna o prisioneiro, ainda que de maneira espiritual. A freira tem a capacidade de fazer uma distinção entre o valor do assassino como ser humano, que ela acredita lhe ser inerente, e o seu comportamento, que pode ser perdoado e transformado.

Alguns líderes notórios acreditam estar tendo compaixão quando traçam uma distinção semelhante entre ser gay ou lésbica e o ato de fazer sexo com uma outra pessoa. Você provavelmente já ouviu a frase: "Ame o pecador e odeie o pecado", usada por alguns líderes religiosos de direita. Essa distinção é um artifício que implica que, de alguma forma, a atividade sexual consensual entre adultos equivale a um assassinato ou a um estupro. Uma variação dessa afirmação feita mais recentemente por alguns extremistas políticos abranda um pouco essa retórica: "Ame o pecador, mas tenha em mente que os seus atos são uma doença (ou vício) que tem de ser tratada".

É importante que você entenda que esses paralelos entre um relacionamento sexual adulto e consensual e o ato de ferir outra pessoa ou ter um problema não são de forma alguma apropriados. Como já discutimos anteriormente, muitas figuras políticas e religiosas continuam a ver os gays e as lésbicas a partir de modelos completamente inválidos e ultrapassados, como o modelo da doença e o modelo moral. Você tem de dizer claramente a si mesmo: "Eu não sou mau por ser gay. Eu tenho valor". Essas palavras serão básicas para desenvolver a autocompaixão, o auto-encorajamento e a autoestima. Elas o ajudarão a combater as mensagens negativas que estão ao seu redor, na mídia, no trabalho e algumas vezes na sua família. É você quem deve escolher a quem amar, e não alguém que não é gay ou lésbica ou que tem as suas idéias próprias a respeito do que é certo e errado. Isso significa, por vezes, confrontar-se com os políticos no tocante às tentativas de privá-lo dos seus direitos civis. Num nível mais profundo, é importante compreender o seu direito ao amor, à aceitação e à liberdade. Segue uma lista com os princípios essenciais a serem usados como guia para desenvolver as suas próprias crenças essenciais.

- **Você não é responsável pela ignorância nem pelos erros de sua família.** Eles carregam pelo menos parte da responsabilidade de sua própria ignorância e julgamentos equivocados, ainda que não tenham a intenção de causar mal.
- **A sociedade é o problema, não a sua sexualidade.**
- **Existem muitos caminhos espirituais e sistemas religiosos, só que alguns deles são antigays e homofóbicos.** Existem vários outros sistemas de crenças que são positivos em relação aos gays e ninguém detém o monopólio de Deus, nem da espiritualidade.
- **Você merece (e é digno) de amor, aceitação e respeito, por ser exatamente como é.** Seus sentimentos e opiniões são válidos e merecem uma chance de serem considerados, independentemente da vontade dos outros.
- **Você é perfeito na sua imperfeição.** Ninguém é perfeito, de maneira que, quando você comete erros, está desfrutando de uma conexão comum a todos os seres humanos.
- **Você tem um valor inerente simplesmente pelo fato de ter nascido.** Seu valor não vem daquilo que você conquistou ou da pessoa a quem você agrada. Você tem um lugar no mundo por uma determinada razão, mesmo que você não saiba exatamente qual.
- **Você pode se permitir libertar-se do passado.** Você tem a capacidade de aderir a valores mais altos, como perdoar os outros, mesmo quando eles não procuram por isso. Perdoar a si mesmo por erros que você tenha cometido é essencial para o seu futuro crescimento.

Perdoando e seguindo em frente

Alguns de meus clientes trazem à tona o fato de que fizeram coisas em seu passado das quais se envergonham ou pelas quais se sentem culpados. Eles têm dificuldade de esquecer as mentiras para a família, o uso de álcool e outras drogas, perder a cabeça e assim por diante. Na nossa cultura, quando alguém opta por agir de maneira prejudicial aos outros, é comum esperar conseqüências negativas impostas pelas forças legais ou pelos tribunais. Existem também conseqüências naturais para comportamentos nocivos. Pessoas que abusam da bebida por longos períodos, por exemplo, podem desenvolver problemas de saúde. Entre as outras conseqüências naturais está também a culpa.

Se você se sente muito culpado e cheio de remorso por comportamentos passados, é hora de se arrepender e então se perdoar. Você provavelmente já pagou pelos comportamentos pelos quais se arrepende e eis o momento de começar uma nova relação consigo mesmo, de mais compaixão. Se você não acha que a sua dívida já está paga, considere meios construtivos de compensar a sua comunidade ou as pessoas que você magoou pelo caminho. Você pode tentar refazer antigas relações se as pessoas envolvidas estiverem dispostas. Você não precisa necessariamente pedir desculpas àqueles com os quais agiu de maneira negativa, por várias razões. Primeiro, essas pessoas podem não ser capazes ou não estar dispostas a aceitar as suas desculpas. Em segundo lugar, se não estiverem particularmente interessadas em refazer a relação, poderão se aproveitar para feri-lo ainda mais. Terceiro, se você acha que não é capaz de se controlar caso elas aproveitem a oportunidade para caçoar de você ou "provocá-lo", é melhor deixar essa interação para depois. Se não puder sanar as feridas de uma antiga relação pessoalmente, devido à falta de disponibilidade da outra pessoa ou por temer as suas próprias reações, você pode fazê-lo de maneira figurativa. Aqui estão algumas sugestões:

O ritual de escrever uma carta

Escreva uma carta para a pessoa ou pessoas que o magoaram ou a quem você magoou. Escreva-a na expectativa de não enviá-la para poder se expressar mais livremente. Explique como você percebe que as magoou e como elas podem tê-lo magoado. Peça a essa pessoa que perdoe o seu comportamento e diga que você fará o mesmo. Explique por que a pessoa é importante para você e por que você gostaria de refazer a relação. Permita-se entrar em contato com os sentimentos que vierem à tona, sejam eles ira, aflição ou medo, e coloque-os todos na carta. Quando tiver terminado, ponha a carta de lado por um dia ou dois para deixar os seus sentimentos se abrandarem. Escolha então um lugar e uma hora para destruir a carta e desfazer-se das questões e dos sentimentos a respeito dos quais você escreveu. Rasgue-a, queime-a em uma fogueira, permita-se deixar a questão inquietante de outrora descansar.

A técnica da cadeira vazia

Outra maneira comum de curar antigas feridas é usar a técnica da cadeira vazia. Essa é uma maneira simples, mas poderosa de estabelecer uma conversa entre você e alguém (ou até alguma coisa) quando o outro não está fisicamente presente. Algumas pessoas acham mais fácil ter esse tipo de conversa em frente a uma cadeira vazia, imaginando que a pessoa ou entidade com quem eles gostariam de falar está sentada lá. A vantagem desse método é que você pode imaginar a pessoa sob o seu controle total, forçada a ouvi-lo e a deixar que você termine os seus pensamentos.

Nesse cenário, você poderia explicar a essa pessoa, numa linguagem cotidiana, quais foram, no seu entender, os problemas entre vocês dois, como você ficou magoado e o que fez com que você perdesse a cabeça. Para ir mais além nesse diálogo, você poderia assumir o papel da pessoa com quem você está falando. O que essa pessoa poderia lhe responder? Lembre-se de que nesse exercício você tem o poder de fazer a pessoa responder apropriadamente e não de uma maneira defensiva ou irada, que o magoe. Essa é a sua oportunidade de ter o tipo de diálogo que você sempre quis ter com essa pessoa que o magoou ou a quem você magoou. Se você estiver tentando abandonar o seu próprio comportamento agressivo, é a sua chance de pedir perdão. E se você tiver sido magoado pela pessoa, é a chance de dar a volta por cima e fazer as pazes.

Caso você descubra que não é capaz de perdoar a outra pessoa, especialmente se ela não estiver dialogando com você, é possível que precise de mais tempo para se curar. É especialmente importante que você aprenda como se acolher, de maneira a criar uma condição que encoraje a sua cura.

A técnica da cadeira vazia foi usada de outras maneiras que podem ser muito úteis no seu dia-a-dia. Você pode, por exemplo, praticar conversas que poderia ter com alguém que participa da sua vida atual. Você também pode usar essa técnica para dialogar com partes de você mesmo que parecem ansiosas, temerosas ou confusas. Discutirei esse tipo de diálogo interior um pouco mais adiante neste mesmo capítulo.

Caso você escolha tentar fazer as pazes com a família ou com os amigos e se sinta psicologicamente pronto, aqui vão algumas diretrizes:

- **Assegure-se de que estará a salvo dos sentimentos da outra pessoa, bem como dos seus próprios.** Escolha um lugar público ou leve alguém com você, caso esteja realmente com medo da resposta da outra pessoa. A sua segurança é soberana.
- **Não se desculpe por ser gay ou lésbica.** Desculpe-se somente pelos seus comportamentos que foram desnecessariamente nocivos.
- **Não espere que lhe peçam desculpas.** Algumas vezes essas mesmas pessoas podem, apesar de tê-lo magoado, não estar prontas para admitir a sua própria responsabilidade.
- **Esteja preparado para ir embora caso as antigas tensões comecem a se armar.** Você tem de se manter sob controle, preparado para proteger-se, indo embora.
- **Compreenda que, dando o primeiro passo, você já fez uma reparação, independentemente do resultado.** Perdoe a si mesmo.

O que é e o que não é se acolher

Agora que você está pronto para fazer mudanças verdadeiras na sua maneira de tratar a si mesmo, vamos refletir um momento a respeito do que é exatamente se acolher. Algumas pessoas acreditam estar fazendo um grande acolhimento quando se permitem, vez ou outra, um doce ou uma massagem. Embora esse tipo de comportamento possa ser parte do aprendizado do auto-acolhimento, simplesmente fazer coisas agradáveis não constitui uma atitude acolhedora. Acolher algo significa alimentar, fornecer nutrientes, encorajar o crescimento de um organismo atendendo às suas necessidades. Acolher-se significa providenciar um ambiente que encoraje a sua saúde e o seu crescimento físico, emocional, cognitivo e espiritual. Comer um doce a mais de vez em quando é fisicamente recompensador, especialmente em termos de sabor, visual e cheiro de algo como um sundae com calda quente ou uma torta de morangos. Infelizmente, porém, comer uma sobremesa extra regularmente como forma de auto-recompensa pode ser prejudicial em longo prazo, à medida que você for ganhando peso, vendo o seu colesterol subir e até aprendendo a substituir a intimidade emocional por açúcar.

Acolher-se, portanto, não significa somente recompensar-se por um trabalho bem feito ou por uma tarefa cumprida a tempo. Também não é se recompensar com gratificações imediatas como doces, álcool, drogas, entre outras. Acolher-se é fazer a coisa certa para si no sentido mais amplo ou, segundo Albert Ellis, um dos fundadores da terapia cognitiva comportamental, um hedonismo em longo prazo. Um hedonista em curto prazo é alguém que vive para o momento, agarrando cada naco de prazer a seu alcance. Diz Ellis, contudo, que uma gratificação excessivamente imediata pode gerar problemas posteriores que tornem a vida ainda mais miserável. Acredita ele que é muito melhor para você mesmo considerar as conseqüências em longo prazo de uma gratificação imediata e tentar cuidar do seu corpo, mente e espírito, de maneira a mantê-lo bem por mais tempo. Pense a respeito da atitude que você poderia adotar se estivesse cuidando de uma criança. Você ofereceria balas para a criança comer todo dia? Ou ensinaria a ela como seguir uma dieta balanceada e fazer escolhas saudáveis?

Pense a respeito das suas prioridades. O que é a coisa mais importante da sua vida? Dê uma olhada na lista a seguir e eleja os itens, dando-lhes notas de 1 a 10 (sendo o 1 o mais importante e 10, o menos). Adicionei duas categorias de "outros" para quaisquer questões que possa ter omitido e que sejam importantes para você. Tome um minuto do seu tempo e avalie, *grosso modo*, que porcentagem de tempo você gasta por semana em cada um deles (o total deve ser 100%).

Prioridade	Posição	% de tempo
Trabalho/carreira/ dinheiro (tempo gasto trabalhando, pensando a respeito do trabalho, pagando contas etc.)		
Casa (limpeza, reforma, jardinagem etc.)		
Cuidar de outras pessoas		
Espiritualidade (meditação, reza, religião)		
Saúde (exercício, médico, dentista)		
Sexo		
Educação/crescimento (não relacionados a trabalho)		
Estabelecer relacionamentos (parceiros, amigos, família)		
Lazer (tv, cinema, recreação)		
Outros		
Outros		

Ao olhar para essa lista, você percebe discrepâncias entre a quantidade de tempo que gasta fazendo alguma coisa e a sua posição na lista? Muitas pessoas descobrem que a relação entre aquilo que elas gostariam de estar enfatizando em suas vidas e o que estão realmente fazendo é desproporcional. Pessoas com uma auto-estima baixa freqüentemente colocam as necessidades dos outros na frente das suas, achando que não merecem uma atenção especial ou que têm de se tornar de alguma maneira indispensáveis aos outros para ter valor.

Construir uma auto-estima envolverá tentar redistribuir a sua energia de maneira a colocar as suas necessidades pessoais no ponto mais alto da sua lista de prioridades. Você é a melhor pessoa para ouvir o que precisa emocional, física e espiritualmente, para então se tornar a pessoa que melhor cuida de você. Imagine o quanto a sua vida se tornará mais prazerosa se você se sentir cuidado, reconhecido e acolhido. Comece a se colocar no ponto mais alto da sua lista de prioridades e passe mais tempo em atividades que tenham o propósito de cuidar de si mesmo. Caso seja necessário, adicione outra coluna e refaça a sua pontuação ou porcentagem para refletir a respeito de seus objetivos em longo prazo.

Aprendendo a se acolher

Vamos agora ser mais específicos a respeito de como viver o seu dia-a-dia de maneira mais auto-acolhedora. Você está começando a desenvolver uma atitude para consigo mesmo que encoraja em vez de desmotivar, que perdoa em vez de condenar e que respeita em vez de censurar. Você aprendeu estratégias para mudar a sua atitude e monitorar os seus pensamentos e sentimentos. Que tal colocar estas estratégias em prática no seu dia-a-dia?

Nesta seção, farei algumas sugestões específicas para você viver uma vida mais auto-acolhedora a partir de três perspectivas: cognitiva, emocional e comportamental.

Linhas-mestras cognitivas para o dia a dia

Uma vez que você tenha aprendido a dominar as técnicas do capítulo 10 e possa mais facilmente reconhecer seus pensamentos negativos, distorcidos ou nocivos, seus objetivos cognitivos da vida diária são simples.

Quando você se perceber sentindo-se inseguro, triste, irado

ou confuso, vasculhe os seus pensamentos à procura de um diálogo interior que seja desencorajador, ameaçador ou irracional.

Avalie o seu diálogo interior em termos de correção ou utilidade e comece a usar pensamentos que questionem esse tipo de raciocínio. Por exemplo: "Onde está a prova de que esse pensamento realmente vai se concretizar?"

Se você descobrir que os pensamentos negativos estão se repetindo, criando uma espiral negativa, use as técnicas para conter o pensamento seguidas de imagens prazerosas.

Pense que crenças essenciais estão sendo ativadas pela situação e se, a crença for negativa, tente responder a ela com uma crença essencial revisada e mais correta. Por exemplo: "Eu sou um adulto responsável" em resposta a "Eu sou uma criança irresponsável". (Você pode fazer isso mais tarde quando tiver tempo para uma pausa, caso esteja tentando finalizar uma tarefa).

Ao questionar um pensamento negativo, lembre-se de que você é o seu melhor guardião ou o pai ou a mãe que sempre quis ter. A sua nova voz (ou diálogo interior) é respeitosa, sábia e compreensiva, tem uma paciência infinita e acredita no seu valor absoluto para o mundo.

Acolhimento emocional

Muitas lésbicas e gays passaram anos ouvindo o que podiam e o que não podiam sentir e como deviam desconsiderar os próprios sentimentos tidos como inaceitáveis. Os homens aprendem que não podem ser emocionalmente sensíveis e verdadeiramente masculinos ao mesmo tempo, enquanto às mulheres ensina-se que expor demais as emoções as torna fracas e frágeis. Anos e anos desse tipo de mensagens tendem a fazer com que um processo muito simples pareça bastante complicado. Não me surpreendo mais quando recebo pacientes confusos a respeito de seus sentimentos, convencidos de que não são capazes de lidar com eles e emocionalmente alienados de si mesmos.

Para acolher-se emocionalmente, você precisa aprender a abrir caminho por entre essas mensagens negativas e distorcidas a respeito das emoções. Os sentimentos são uma parte natural de todos os seres humanos. Eles existem com um propósito – guiá-lo no seu dia-a-dia. Eles são uma espécie de reflexo em reação às suas percepções e você não tem o poder de selecioná-los. Você não precisa se dizer para ficar amedrontado quando ouve um barulho estranho tarde da noite que o desperta do seu sono. Seu cérebro capta uma sensação dos seus ouvidos e usa os dados disponíveis (escuridão, o fato de que não deveria haver mais ninguém em casa) e as suas emoções respondem imediatamente de maneira apropriada com a sensação de medo. O medo o motiva a levantar-se rapidamente (e em silêncio) e checar os arredores. Seria estranho acordar, perceber o perigo e então se sentir triste. Quando a sua percepção de um acontecimento for distorcida, a resposta será apropriada à percepção baseada, porém, em dados incorretos. Quando você aprender a corrigir a percepção que tem de si mesmo ou a interpretação de um acontecimento, a emoção que vier a seguir refletirá mais acusadamente a situação em que você se encontra.

Mais da metade do que faço com os meus clientes é ensiná-los a avaliar as suas percepções e então confiar nas sensações que se seguem. Quando criança gay ou lésbica, você aprendeu de várias fontes que os seus sentimentos e atrações não eram apropriados ou eram simplesmente errados. Você cresceu sem saber exatamente quando confiar em certos sentimentos. Essa falta de autoconfiança se traduz em insegurança, afetando a auto-estima.

Aprender a confiar nos seus sentimentos leva tempo. Cada sentimento é um sinal ou uma forma de comunicação para a sua parte pensante. O medo, baseado numa percepção correta, o instrui a ficar alerta e a se proteger. A ira é um sinal de que você está percebendo algum tipo de dano, desdém ou desconsideração e sugere que você deve procurar esclarecer o que percebeu e consertar o que está errado. A aflição que se segue a alguns tipos de perda permite que você tente entender que as coisas serão diferentes e que você tem de se ajustar.

Caso você tenha aprendido a não confiar emocionalmente em si mesmo, existe uma grande probabilidade de ter dificuldades para se permitir entrar em contato com sentimentos mais positivos como a alegria, o contentamento, a excitação e a calma. Caso tenha momentos fugazes de alegria, é possível que se pegue convencendo-se através do seu diálogo interior a desistir deles, como se estivesse esperando desiludir-se a qualquer hora. O acolhimento envolve não somente fazer coisas para si mesmo que provoquem boas sensações, mas também abrir espaço para todos os seus sentimentos.

Existem várias maneiras de começar a se permitir entrar em contato com os sentimentos mais diretamente. Primeiro, se você está especialmente preocupado em como iniciar o processo ou está com medo dos seus sentimentos, seria bom considerar a hipótese de consultar um profissional especializado. Um bom psicoterapeuta pode ajudá-lo a processar os sentimentos de uma maneira saudável. Você pode precisar de algumas orientações a respeito de como processar sentimentos como ira e aflição, caso a sua família não tenha lidado bem com estes sentimentos. O capítulo 13 é todo dedicado a como encontrar um bom psicoterapeuta.

Se você estiver pronto para cuidar dos seus sentimentos, recomendo-lhe manter um diário dos seus sentimentos. O objetivo do diário não é necessariamente registrar os acontecimentos especiais, mas sim o que você sentiu em vários momentos do dia e o que sente enquanto escreve. Permita-se romper as barreiras, siga o rastro dos seus sonhos (e os sentimentos neles presentes) e observe os sentimentos pouco comuns que pareciam despontar do nada. Tente não julgar nem a si nem aos sentimentos, mas aceitá-los como são. Mais tarde você poderá voltar a eles e avaliar se os seus sentimentos ocorreram em reação a pensamentos distorcidos ou a uma interpretação equivocada da sua parte. Existem formas estruturadas de diário que podem lhe dar mais direção, mas se você não tiver dificuldade em anotar os seus sentimentos, uma cadernetinha basta. Uma de minhas clientes que havia passado anos suprimindo os seus sentimentos começou a fazer um diário há três anos e já chegou a doze volumes!

Outra maneira excelente de aprender a respeito dos seus sentimentos é tentar falar com alguém em quem você confia e com quem você pode dividi-los. Um parceiro poderia ser uma boa escolha. Um membro da família que o apóie ou um amigo também poderiam estar dispostos a ouvi-lo e lhe dar alguma validação. É importante que essa pessoa não o julgue e apóie os seus sentimentos. A pessoa pode lhe dar algum *feedback* das suas percepções que geraram determinados sentimentos quando você estiver pronto, mas ela não tem a permissão de julgar os sentimentos em si (o que você pode deixar bem claro desde o início).

Mais uma vez o objetivo de passar a conhecer melhor os seus sentimentos é usá-los como guias, como uma forma de intuição. Você pode pensar nos seus sentimentos como uma ferramenta que hesitou em usar no passado; mais ainda, que foi advertido para não usar. Agora você é um adulto que pode treinar o uso de seus sentimentos com confiança e orgulho. Você pode começar hoje mesmo, ao não se julgar quando tiver sentimentos, mas a prestar atenção a eles, honrando-os e usando-os para ajudá-lo a decidir o que fazer em determinadas situações.

Permitindo-se

Permitir-se sentir afeição por si mesmo quando você precisa soa como um conceito estranho para algumas pessoas, especialmente se elas sentem, num nível mais profundo, que não merecem afeto. A técnica da cadeira vazia, descrita anteriormente neste mesmo capítulo, poderia ser bastante útil. Se você está tendo dificuldade de acolher-se ou sentir compaixão por si mesmo, mas sabe que precisa disso, imagine que há uma criança de seis, sete anos sentada na cadeira vazia, sentindo-se como você está no momento – sozinha, assustada e confusa, por exemplo. Quais são os seus impulsos naturais? Você ficaria sentado e deixaria a criança chorar? Você lhe diria para calar a boca? Você certamente será capaz de encontrar alguma compaixão pela criança e tentará dizer-lhe algo confortante como: "Está tudo bem" ou "Eu vou protegê-lo".

Algumas pessoas treinam algum tipo de visualização na qual se imaginam pegando a criança no colo, abraçando-a ou confortando-a. No início, talvez seja preciso imaginar a criança como um vizinho ou até mesmo um estranho, porém à medida que for sendo capaz de sentir cada vez mais compaixão por si mesmo, você poderá imaginar a criança como a sua parte que precisava ser abraçada e amada incondicionalmente enquanto você crescia.

À medida que for cuidando de si, é importante que você passe a conhecer e valorizar as suas qualidades, potencialidades e esforços. Faça uma lista das coisas que você acha que são as suas melhores qualidades. Adicione a esta lista qualquer característica positiva pela qual você tenha sido reconhecido, quer seja por membros da sua família, amigos, chefes ou professores. A lista pode incluir desde inteligência, características pessoais (como gentileza, calma, confiabilidade, ternura, afetividade e assim por diante) a habilidades e talentos especiais (habilidade musical ou artística, ser capaz de deixar as pessoas à vontade ou de ouvir atentamente). Permita-se desfrutar de qualquer tipo de elogio que tenha recebido recentemente ou no passado e questione qualquer pensamento negativo ou diálogo interior que não lhe permitir sentir o *feedback* positivo. Se você teve, no passado, alguma dificuldade em reconhecer atributos positivos em si mesmo, tente construir uma auto-imagem atual mais equilibrada. Talvez você queira incluir as coisas de que gosta e as qualidades que gostaria de modificar. Registre a lista no seu diário ou num pedaço de papel. Eis as categorias que você deve incluir: Coisas nas quais eu sou bom, Características pessoais pelas quais fui elogiado, Habilidades/talentos pessoais, Conquistas das quais me orgulho, Provas de que as pessoas gostam de mim/me valorizam.

Atividades fáceis de auto-acolhimento

Além do trabalho emocional, existem também formas comportamentais de se auto-acolher. Descobrir atividades que lhe proporcionam prazer e que o recompensam depois de dar duro ou enfrentar uma adversidade fazem parte do que significa cuidar de si mesmo. Volta e meia me presenteio com uma massagem quando estou muito cansado ou com uma bela refeição depois de uma semana ocupada de lanches rápidos, mas nada saudáveis. Trate-se como se você fosse um amigo que merecesse ou precisasse ser mimado.

O que importa é descobrir uma série de coisas que o gratifiquem por um trabalho bem feito ou mesmo o ajudem quando você acorda irritadiço ou sozinho. Recompensas comportamentais podem incluir refeições especiais, doces, massagens e férias, mas também coisas que não custam dinheiro, como uma caminhada no parque, um tempo de intimidade com o parceiro ou um amigo próximo, brincar com um cachorro, tomar um banho quente, meditar ou rezar, tirar um tempo para relaxar e NÃO trabalhar num projeto ou numa tarefa profissional ou até ouvir a sua música favorita ou ler um bom livro. Tente não se apoiar demais em recompensas que possam ter outras conseqüências negativas em longo prazo, como muitos pedaços engordativos de torta ou uma quantidade excessiva de álcool. Se você só consegue pensar em algumas poucas maneiras de se recompensar, talvez tenha que fazer algumas investigações para descobrir novos modos de se tratar. Uma pessoa especialmente criativa que conheço foi até a maior loja de música de São Francisco para tentar descobrir mais a respeito de suas preferências musicais. Ela, de fato passou a tarde inteira nos numerosos pontos de escuta até encontrar uma música nova de que gostasse. Esse é o tipo de dever de casa que todos nós gostaríamos de fazer!

Protegendo-se

Quem acolhe, protege. Aprender a se proteger do dano é também um tipo de acolhimento. Estabelecer limites firmes dentro das relações é uma habilidade importante que você pode ter aprendido ou não quando criança. Se a sua auto-estima é baixa, é provável que os seus direitos não tenham sido sempre respeitados durante o seu crescimento. Em alguns casos, pais que têm uma auto-estima baixa freqüentemente não sabem o que vem a ser um limite saudável como eu descrevi no capítulo 2. Uma vez adulto, é importante que você aprenda a construir limites saudáveis para evitar se machucar desnecessariamente. Considere a ilustração na página seguinte, que representa uma pessoa com limites saudáveis.

O círculo interior do diagrama representa seu ponto mais vulnerável. Este é o lugar onde você pode compartilhar a sua intimidade com mais facilidade. Ao redor desse círculo existe uma grade resistente com apenas uma porta, um único caminho de entrada. Uma pessoa com limites fortes sabe como manter a porta fechada como forma de proteção contra intrusos, permitindo somente que o parceiro mais confiável ou as pessoas da própria família entrem. Os requisitos para a entrada no círculo mais interno são muito altos. Qualquer um que obtenha permissão para entrar nesse nível precisa ter dado a você provas suficientes de que não vai usar as informações que você lhe forneceu contra você. Uma segunda grade, um pouco maior, ao redor da primeira, tem algumas portas a mais. Os requisitos de entrada são menos rigorosos, mas as pessoas que conseguem entrar aqui provaram que têm interesse em se aproximar de você e que não têm a intenção de machucá-lo ou manipulá-lo. Finalmente, o maior círculo de todos representa a fronteira mais externa, com muitos portões. As pessoas que você conhece e acha interessantes, mas com quem tem uma história ainda curta, ou amigos com quem você só se sociabiliza em grupo normalmente entram aqui. Do lado de fora da grade maior estão os estranhos, as relações que o deixam

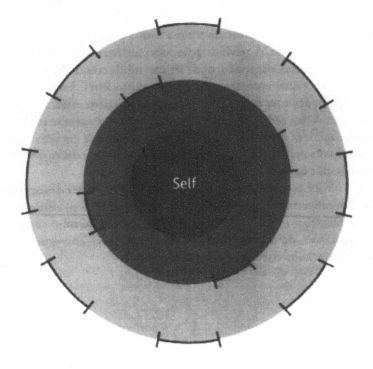

Figura 2. O self e as defesas saudáveis.

nervoso, as pessoas que você sabe que podem feri-lo. Se você construir as suas fronteiras de maneira eficiente terá algum controle sobre quem entra em cada um dos níveis externos e controle total sobre quem você escolhe para ser emocionalmente íntimo ou com quem ser vulnerável no nível mais interno. À medida que for aprendendo a se compreender e se apreciar mais, você descobrirá que fica mais fácil manter limites fortes sem trancar todas as portas para as pessoas saudáveis na sua vida, que podem aumentar o seu sentido de amor e de pertencer a um grupo.

Fazendo valer seus direitos

Uma das maneiras de proteger os seus limites é aprender a levantar a voz em sua defesa quando você sentir que alguém está tirando vantagem de você. Algumas vezes, em famílias com sistemas disfuncionais, a autoproteção toma a forma de atitudes agressivas ou passivas-agressivas. A reivindicação, uma alternativa apropriada para qualquer forma de agressão, pode ser aprendida como qualquer outra habilidade à qual você não tenha sido exposto antes. Entre as chaves para aprender a ter um comportamento afirmativo estão aprender a falar em defesa própria e conseguir o que você quer sem se sentir culpado, agir e se comunicar com a razão e não com a emoção e evitar alimentar ressentimentos que se transformem num diálogo interior reprovador quando os seus direitos forem violados.

Você pode escolher se dará continuidade ao seu diálogo interior negativo provavelmente desenvolvido durante a sua infância ou se começará a transformar a sua relação consigo mesmo, com mais compaixão e afeto. Espero que com este livro você enxergue as possibilidades com clareza e opte pela última.

12
Espiritualidade

Ama o próximo como a ti mesmo...
Levítico 19:18

Devido à enorme quantidade de dano que algumas facções das religiões institucionalizadas causaram aos gays e às lésbicas ao longo dos anos, não é de surpreender que muitos tenham afrouxado os seus laços com a religião e adotado uma atitude de suspeita para com as pessoas que fazem parte de uma instituição religiosa maior. Aqueles que se sentiram condenados, rechaçados ou que até sofreram abuso em nome de Deus e da religião podem se tornar céticos a respeito de grupos que alardeiam ser simpatizantes, tolerantes ou até centrados em torno dos gays. Mesmo que não tenha sido criado numa família religiosa, você provavelmente teve conhecimento das posições das principais instituições religiosas a respeito de sexo e da sexualidade devido à sua exposição à cultura mais ampla através de amigos, escola, mídia e outras atividades públicas. Devido à dolorosa associação que pode ter tido com a religião organizada, é possível que você tenha evitado ativamente a espiritualidade.

Você pode se perguntar: "Qual é a importância de uma vida espiritual? Tenho me saído muito bem sem!". Alguns de meus clientes expressaram a sua crença de que Deus não existia ou que eram agnósticos (alguém que acredita que a mente humana não pode saber se existe ou não um Deus). Para essas pessoas, até mesmo a palavra espiritualidade tem significados ou imagens a ela associados que lhes são desagradáveis. Alguns crêem que, ao usar a palavra "espiritualidade", devo estar obviamente me referindo a espíritos ou outras entidades divinas que moldam o nosso mundo, tais como anjos, ninfas da floresta, fadas ou o Espírito Santo. Ao usar o termo "espiritualidade", eu o faço de maneira a incluir as conceitualizações externas de Deus e as fontes internas do espírito humano. Baseado na minha experiência clínica e pessoal, parece-me que todos os seres humanos têm uma necessidade de compreender as questões mais amplas da vida. Essas questões incluem: "Onde eu me encaixo?", "Qual é a minha parte no mundo ou no universo?" e "Onde eu encontro um sentido para a vida?". Independentemente de você acreditar na existência de um Deus que é maior ou que existe fora de você, ou não acreditar que exista uma força maior do que os recursos que você tem dentro de si, eu uso o termo espiritual para descrever a busca de respostas a essas perguntas.

Muitas pessoas têm um sistema altamente pessoal, porém organizado, para atender às suas necessidades espirituais. Algumas pessoas acham que as religiões organizadas oferecem as melhores respostas para essas questões a respeito de sua existência ou de seu papel neste planeta. Elas encontram conforto e uma significativa redução da ansiedade (ou angústia) apoiando-se na sua fé em um conceito de Deus ou nos ensinamentos das organizações religiosas. Praticando os rituais da organização (como reza ou meditação diárias, cerimônias religiosas, leitura de textos religiosos), elas encontram paz e satisfação e uma relação mais próxima com o seu Deus e algumas respostas para os seu problemas do dia-a-dia.

Outros acham que as explicações oferecidas pelas doutrinas religiosas ou dogmas não parecem adequadas. Eles preferem usar a própria razão ou lógica, em vez da fé numa instituição religiosa, e alcançar a mesma paz. Essas pessoas aumentam a sua autoconfiança quando solucionam um problema por si sós. Alguns desenvolveram um alto grau de intuição como uma espécie de guia para navegar por entre as controvérsias e os dilemas diários. Descobri que a maioria das pessoas que se considera atéia tem uma alta noção a respeito do modo como o mundo se organiza e uma noção espiritual do seu próprio poder de modificar o ambiente e a si mesmas.

Constatei que muitos gays e lésbicas evitam ativamente reconhecer o seu lado espiritual ou supõem que a espiritualidade precisa estar conectada a uma religião organizada. Quem pode culpá-los quando muitas religiões foram, na melhor das hipóteses, silenciosas a respeito das questões homossexuais, e na pior delas, os condenaram e rejeitaram? Ser rejeitado por uma instituição religiosa é particularmente doloroso para aqueles que foram criados para acreditar que ela fala em nome de Deus. Se as instituições os rejeitam, eles se sentem rejeitados por Deus. Mesmo que muitos de vocês não tenham sido diretamente prejudicados, nem rejeitados por uma instituição ou pessoa religiosa, o medo ou a expectativa de ser rejeitado pode tê-los levado a rejeitar a religião e qualquer coisa remotamente associada a ela, inclusive a sua busca espiritual. Mas uma vida espiritual saudável, bem estruturada e ativa (no sentido mais amplo) pode ser uma grande fonte de paz, força e crescimento para enfrentar as lutas da vida. As suas visões de espiritualidade podem ser centrais às crenças essenciais a respeito do seu lugar no mundo e o seu senso supremo de auto-estima.

Um dos propósitos deste capítulo é fornecer algumas sugestões de como melhorar ou desenvolver a sua própria espiritualidade. A espiritualidade pode ser definida de várias maneiras. Ela não é a mesma para duas pessoas, da mesma forma como não existem duas impressões digitais idênticas. A minha intenção, portanto, não é lhe dizer como ser espiritualizado, mas ajudá-lo a abrir mais espaço para considerar essa questão na sua vida. A espiritualidade não significa que você tem de acreditar na existência de um Deus ou de deuses, ou em espíritos que vagam pela Terra. A espiritualidade neste capítulo pode ou não incluir um conceito de Deus ou um poder maior, mas certamente inclui desenvolver um sistema de crenças que o ajudem a sentir-se pertencente a um grupo, com direito a ser incluído e ter um papel importante a desempenhar no planeta. Uma vantagem óbvia de dar início a uma busca espiritual é a de que, à medida que ela se desenvolve, você se sente mais relaxado, seguro e preparado para os problemas da vida diária.

Criando tempo para ser espiritualizado

Um dos mais importantes aspectos do desenvolvimento do seu lado espiritual é o de criar tempo para ele na sua vida, da mesma forma como você cria tempo para escovar os dentes, pentear-se e vestir-se antes de ir para o trabalho, ou para se exercitar, correr ou tirar uma soneca. Pense nisso em termos de como construir uma vida saudável e equilibrada para si mesmo que inclua atender a todas as suas necessidades básicas. O diagrama a seguir mostra áreas de uma vida saudável que necessitam de sua atenção constante. Se você ignorar uma ou mais dessas áreas, sua vida poderá ficar desequilibrada.

Figura 3. Aspectos de uma vida equilibrada

À medida que for criando tempo para desenvolver a sua vida espiritual, você descobrirá que ela se torna cada vez mais importante e útil na sua vida. Mantenha em mente que desenvolver o seu lado espiritual é normalmente um processo para a vida inteira e que pode prosperar ou minguar com o passar do tempo. Se você achar difícil manter uma consistência na sua prática, não seja duro consigo mesmo nem desista! Tome fôlego e recomece de onde parou.

Se, no passado, foi ferido por pessoas religiosas ou por seus ensinamentos, seu lado espiritual pode estar ausente ou escasso. Ao compreender que a religião e a espiritualidade são duas coisas diferentes, que às vezes, mas nem sempre, se sobrepõem, você pode ser capaz de permitir a si mesmo se inclinar para essa necessidade humana sem medo e sem reativar o trauma que você é capaz de ter vivenciado. A chave é que você se mantenha no controle do processo e não se permita ser guiado por outros espiritualistas ou religiosos que têm como meta fazer com que você se adeque às suas crenças. Se você teve uma experiência particularmente traumática com a religião no passado, recomendo que, a princípio, evite se inserir num contexto religioso até sentir-se espiritualmente mais forte e poder resistir às pessoas que queiram que você se cure de idéias que não lhe parecem certas.

Alguns dos melhores conselhos espirituais que recebi vieram de um padre episcopal, depois de uma longa discussão a respeito de valores espirituais comuns e questões a respeito das quais nós divergíamos. Depois de uma conversa civilizada e respeitosa, ele me elogiou pela minha sinceridade e perspectiva e me encorajou a acrescentar alguns rituais à minha prática espiritual. Perguntei-lhe o que ele queria dizer com rituais, achando que ele estava se referindo a freqüentar a sua igreja, tomar parte na comunhão e assim por diante. Ele me disse que achava que para manter a consistência e o crescimento de um caminho espiritual era preciso praticar alguma forma de engajamento constante com o seu lado espiritual. Ele acreditava que, para as pessoas religiosas, o hábito de freqüentar reuniões semanais, participar de cerimônias padronizadas e lidar com questões espirituais regularmente como um grupo era útil na medida em que lhes proporcionava uma perspectiva a respeito da vida diária que os ajudava a lidar com os problemas da semana. Ele me encorajou a encontrar os meus próprios rituais e realizá-los com regularidade, como sentar tranqüilamente, caminhar no jardim ou praticar a respiração profunda, momento em que eu poderia lidar com questões maiores a respeito, por exemplo, de como eu me encaixo no universo como um todo.

Seu conselho foi notável por duas razões. Primeiro, ele aceitou o meu sistema de crenças como válido, ainda que, de algumas maneiras, diferisse do seu. Descobri mais tarde que ter uma rotina espiritual constante era muito útil para me manter centrado. De fato, as semanas que se seguiram à discussão foram excitantes à medida que eu explorava as possibilidades de minhas rotinas. Continuo a praticar alguns desses rituais pessoais até hoje e descubro que, mesmo ficando por vezes absorvido pelos meus vários projetos de trabalho num determinado período, consigo voltar à minha rotina com bastante facilidade. Aqui estão algumas sugestões para desenvolver os seus próprios rituais.

1. Separe um tempo constante a cada dia para permitir a si mesmo cuidar do seu sistema de crenças. Reservar algum tempo tranqüilo para uma reflexão assim que acordar pode ajudar a estabelecer um tom positivo e relaxado para o resto do dia. Cinco ou dez minutos para se acalmar no final do dia, antes de ir para a cama, recuar e ter uma perspectiva mais ampla da sua vida podem ajudá-lo a deixar de lado as preocupações menores do dia-a-dia e ter uma noite de sono melhor. O mais importante não é a duração inicial dessa prática – cinco minutos ou uma hora –, mas praticar a reflexão de maneira regular. Se você conseguir praticar todo dia no mesmo horário perceberá que começará a relaxar à medida que a hora do ritual se aproxima, em antecipação ao seu momento de tranqüilidade.

2. Escolha um lugar confortável para praticar o seu ritual diário. Encontre um lugar que seja tranqüilo, privado e livre de distrações. Dentro da casa você pode escolher uma cadeira favorita, quarto ou janela com uma vista. Fora dela, você poderia escolher um lugar no pátio, no jardim ou uma árvore predileta. Você pode ficar sentado quieto enquanto pratica o seu ritual ou caminhar, correr ou andar de bicicleta. Uma de minhas pacientes pratica enquanto caminha na esteira de manhã. Ela acha que a repetitividade da atividade a acalma e tranqüiliza.

3. Experimente várias maneiras de fortalecer os seus sentimentos de auto-aceitação e acolhimento. Algumas pessoas usam um ritual da tradição religiosa na qual foram criados que lhes é eficaz, como rezar. Alguns acham a repetição de uma reza formal relaxante e fortalecedora, enquanto outros preferem rezar como se estivessem tendo uma conversa com um Deus acolhedor, um poder maior, ou consigo mesmos. A meditação é bastante útil para se manter mais centrado e consciente dos valores que são mais importantes para você. A imaginação ou a visualização pode ser uma forma poderosa de ritual, usando somente imagens visuais ou sonoras de cura, acolhimento ou crescimento. Visualizar-se cumprindo ativamente uma determinada tarefa que causa apreensão, lidando bem com uma situação difícil ou seguindo o modelo de um líder espiritual respeitado, pode fortalecer a sua performance na vida real.

4. Se você acredita na existência de Deus ou de um poder maior, talvez precise trabalhar inicialmente para mudar essa ima-

gem, que pode ser a de um Deus irado e condenador, para um que ama incondicionalmente, perdoa e aceita. Alguns dos meus clientes gays e lésbicas vieram de *backgrounds* tão abusivos emocionalmente que ouviam constantemente "Deus o despreza" ou que estavam "condenados ao inferno" por sentirem atração por alguém do mesmo sexo. Essas mensagens tornaram-se uma cicatriz profundamente arraigada para muitos deles, fazendo-os achar que não mereciam acolhimento espiritual nem nenhum tipo de alegria. A técnica da cadeira vazia, como foi descrita no capítulo anterior, pode ser um exercício muito útil se você tiver sido exposto a esse tipo de mensagens. Você pode inicialmente pensar que Deus está sentado à sua frente. Como você se sente? Temeroso? Envergonhado? Irado? Esses sentimentos são fundamentais para compreender como são moldados os seus pensamentos a respeito do seu papel no mundo espiritual. Na seqüência, você pode visualizar a imagem de Deus tornando-se mais acessível, querendo ouvir os seus sentimentos e responder às suas questões. Dê à sua imagem as qualidades de um amor incondicional, um pai ou um avô ideal. Expresse qualquer sentimento que você possa ainda ter como resultado de vários anos de rejeição, como aflição, confusão ou mesmo raiva. A entidade que você imaginar é sábia o suficiente para aceitar os seus sentimentos sem julgá-los. Peça à imagem para dar início a uma nova relação com você, deixando para trás as antigas mensagens que lhe foram ensinadas. Continue com essa imagem pelo tempo que quiser, conduzindo-a numa direção positiva e inclusiva. Se você não acredita numa entidade divina, nem num poder maior, pode substituir essa conversa com Deus por uma consigo mesmo quando você se sentir sozinho, usando as suas crenças essenciais revisadas do capítulo 11 como guias para palavras que possam ser reconfortantes. Você pode imaginar a sua porção criança que está se sentindo comovida ou sozinha sentada na cadeira vazia e o você adulto tomando a criança nos braços para um abraço e conforto. Alguns dos meus clientes levaram esse exercício mais adiante na sua prática espiritual diária, chamando a imagem por eles desenvolvida para abraçá-los, acolhê-los ou apoiá-los cada vez que se sentiam sozinhos ou vulneráveis. Outros visualizam um adulto verdadeiro de sua infância que os aceitava incondicionalmente e os acolhia.

5. Não tenha medo de tentar outras formas criativas de reflexão espiritual, a fim de oferecer a si mesmo uma possibilidade de desligamento vez em quando. Alguns acham que planejar uma massagem ou uma viagem para o campo, praia ou rio ajuda a deixar preocupações irrelevantes de lado e focar a atenção naquilo que é realmente importante – as coisas ou pessoas positivas de suas vidas e as coisas pelas quais se deve ser grato. Algumas pessoas construíram altares em suas casas com fotos de pessoas amadas, velas, incenso e flores para ter um lugar especial para se abrir à reflexão interna e à prática espiritual. Alguns acham que podem aumentar a sua experiência ouvindo música ou fazendo alguma coisa artisticamente criativa, como tocar um instrumento, desenhar, pintar ou desenvolver habilidades que necessitem algum tipo de destreza.

6. Se você achar que precisa de mais orientação na sua busca espiritual (como descobri que precisava ao longo do caminho), pode ser útil conversar com uma pessoa religiosa ou espiritualizada a respeito de algumas de suas questões. É importante encontrar alguém que discuta as suas crenças com você, mas que não tente forçá-lo a se adequar a outras. Recomendo que tente encontrar alguém que venha de um credo reconhecidamente simpatizante de gays e lésbicas ou que pelo menos respeite as práticas de outras religiões. Talvez você precise estudar um pouco a respeito da reputação e posição dessa pessoa antes de iniciar o diálogo. Se precisar de assistência para encontrar essa pessoa, pode tentar as seguintes opções:

- Ligue ou escreva a um grupo de gays e lésbicas para pedir orientações sobre o que há disponível em sua região.
- Pergunte aos seus amigos gays se eles tiveram experiências positivas com algum líder religioso local.
- Tente localizar uma faculdade de teologia ou afim numa universidade pública ou particular, em que sejam representadas diversas visões.

Existem também religiosos independentes de igrejas, mas não parta do princípio de que não têm objetivos determinados para propor a quem os procura. Discutirei o conceito de orientadores religiosos e psicólogos com base religiosa no próximo capítulo, "Como escolher um terapeuta".

Essas sugestões são genéricas e nem mesmo começam a explorar as várias maneiras como você poderia cultivar ou desenvolver a sua própria espiritualidade. Você pode já ter práticas espirituais bem desenvolvidas e achar essas sugestões excessivamente elementares. Nesse caso, talvez você queira dar continuidade ao seu crescimento lendo a respeito de outras práticas espirituais ou encontrando um grupo de pessoas de interesses espirituais semelhantes com quem praticar. Não é necessário que todas as pessoas do grupo tenham exatamente as mesmas crenças, contanto que todos respeitem os direitos dos outros de acreditar na sua própria escolha. Alguns acham que, ao tentar entender e respeitar as crenças dos outros, ganham novos discernimentos quanto ao seu próprio sistema de crenças, expandindo e fortalecendo-o.

Interagindo com as religiões estabelecidas

Embora o desenvolvimento da sua espiritualidade não necessite de associações a uma religião em especial, as vantagens de fazê-lo – como o apoio social oferecido aos membros e as atividades de caridade que podem ser realizadas – podem ser maiores do que as desvantagens. Algumas organizações religiosas estão, de fato, tentando resolver parte das contradições em seus próprios ensinamentos no que diz respeito aos gays e às lésbicas. Embora a Igreja Presbiteriana, por exemplo, tenha recentemente votado não dar posições de liderança a homossexuais ou heterossexuais solteiros que não sejam celibatários, o fato de essa questão ter sido debatida dentro da igreja por vários anos e de existir um número significativo de pessoas que apóiam a ordenação de gays e lésbicas assinala que mais mudanças podem ocorrer daqui para frente. Os líderes da United Methodist Church inocentaram o reverendo Jimmy Creech das acusações de ter desobedecido às regras da igreja celebrando a união de um casal de lésbicas em setembro de 1977, embora posteriormente tenha sido afastado pelo seu bispo por "outros" motivos. Muitos grupos judeus reformistas e reconstrutivistas tendem a ver a homossexualidade como um modo de ser, com o qual algumas pessoas nascem, não incluindo a questão na categoria da moralidade (Kertzer e Hoffman 1993).

Se você tem uma forte conexão com uma determinada religião e deseja continuar praticando as suas tradições e ensinamentos básicos, procure um subgrupo de gays ou lésbicas dentro da sua organização e entre em contato para obter apoio e assistência para manter laços religiosos com um foco afirmativo de gays ou lésbicas. Apesar do caráter de organizações nacionais, é possível encontrar algumas congregações individuais dentro da organização religiosa maior que não aceitam a retórica antigay de seus corpos governantes. Muitos gays e lésbicas encontram um espaço confortável dentro de tais grupos locais e conseguem perseguir as suas necessidades espirituais com dignidade, respeito e aceitação. Quanto mais você se aceitar, maior será a sua auto-estima, mais facilmente você será capaz de manter as conexões com as religiões principais, reconhecendo-as como complexos sistemas que têm algumas qualidades saudáveis e outras nem tanto.

Muitos gays e lésbicas abandonaram os sistemas de crenças ocidentais buscando os orientais, como o budismo. O budismo é bastante neutro a respeito da orientação sexual, o que o torna uma alternativa atraente para a exploração espiritual por parte dos gays e lésbicas. Embora alguns praticantes individuais do budismo possam exibir atitudes culturalmente homofóbicas, a instituição em si não discrimina os indivíduos com base na sua orientação sexual, permitindo que gays e lésbicas assumidos tenham a oportunidade de ser ordenados.

A chave é confiar nos seus sentimentos e na sua habilidade de usar a razão. Use o mesmo tipo de estratégia para avaliar se as palavras dos líderes religiosos são apropriadas, assim como você faz com o seu próprio pensamento: questione o que lhe parecer irracional, distorcida e hipócrita.

Encontrando o seu próprio caminho

Independentemente do caminho que você escolher para explorar a sua espiritualidade, quer ela seja total ou parcialmente relacionada a práticas religiosas estabelecidas ou independente das religiões organizadas, a chave é reconhecer que o seu lado espiritual faz parte de você como um ser humano total. Criar o seu próprio caminho não tem de ser difícil. Mesmo que não possa fazer nada além de separar um tempo para refletir a respeito das experiências diárias e permitir-se colocá-las numa perspectiva mais ampla, você já terá iniciado a busca de conforto espiritual. Permitir-se entrar em contato com os sentimentos – tanto os negativos quanto os positivos – é uma outra parte da sua experiência espiritual. Aprender a ouvir os sentimentos negativos como raiva, tristeza e frustração oferece-lhe uma oportunidade de expandir a sua visão da situação e talvez lhe ensine a adotar uma postura diferente da próxima vez que uma situação semelhante ocorrer. Isso também lhe dá a chance de praticar algumas das habilidades cognitivas que você aprendeu neste livro, incluindo avaliar os pensamentos negativos e questionar o diálogo interior irracional ou distorcido.

Ter um senso de espiritualidade o ajudará a sentir-se conectado com o mundo à medida que você for compreendendo que a vida é um processo em andamento e que você tem valor pelo simples fato de existir. Se você for capaz de se permitir desfrutar desses sentimentos positivos, a espiritualidade se tornará parte do seu processo de auto-acolhimento.

É importante que você se lembre de que não é possível desenvolver a espiritualidade do dia para a noite. Esse é um processo dinâmico que se estenderá pelo resto da sua vida. Ninguém é perfeito e a vida certamente não é previsível. O modo como você cuida de si mesmo – emocional, cognitiva, física e espiritualmente – afetará o modo de você experimentar a vida. Se você começar a compreender que tem direito à paz e à alegria e aprender a se amar e respeitar completamente, a jornada mais do que valerá a pena!

13
Como escolher um terapeuta

> *Quando alguém não compreende uma*
> *pessoa, tende a tratá-la como um idiota.*
> Carl Jung

Fazer uma mudança na sua vida a partir da leitura de um livro pode ser difícil. Manter-se focado, evitar distrações e lidar com os sentimentos que vêm à tona ao tentar se explorar mais profundamente pode requisitar alguma espécie de apoio ou, pelo menos, um programa mais intensivamente estruturado. Talvez você já tenha uma relação com um psicoterapeuta e possa optar por trabalhar a respeito deste livro com ele. Ou talvez você nunca tenha se consultado com um psicoterapeuta antes e não tenha idéia de como determinar se precisa de um ou como encontrá-lo. Este capítulo o ajudará a descobrir se a psicoterapia traria algum benefício para você e, no caso de a resposta ser afirmativa, como achar a pessoa certa. Existem escolhas a serem feitas em cada etapa do processo e o ajudarei a fazer essas escolhas de maneira mais eficiente, avaliando algumas características importantes de psicoterapeutas, como o que esperar quanto à duração da terapia, freqüência das consultas e formas de pagamento. Também lhe fornecerei informações a respeito de como encontrar terapeutas gays e lésbicas ou simpatizantes e que tipo de terapias evitar e levantarei outras questões importantes que é preciso levar em conta antes de dar início ao processo.

A psicoterapia pode ser benéfica de várias maneiras. Em curto prazo, ela pode lhe fornecer um apoio extra, ainda que temporário. Um psicoterapeuta será um ouvinte que não o julgará e o ajudará a organizar os seus pensamentos, a colocá-los numa perspectiva mais ampla, atravessar uma crise quando você estiver emocionalmente abalado e encontrar a motivação para fazer mudanças significativas na sua vida. A psicoterapia também pode focar questões específicas, como mudar um padrão alimentar não saudável ou um vício, lidar com o início ou o final de uma relação e mudar padrões ou sentimentos negativos ou disfuncionais. Em longo prazo, a psicoterapia pode ajudá-lo a avaliar hábitos difíceis de mudar ou características que você considera autoderrotistas.

Algumas pessoas optam pela terapia para ter uma oportunidade de crescer, compreender-se melhor ou adquirir uma maior consciência de si mesmos ou até mesmo para simplesmente entender por que fazem determinadas coisas, ainda que não estejam especialmente interessadas em mudar. Normalmente, contudo, as pessoas vão fazer terapia por estar infelizes consigo mesmas ou com uma situação e desejarem ajuda para mudar. Muitos gays e lésbicas vão fazer terapia por terem sido criados num ambiente homofóbico e heterocêntrico. Sem apoio nem modelos, eles agora desejam superar a dor e a falta de autoconfiança que sentem.

Características de um psicoterapeuta

Um psicoterapeuta é uma pessoa que trata de distúrbios mentais ou que aplica técnicas comportamentais ou psicológicas nos clientes para ajudá-los a mudar. Existem vários tipos diferentes de psicoterapeutas (muitas vezes chamados simplesmente de terapeutas). Os mais comuns são os psiquiatras e psicólogos. Existem diferenças significativas entre esses tipos de profissionais que trabalham com a saúde mental que valem a pena ser conhecidas antes de você fazer a sua opção.

Psiquiatras

Os psiquiatras são médicos que freqüentaram um curso superior de medicina e têm especialização em psiquiatria. Como médicos, os psiquiatras são os únicos profissionais da saúde mental que podem prescrever medicamentos. Durante muitos anos os psiquiatras realizaram aquilo que a maioria das pessoas chama de "terapia falada", em que se encontravam com seus clientes num período que variava de 45 minutos a uma hora e exploravam muitas das questões que você leu neste livro. Com o advento das drogas para tratar de problemas mentais na década de 1950, a psiquiatria, enquanto campo, voltou-se mais para um enfoque biológico, com uma prática cada vez mais limitada à avaliação e ao diagnóstico dos problemas de saúde mental e a um tratamento realizado principalmente por meio de medicamentos.

Atualmente os psiquiatras que aderem a esse enfoque optam na maioria das vezes por fazer uma consulta com o cliente para uma longa avaliação inicial, prescrevem uma medicação e então o vêem mensalmente para uma breve monitoração do medicamento e uma sessão de apoio. É provável que os convênios médicos de hoje em dia, em que a qualidade do tratamento é freqüentemente sacrificada em nome do lucro, tenham contribuído para essa mudança de enfoque. Como os psiquiatras costumam ser mais bem pagos do que quaisquer outros profissionais da saúde, muitos convênios tentam limitar o seu papel o máximo possível, pagando somente por serviços essenciais de prescrição de medicamentos, que só eles estão habilitados a realizar.

Embora alguns psiquiatras continuem a oferecer a "terapia falada" tradicional além de prescrever medicações, muitos tendem a limitar o seu papel a um gerenciamento dos sintomas e monitoração dos remédios psiquiátricos como antidepressivos e anti-ansiolíticos e medicações para outras sintomas psiquiátricos graves. Eles trabalham freqüentemente em conjunto com outro profissional da área de saúde mental que usa principalmente a psicoterapia analítica e comportamental para efetuar mudanças.

Os psiquiatras são representados pelo Conselho Regional de Medicina, que supervisiona o seu treinamento, padrões éticos e as linhas mestras de suas práticas profissionais. Esse conselho fornece o CID (Código Internacional de Doenças), editado pela Organização Mundial de Saúde com os diagnósticos mais freqüentes de doenças mentais, que a maioria dos psicoterapeutas usa como referência. Em 1973, após reavaliar os dados de pesquisa disponíveis a respeito da homossexualidade, o corpo de diretores da APA (Associação Americana de Psiquiatria) decidiu que a homossexualidade em si não constituía uma doença mental e a maioria dos membros da organização votou por revogar a sua decisão. Em 1986 foram removidas do CID todas as referências à homossexualidade enquanto doença. Em 1988, o corpo de diretores da APA condenou as terapias que objetivavam transformar os gays e lésbicas em heterossexuais.

Psicólogos

Os psicólogos não têm treinamento médico. O campo da psicologia desenvolveu-se no plano acadêmico das instituições educacionais e não nas escolas de medicina. O psicólogo é um profissional que se graduou em psicologia por uma universidade oficial, podendo chegar a mestre ou doutor.

Existem muitas áreas nas quais os psiquiatras e psicólogos se sobrepõem. Ambos são equipados para fornecer diagnósticos e tratamentos psicológicos. Ambos também têm diploma e podem realizar a "terapia falada". Como os psicólogos não freqüentaram uma escola de medicina, não podem prescrever medicamentos como parte da terapia. Mas, como já mencionado, eles podem trabalhar em conjunto com um psiquiatra que fará a prescrição e monitoramento da medicação, caso seja considerada necessária e apropriada pelos dois profissionais. Os psicólogos normalmente são qualificados unicamente para realizar determinados tipos de avaliações psicológicas, incluindo testes de inteligência e distúrbios de aprendizagem, testes de personalidade e neuropsicológicos.

Os psicólogos são representados pelos conselhos regionais e pelo Conselho Federal de Psicologia. Essas organizações também defendem a visão de que a homossexualidade em si não é uma doença.

Licença ou credencial

Existem leis que regulamentam a prática dos psicólogos e psiquiatras. Independentemente do seu nível de treinamento, as pessoas que se intitulam psicoterapeutas têm de se adequar aos padrões previstos pelo seu respectivo conselho. Enquanto consumidor dos serviços de saúde mental, você é protegido pela regulamentação desses conselhos através da licença ou de outras credenciais, como certificados ou registros. A maioria tem um corpo central que controla o licenciamento e credenciamento dos profissionais da área de saúde mental. A principal responsabilidade do conselho é garantir a segurança do público, não permitindo que pessoas incompetentes ou não qualificadas pratiquem a profissão. O conselho lida com reclamações contra psicoterapeutas licenciados e pode tomar atitudes disciplinares na forma de suspensão da licença ou revogação em caso de má conduta dos profissionais.

Orientação terapêutica

Os psicoterapeutas costumam apoiar-se numa perspectiva teórica principal (ou teoria psicológica na qual baseiam a sua prática). Se você nunca fez terapia, talvez não faça idéia de que tipo de enfoque se adequa a você. Em alguns casos, a teoria na qual o psicoterapeuta se baseia pode ser menos importante do que o seu nível de conforto em se relacionar com ele. Muitas vezes o terapeuta tem uma extensão bastante flexível de enfoques terapêuticos que podem ser ajustados para ir ao encontro das necessidades específicas de cada cliente.

Muitos estudos tentaram decifrar o que potencializa a eficácia da psicoterapia. Os pesquisadores descobriram que não é necessariamente o enfoque teórico que se relaciona mais aos bons resultados, mas algumas características-chave compartilhadas por psicoterapeutas experientes. Essas características-chave parecem ser a motivação da pessoa que procura ajuda, o treinamento e a experiência do psicoterapeuta (e o quanto ele acredita na sua habilidade e no seu enfoque pspicoterápico) e, acima de tudo, o nível de confiança entre o terapeuta e o paciente. Essas descobertas sugerem que o melhor para você é encontrar um terapeuta com quem você se sinta à vontade e que adote uma abordagem que faça mais sentido para você.

Duração da psicoterapia

Muitas pessoas temem começar a fazer psicoterapia com medo de nunca mais parar. Existem muitas idéias preconcebidas a respeito do funcionamento e da duração da psicoterapia que costumam ser descritas das maneiras menos lisonjeiras pela tv ou cinema. As visões neuróticas de Woody Allen a respeito da vida e dos relacionamentos criaram muitos momentos de humor para milhões de seus fãs, assim como a sua descrição e fascinação por psicoterapias extensas. Mantenha em mente, porém, que muitas das idéias que você pode ter a respeito do que esperar de uma psicoterapia podem ser incorretas caso sejam baseadas nas experiências de um ou dois amigos ou na descrição da mídia do que vem a ser psicoterapia. A quantidade de tempo que você pode esperar passar na terapia dependerá de vários fatores, inclusive as questões a respeito das quais você deseja trabalhar, o que você deseja mudar, o tipo de terapeuta que você escolher e até mesmo o seu status financeiro, o número de sessões cobertas pelo seu convênio etc.

Alguns terapeutas trabalham com um modelo de mudanças em longo prazo (o que significa que o seu método requer meses, às vezes anos de tratamento) enquanto outros trabalham com perspectivas em curto prazo (semanas ou meses). Outros fatores decisivos na duração da terapia é se você deseja modificar um comportamento específico ou aspectos essenciais da sua personalidade e se você está atravessando uma crise ou à procura de oportunidades para crescer. À vezes é difícil para você e para o seu terapeuta determinar exatamente quanto tempo levará para que você atinja as suas metas, mas vocês poderão ter uma idéia melhor a esse respeito quando começarem a se conhecer depois de algumas sessões. Normalmente, a maioria dos terapeutas trabalha com os seus clientes para determinar quando é hora de finalizar a terapia.

Especialidades psicoterapêuticas

Os terapeutas podem se anunciar como tendo especialidades ou trabalhando em determinadas áreas de especialidade. Essas especialidades referem-se algumas vezes ao trabalho com pessoas com diagnósticos ou problemas emocionais específicos como depressão, ansiedade, dependência química ou estresse. Alguns têm até subespecializações dentro de categorias mais amplas como depressão pósparto, medo de voar, vício em cocaína ou estresse pós-traumático (que se desenvolve depois de um trauma de maior vulto). Outros se especializam em terapias voltadas para o crescimento pessoal ou *insights*, destinadas a ajudar pessoas que não estejam necessariamente tendo problemas emocionais ou doenças mentais. Esses terapeutas podem trabalhar com questões como construir a auto-estima, assumir-se para si mesmo e para os outros ou aprender a se tornar mais afirmativo.

Existem poucas regras que governam quando os psicoterapeutas podem chamar a si mesmos de "especialistas", mas alguns efetivamente tiveram algum treinamento anterior na sua especialidade ou subespecialidade, enquanto outros simplesmente acham que têm experiência suficiente no trabalho com clientes com problemas específicos para chamar a si mesmos desse modo.

Os terapeutas também podem anunciar qualidades que acham que podem ser atraentes para vários grupos, como assumir-se pessoalmente como gays ou lésbicas (ou simpatizantes), asiático-americanos, judeus, inválidos, falantes de russo e assim por diante.

Outras questões práticas

Alguns terapeutas trabalham principalmente com indivíduos, outros com casais, famílias ou grupos de pessoas que trazem os mesmos tipos de questões para a terapia. A maioria faz consultas semanais, enquanto outros podem agendá-las com menos freqüência ou passá-las de uma vez por semana para uma vez a cada duas semanas e depois uma vez por mês, à medida que a terapia progride. Alguns tipos especiais de terapia requerem consultas freqüentes, de duas a quatro vezes por semana.

Os preços cobrados variam e dependem do nível de treinamento e experiência do terapeuta. Os psiquiatras geralmente cobram os preços mais altos por hora. Os preços também podem variar de acordo com o mercado. Terapeutas associados a universidades costumam estar no topo da escala, mas também podem estar envolvidos com programas altamente especializados de treinamento ou pesquisa.

Alguns terapeutas fazem acordos informais com os clientes de baixa renda que pagam o tratamento do próprio bolso, estabelecendo um preço acessível por consulta, baseado por vezes em rendimentos ou em outras premissas estabelecidas entre os dois. Alguns convênios e seguros de saúde passaram também a cobrir serviços de saúde mental. De acordo com cada plano o cliente é reembolsado, pelo convênio, do dinheiro gasto no tratamento, paga uma pequena parte de cada consulta diretamente ao psicoterapeuta e o convênio arca com o resto ou a empresa paga o preço total da consulta. A maioria dos convênios estabelece limites para a cobertura de serviços de saúde mental, o que significa que só pagam um número restrito de consultas por ano. Eles podem também impor um limite para gastos com serviços de saúde mental. Alguns podem cobrir apenas o tratamento psiquiátrico de pacientes internados ou em situações de crise. A maioria requer que você se consulte com um profissional do seu quadro ou lista de profissionais aprovados. Esses terapeutas podem ter sido selecionados entre uma grande variedade de profissionais que concordaram em trabalhar de acordo com as linhas mestras da companhia que os contrata para fornecer os seus serviços. A companhia costuma ter um mecanismo para aprovar ou negar a provisão do serviço de saúde mental, baseado na necessidade que você tem desses serviços.

Encontrando o terapeuta certo

Encontrar um terapeuta que se adeque a você e ao seu bolso pode parecer um pouco intimidador a esta altura. Se você vive numa grande metrópole, suas chances podem ser enormes. Uma recente compilação revelou que na cidade de Los Angeles, por exemplo, existem mais de doze mil psicoterapeutas licenciados, sem incluir os psiquiatras. Por outro lado, se você mora numa área rural, suas chances podem ser mínimas. Esse problema ficou evidente a certa altura da minha vida, quando tomei consciência de que eu era um dos apenas dois psicólogos assumidamente gays numa cidade relativamente conservadora do interior. Vivendo atualmente em um grande centro, porém, sou um psicólogo "comum", ou seja, apenas mais um dos muitos psicoterapeutas assumidamente gays ou lésbicas.

Embora encontrar o terapeuta certo possa levar algum tempo e ter vários falsos inícios, aqui vão algumas recomendações a respeito de por onde começar.

1. Cheque as informações obtidas com os Conselhos Regionais de Medicina e Psicologia. Eles poderão lhe informar se o profissional com quem você entrou em contato está realmente apto para realizar o trabalho a que se propõe.

2. Pergunte ao seu clínico de confiança. A maioria dos médicos já indicou muitos de seus clientes com crises existenciais, dificuldades emocionais e assim por diante a psicoterapeutas e costuma receber o retorno desses mesmos clientes numa consulta subseqüente, de modo a saber se a interação foi positiva ou negativa. O médico passa então a indicar os psicoterapeutas que seus clientes reportam como sendo os mais favoráveis.

3. Entre em contato com organizações gays ou lésbicas. Elas geralmente têm listas de profissionais gays ou lésbicas para indicar e, caso não tenham uma lista formalizada, poderão lhe dar uma orientação. Se você vive numa área rural, tente contatar a área urbana mais próxima para obter informações a respeito de listas de recursos gays ou lésbicas, uma vez que essas listas muitas vezes se estendem para além da própria área urbana.

4. Vasculhe jornais lésbicos, gays ou "alternativos" à procura de anúncios de psicoterapeutas.

5. Procure nas páginas amarelas sob psicoterapeutas, psicólogos ou médicos (com uma especialização psiquiátrica). Você com freqüência encontrará listas suficientemente extensas, com pelo menos algumas informações a respeito do terapeuta, suas especialidades e seus enfoques. Enquanto alguns mencionam tratar efetivamente de questões lésbicas e gays, outros podem usar uma linguagem que sugere que eles estão abertos para trabalhar com gays e lésbicas, como "especializado em questões femininas", "identidade sexual", "estilos de vida alternativos" ou "apoio a soropositivos".

6. Pergunte aos seus amigos mais próximos ou membros da família, caso se sinta à vontade para fazê-lo. Algumas vezes você pode conseguir boas orientações de pessoas que estão fazendo ou já fizeram terapia ou que conhecem alguém que faz. Não é necessário revelar o motivo de você estar pensando a respeito de uma terapia, nem é preciso que eles saibam que a referência é para você. Se você achar que uma pessoa a quem você possa pedir uma indicação pode manipular o fato de você ter feito a pergunta, não pergunte! Você tem o direito à privacidade neste assunto.

Limites do sigilo

A maioria dos psicoterapeutas objetiva manter o ambiente da psicoterapia resguardado e as informações nele discutidas em sigilo. Eles sabem que, para deixá-lo mais à vontade para falar a respeito de questões emocionais dolorosas, você precisa ter confiança de que não usarão as informações obtidas contra você. Os terapeutas protegerão o seu direito à privacidade e as organizações de profissionais de saúde mental consideram antiético violar o direito do cliente ao sigilo desnecessariamente. Elas também só fornecerão informações a respeito de sua terapia a terceiros com a sua permissão por escrito.

Se você não tiver condições de arcar sozinho com os custos da terapia, pergunte a respeito da cobertura para tratamentos de saúde mental a seu convênio médico. Pergunte também se você só pode se consultar com um profissional do seu quadro de psicoterapeutas ou se pode ir a qualquer um de sua preferência. Talvez você precise procurar outras companhias, caso ache a sua excessivamente controladora. Você e o seu terapeuta são provavelmente os melhores juízes do progresso do seu tratamento.

É importante que o psicoterapeuta seja gay/lésbica?

Apesar de esta parecer ser uma pergunta muito direta, a resposta é bastante complexa. Se você vive numa área rural ou mais conservadora, o acesso a psicoterapeutas assumidamente homossexuais pode ser limitado. Mesmo que existam alguns na sua área, é possível que eles não anunciem a sua orientação sexual por várias razões.

Alguns terapeutas acham que não é apropriado revelar informações pessoais no contexto da terapia, enquanto outros acham que um pouco de abertura pode ser eficiente para colocar a experiência do paciente em um contexto mais amplo e estabelecer a confiança. Os terapeutas podem também sentir uma necessidade de se proteger profissional e pessoalmente, especialmente em comunidades conservadoras ou homofóbicas, optando por não anunciar a sua orientação sexual. Em algumas cidades pequenas, é realmente possível não haver psicoterapeutas gays ou lésbicas.

Existem algumas vantagens em ter um psicoterapeuta homossexual. Se você estiver fazendo terapia pela primeira vez na vida, é possível que saber que o seu terapeuta está pelo menos suficientemente à vontade para reconhecer a sua própria orientação sexual em público pode reduzir a sua ansiedade. Um terapeuta que anuncia ser homossexual tem provavelmente experiência de âmbito pessoal ou pelos menos consciência de algumas das questões que você precisa discutir, e é capaz de entendê-las. É provável também que o terapeuta tenha tido outros clientes como você, gays e lésbicas, o que sugere que ele pode ser bastante experiente nesta área. Além da experiência pessoal e do trabalho anterior com gays e lésbicas, o terapeuta pode também ter se dedicado a teorias psicoterapêuticas e a pesquisas relacionadas ao desenvolvimento saudável de gays e lésbicas.

As desvantagens incluem aumentar efetivamente a sua ansiedade, especialmente se você estiver na fase inicial questionadora de descobrir a sua sexualidade e teme que o terapeuta possa fazê-lo tender para uma determinada direção. Mantenha em mente, contudo, que na maioria das vezes é posição típica do psicoterapeuta não tentar convencer o cliente a seguir um caminho ou outro, mas sim encontrar o que funciona melhor para você, independentemente da sua própria orientação sexual. É importante também reconhecer que a orientação sexual do psicoterapeuta não assegura por si só sua qualidade ou credenciais. Qualquer que seja a sua escolha, é importante checá-las.

Existem muitos terapeutas hetero ou bissexuais que se consideram "simpatizantes de gays e lésbicas". Este termo geralmente significa que o terapeuta acredita que ser gay ou lésbica é uma coisa normal e que muitos dos problemas desses clientes giram em torno da não-aceitação por parte da sociedade e da homofobia. Eles reconhecem que o problema não está exatamente em ser gay ou lésbica, mas nas mensagens sociais negativas, na falta de modelos e em outros fracassos sociais que geram uma auto-estima baixa, dificuldades em relacionamentos e conseqüências emocionais negativas. Embora seja verdade que um terapeuta heterossexual nunca saberá exatamente o que significa ser gay ou lésbica em termos de experiências concretas, é também verdade que ele freqüentemente tem experiências pessoais semelhantes (embora não exatamente) às quais recorrer para ajudar a apoiá-lo. Se for apropriadamente treinado e credenciado, o terapeuta provavelmente também compreenderá e utilizará estratégias de auto-aceitação, resolução de problemas e mudança de atitude que o ajudarão a sentir-se mais à vontade consigo mesmo e o ajudarão a crescer, independentemente de ter passado pessoalmente pelas mesmas experiências que as suas ou não.

Se é essencial para o sucesso de sua terapia compartilhar de características pessoais ou culturais com o seu terapeuta, essa é uma questão discutível. Alguns podem argumentar que uma terapia pode ser mais bem sucedida se uma mulher se tratar com uma mulher, um afro-americano com um afro-americano etc. Outros acham que é mais importante que o cliente se sinta à vontade na relação, confie no conhecimento do terapeuta e na sua experiência e tenha consciência que ele o atenderá livre de juízos de valor e com respeito. Várias vezes ouvi uma velha piada que diz: "Se você tivesse apendicite, procuraria um especialista no assunto ou alguém que já sofreu do mesmo mal?". A piada, é claro, reflete a idéia de que a maioria de nós não se importaria em saber se o cirurgião já havia passado pessoalmente por uma cirurgia do gênero, mas sim se ele sabe o que fazer. Felizmente, existe uma grande variedade de opções para que você possa escolher um psicoterapeuta – competente, credenciado, quer seja ele gay, lésbica ou simpatizante. Em última instância, a decisão é sua.

E os psicoterapeutas religiosos ou espiritualistas?

Alguns psicoterapeutas referem-se a si mesmos como profissionais que trabalham a partir de uma determinada perspectiva religiosa, como alguém que se autodenomina psicólogo cristão, orientador religioso, psicoterapeuta mórmon ou a partir de uma perspectiva espiritual. Aqueles que se identificam com uma determinada religião alegam seguir uma psicoterapia condizente com o sistema específico de crenças religiosas que professam.

A psicoterapia estabelecida dentro de um sistema de valores religiosos, ou orientada segundo fontes externas como um líder religioso ou um corpo religioso organizado, pode ser bastante problemática, uma vez que a psicoterapia tem como premissa básica não julgar o cliente. Um terapeuta não deveria tentar mudar as crenças religiosas de seu analisando. A última coisa da qual você necessita quando procura uma terapia é ouvir mais "deve" e "tem de" ou padrões aos quais você precise se adequar.

Conheci alguns psicoterapeutas que colocam em seus anúncios informações a respeito de sua afiliação religiosa. Eles insistem, contudo, que não expressam seus valores religiosos pessoais dentro do contexto da terapia. Esses terapeutas acreditam que se anunciar como terapeuta religioso é uma maneira de fazer com que seus clientes se sintam mais à vontade no início do processo, do mesmo modo como fazem os terapeutas que se anunciam como bilíngües ou homossexuais.

Algumas linhas de psicoterapia (em contraste com os enfoques que se baseiam em sentimentos, pensamentos ou comportamentos) acreditam que o lado espiritual do ser humano é uma área importante a ser abordada. Essas linhas não costumam fornecer valores ou crenças específicas, mas encorajam os clientes a acolher e validar as experiências pessoais de espiritualidade e cura. Tenha em mente que um psicoterapeuta treinado e licenciado que aborda a espiritualidade como parte de um enfoque mais amplo da terapia é muito diferente de alguém sem credenciais legítimas que se autodenomina orientador espiritual, guia ou curador. Tenha muito cuidado ao abordar qualquer profissional sem treinamento ou sem credenciais profissionais.

Tratamentos para "curar" a homossexualidade

O grupo mais perigoso de terapeutas religiosos é aquele que se propõe a transformar gays e lésbicas em heterossexuais ou celibatários. Esses tipos de terapias voltadas para uma mudança orientada baseiam-se principalmente numa perspectiva religiosa, que afirma curar a homossexualidade. Isso inclui grupos periféricos como a Exodus International e a Transformation Christian Ministries, financiados pela Christian Coalition de direita. A premissa básica é a de que ser gay ou lésbica é um pecado e que por meio de muita reza e orientação religiosa os clientes podem ou tornar-se heterossexuais ou pelo menos parar de manter relações com pessoas do mesmo sexo. Essa abordagem supõe que o seu sistema de valores é o correto e todos os outros são incorretos. Qualquer um que discorde disso é rotulado de "mau" ou "pecador".

Muitos gays e lésbicas que passam por esse tipo de programas acabam abandonando-os ou sofrendo angústias significativas. Muitos já apresentam uma auto-estima baixa anteriormente a seu ingresso, sendo portanto extremamente vulneráveis às informações equivocadas e formas extremas de abuso emocional que muitos desses programas usam em seu treinamento. Esses programas tentam condicionar os seus participantes a ignorar as suas atrações naturais e a se comportar superficialmente como se se sentissem atraídos pelo sexo oposto. Eles freqüentemente enfatizam a mudança de comportamentos como a maneira de andar, falar, sentar e se vestir, buscando fazer com que os participantes aprendam a "agir como um heterossexual".

Existem muitos problemas relativos a esse tipo de enfoque. Um deles, não o menor, é que o fato de ser gay ou lésbica não é uma questão moral. Não é uma escolha. A maioria dos cientistas e dos estudiosos concorda que a sexualidade humana é um fenômeno complexo, influenciado por uma combinação de fatores biológicos, genéticos, psicológicos e ambientais. A maioria das pessoas que estudaram legitimamente o desenvolvimento da sexualidade concorda que ela é determinada muito cedo na infância e que a pessoa por quem você se sente atraído sexualmente não é o resultado de uma escolha. A maioria também acredita que a sexualidade não é bipolar – a pessoa é homossexual ou heterossexual – mas um processo contínuo com muitas variações, desde pessoas que são exclusivamente atraídas por pessoas do mesmo sexo àquelas exclusivamente atraídas pelo sexo oposto.

Uma minoria extremamente pequena dos psicoterapeutas continua a acreditar que a homossexualidade é o resultado de um desenvolvimento anormal e crê que pode alterar a orientação sexual do cliente por meio de uma terapia reparadora. Esses profissionais não são sancionados por nenhuma organização profissional legítima, sendo que alguns foram até expulsos devido a relatos de formas nocivas ou antiéticas de tratamento. Embora alguns aleguem terem sido bem sucedidos em transformar gays e lésbicas em heterossexuais, nenhum deles colheu provas críveis de que essas mudanças perduram com o passar do tempo.

Uma ampla e recente revisão da pesquisa de sexualidade (Haldeman 1994) revelou que quase todos os gays e lésbicas passam por um período em que desejam mudar a sua orientação sexual devido à rejeição por parte da sociedade. O doutor Haldeman, que trabalha com muitos clientes que tentaram tratamentos de "cura", crê que os mesmos costumam ser pessoas amedrontadas, com uma baixa autoestima e até mesmo suicidas, com a sensação de ter "fracassado". Seu trabalho tem por finalidade ajudá-los a se aceitar melhor e enxergar o verdadeiro problema na sociedade e não em si mesmos. Recentemente, a Academia Americana de Pediatria, a Associação Americana de Psiquiatria e a Associação Americana de Psicologia instituíram estatutos sugerindo que as terapias de conversão para gays e lésbicas não só deixam de conseguir a mudança da orientação sexual como efetivamente provocam danos psicológicos. Nosso Conselho Federal de Psicólogos emitiu um parecer semelhante em 1998. Minha recomendação é que você evite tratamentos de "cura" da homossexualidade. Ser gay ou lésbica não é um pecado nem uma doença.

Como entrevistar um possível psicoterapeuta

Muitos psicoterapeutas desejarão obter informações a respeito de quem você é enquanto cliente em potencial antes de decidir trabalhar ou não com você. Nada mais justo, portanto, que você possa lhe fazer perguntas a respeito do seu *background* e enfoque. Alguns concordarão em fornecer essas informações por telefone, outros preferirão uma primeira entrevista frente a frente. Aqui vão algumas recomendações do que perguntar aos terapeutas em potencial:

1. **Você é gay/lésbica ou simpatizante?** Caso ele próprio não seja homossexual ou se recuse a fornecer informações a respeito da própria sexualidade devido à sua orientação teórica, pergunte-lhe se é simpatizante.

2. **Que experiência você tem no trato de questões homossexuais e/ou do meu problema específico?** Você pode querer saber, por exemplo, se ele já trabalhou com gays ou lésbicas desejosos de elevar a sua auto-estima.

3. **Qual é a sua abordagem terapêutica ou orientação teórica?** Ele acredita que a homossexualidade representa um processo de desenvolvimento anormal ou que é apenas um dos muitos caminhos de a sexualidade se desenvolver?

4. **Quais são suas especializações e credenciais?** Ele é psiquiatra, psicólogo, assistente social? É formado e credenciado pelas entidades competentes? Também pode ser útil saber se ele pertence a alguma organização profissional, uma vez que elas oferecem possibilidades de encaminhamento de queixas, caso ele venha a ter uma conduta imprópria ou antiética. Você também pode ligar para os conselhos estaduais antes de se encontrar com o terapeuta para colher informações a respeito de reclamações anteriores feitas contra ele.

5. **Quanto tempo você acredita que a terapia vai durar e qual é a freqüência das consultas?** Embora a maioria dos terapeutas não possa dar uma estimativa exata, ele pode estimar um número médio de sessões, baseado na sua experiências com outros clientes. Você também pode perguntar se ele costuma fornecer terapia de curto prazo (de semanas a meses) ou de longo prazo (de meses a anos).

6. **Quais são as condições para iniciar/manter a terapia?** Será de grande ajuda mais tarde saber qual é a sua política para cancelamento de consultas, sistemas de agendamento e métodos de pagamento (dinheiro, cheque, fatura etc.)

7. **Quanto você cobra por sessão?** Essa pode ser uma boa oportunidade para discutir se ele aceita o seu convênio. Também é

possível que ele entre num acordo com você, baseado nos seu rendimento e na sua possibilidade de pagamento.

8. **O que você acha de usar medicamentos paralelamente ao tratamento?** Alguns terapeutas não acreditam no uso de medicamentos como auxiliares à psicoterapia e outros freqüentemente apóiam o seu uso. A maioria dos psicoterapeutas acredita que existem ocasiões em que os medicamentos podem ser benéficos quando combinados com a terapia falada. Embora você talvez não tenha uma opinião a esse respeito, pode ser útil saber qual é a visão do seu possível terapeuta e, caso ele não prescreva remédios, a quem ele recomenda os seus clientes para tais procedimentos.

Ao entrevistar o seu possível terapeuta, observe como ele reage à sua discussão a respeito da sexualidade. Procure pistas não verbais de que ele seja simpatizante de gays e lésbicas ou se sinta desconfortável com determinados assuntos. Ele é apoiador, incondicional, enfático, fácil de lidar? Você se deu conta de uma atração física ou reação negativa imediatas que poderiam inibi-lo ou interferir no desenvolvimento de uma relação profissional de confiança?

E se o seu terapeuta disser ou fizer algo impróprio ou antiprofissional?

Como já mencionei neste capítulo, se você estiver se consultando com um psicoterapeuta licenciado pelo conselho de medicina ou psicologia ele este estará vinculado a mandamentos legais e éticos. Se você achar que os seus direitos foram violados ou que foi prejudicado de alguma maneira, existem medidas que podem ser tomadas. Se o caso for de uma discordância ou desentendimento menor, talvez você se sinta suficientemente à vontade para confrontar o terapeuta diretamente. É possível que vocês consigam resolver o problema e continuar a terapia. Você pode também chegar à conclusão de que não é mais possível trabalhar em conjunto e que o seu terapeuta deve lhe indicar um outro colega. Se achar necessário, peça também opinião a um outro profissional da área de saúde mental a respeito da situação.

Se você achar que a situação é grave, existem vários caminhos disponíveis. Você pode dar queixa contra o psicoterapeuta no seu respectivo conselho regional. A maioria das juntas tem um processo específico para receber queixas a respeito de psicoterapeutas licenciados. Ou apresentar uma queixa legal contra o psicoterapeuta caso ele tenha infringido a lei. Alguns comportamentos são considerados antiéticos, mas não ilegais, como revelar informações pessoais fora da terapia sem o seu consentimento (caso não se trate de nenhuma das exceções mencionadas anteriormente). Outros, como coagir o cliente a fazer sexo, podem ser considerados tanto antiéticos quanto ilegais.

Segue um resumo básico dos princípios éticos dos psicólogos (APA 1993):

- Os psicólogos não exploram a confiança de seus clientes (incluindo o contato sexual).
- Os psicólogos evitam situações que podem se transformar num conflito de interesses e prejudicar o seu discernimento profissional.
- Os psicólogos devem reconhecer os limites de suas experiências e procurar supervisão ou consultar outros profissionais experientes quando necessário.
- Os psicólogos respeitam a diversidade de *backgrounds* de seus clientes incluindo raça, gênero, etnia e *status* socioeconômico e são aptos a oferecer serviços adequados a vários grupos.
- Os psicólogos prestam alguns serviços ou trabalhos pelos quais recebem pouca ou nenhuma remuneração.
- Os psicólogos mantêm-se conscientes de seus próprios problemas pessoais e procuram não permitir que eles interfiram na sua habilidade de prestar serviços aos clientes. Caso não sejam capazes de controlar esses problemas pessoais, eles devem se abster de prestar esses serviços até que os problemas tenham sido resolvidos.
- Os psicólogos protegem o sigilo de seus clientes ao máximo, exceto no caso de perigo para si mesmo ou para outros ou com o consentimento do cliente por escrito.

- Os psicólogos são encorajados a finalizar a terapia quando fica óbvio que o cliente não está mais se beneficiando da mesma e a indicar outro psicoterapeuta para o cliente, caso seja necessário.

O mais importante a respeito de encontrar um psicoterapeuta é achar aquele que demonstre uma preocupação com o seu bem-estar e em quem você confie. Muitas vezes é possível iniciar o processo de maneira muito controlada, com tempo para procurar boas referências, fazer as perguntas essenciais e evitar aqueles que possam não pensar no melhor para você.

14
Crescimento e mudança

Um dia desses eu vou me amar.
Kip Raines, Monty Powell e
Marcus Hummon, *One of these days*

Embora este livro não trate especificamente de como melhorar os seus relacionamentos, carreira, vida sexual, saúde ou alimentação, à medida que você perceber a sua auto-estima melhorando, descobrirá que todas essas áreas começarão a melhorar também. Você passará a colocar os seus interesses em primeiro lugar em cada uma dessas áreas, assumindo uma perspectiva hedonista em longo e não em curto prazo motivada por impulsos. Você vai se flagrar querendo superar hábitos autodestrutivos como fumar, beber ou usar drogas, procrastinar e não fazer exercícios. Você vai cuidar mais de si e ser mais amável e acolhedor, o que por sua vez vai mudar a qualidade dos seus relacionamentos com os outros. Pessoas saudáveis atraem pessoas saudáveis, e quando as pessoas não saudáveis ou as crises surgirem na sua vida, você aprenderá a lidar apropriadamente com elas, dispendendo pouca energia emocional, sem ficar obcecado por coisas que estão além do seu controle. Você vai passar a tratar a si mesmo como um grande amigo. Quando escorregar e disser ou fizer coisas não saudáveis, apenas registrará o fato e seguirá em frente, prometendo a si mesmo que trabalhará para que isso ocorra com menos freqüência, sem se martirizar.

Ter uma auto-estima elevada não fará de você um egoísta ou uma pessoa excessivamente exigente. Não fará com que você se transforme num narcisista ou em alguém que tira vantagem dos outros ou os despreza visando o próprio proveito. Um comportamento egoísta e a procura constante por atenção são, na verdade, manifestações exteriores de insegurança e baixa auto-estima. A auto-estima elevada fará com que você sinta as coisas de maneira mais autêntica e o ajudará a usar os seus sentimentos como guias para um comportamento apropriado. Isso envolve desenvolver toda uma perspectiva nova de vida, transformando a sensação de fracasso, ansiedade e ausência de direitos em uma tranqüilidade para com as suas imperfeições humanas, uma paz maior e uma crença de que você é merecedor de respeito e afeto.

Algumas vezes, ao longo deste livro, o encorajei a entrar em contato com os seus sentimentos. Pode ser que você tenha sentido tristeza devido a perdas, como a de uma infância ideal. Ou talvez tenha sentido raiva de pessoas que se acreditaram no direito de julgar suas experiências, seus sentimentos e seus comportamentos, supondo que o modo delas de ver as coisas era o correto e apropriado para você e todos os outros.

Sua familiarização com a sua vida emocional será algo semelhante a conhecer cada vez melhor um bom amigo – você vai descobrir do que gosta e do que não gosta, quais são as suas predileções e as suas qualidades positivas e negativas. Construir uma auto-estima pode ser excitante e incrivelmente libertador. Pode também ser amedrontador e frustrante, requerendo um trabalho mais profundo da sua parte, tanto solitário quanto acompanhado de um profissional. O mais provável é que você tenha sentimentos dos dois tipos. Espero que você decida transitar pelos altos e baixos da vida, aceitando-se como ser humano e compreendendo que todos os seres humanos são imperfeitos. É normal ter altos e baixos! Ninguém está sempre para cima. Não há problemas em cometer erros, reincidir neles, ouvir-se dizer várias e várias vezes as mesmas coisas que você já reconheceu como irracionais, porque construir uma auto-estima é um processo de toda uma vida. Pense novamente em longo prazo – os altos e baixos acontecem de tempos em tempos, mas a curva maior deve ser sempre ascendente e com você seguindo por ela, sendo menos autopunitivo e se amando mais.

À medida que a sua auto-estima for crescendo, você se descobrirá sendo menos tolerante com as pessoas que ultrapassam certos limites. Seu objetivo será aprender a estabelecer limites firmes para se proteger, sem no entanto impedir a entrada de todas as pessoas. Você é parte importante de algo grande e belo. Você precisa se proteger, mas precisa também saber se abrir quando for apropriado.

Ao fortalecer a sua auto-estima, você se sentirá mais seguro para correr riscos, alguns pequenos – como mostrar os seus talentos no trabalho sem ficar constrangido – e outros grandes – como se assumir para a família ou colegas de trabalho. Isso não quer dizer que todos que lerem este livro deverão assumir os mesmos riscos. É você quem tem de avaliar o que é razoável para você, o que atende aos seus interesses e auxilia na sua sobrevivência.

Uma das maiores carências das pessoas com auto-estima deficiente é a falta de uma vida espiritual bem desenvolvida. Pessoas com baixa auto-estima freqüentemente se ressentem da ausência de uma parte de si mesmas que as ajuda a se sentir conectadas com o mundo e com o universo, na qual podem se apoiar durante as crises, fadiga emocional e estagnação. Os homossexuais ouviram com uma freqüência excessiva que não fazem parte do mundo espiritual e que não há lugar para eles na religião (a menos que mudem). Readquira o seu direito a uma vida espiritual saudável, qualquer que seja a maneira que escolher defini-la – uma crença em Deus ou numa força maior ou apenas uma compreensão da importância do papel que você desempenha na organização do mundo como um todo. Você é um organismo complexo, capaz de pensar a respeito de questões em múltiplos níveis, não apenas em termos de certo ou errado, sim ou não. Amplie os limites do seu pensamento, pese as questões a partir de várias perspectivas, encontre opções e escolhas para além das duas mais óbvias. Viva para os momentos de alegria que você pode encontrar todo dia.

Muitas vezes me reconforto ao me imaginar como parte de uma fina fibra de algodão, enrolada em forma de linha, trançada em forma de fio e tecida numa tapeçaria imensa que é o universo. Apesar de a minha fibra poder ter minúsculas falhas, sei que ela ainda assim fornece força e cor para a linha que forma o fio e que colore e molda a tapeçaria como um todo. Alguém que olha para a tapeçaria da distância vê somente a beleza, a totalidade, o desenho magistral e genial e não as minúsculas imperfeições de cada fibra. Pode ser até que sejam as próprias imperfeições que dêem ao quadro sua textura e a profundidade peculiares. Essa imagem é muito forte para mim porque me faz lembrar de recuar e assumir uma nova perspectiva, enxergar onde é que me encaixo nesse todo, mesmo quando os outros não podem vê-lo.

Espero que este livro tenha lhe fornecido os dados iniciais para que você comece a enxergar as coisas a partir dessa perspectiva e que, à medida que você for se aprimorando, ele o faça lembrar que você faz parte do mundo, tem direito de existir e merece ser amado. Se você leu este livro sem fazer os exercícios propostos, comece já o processo, ainda hoje. Faça os exercícios, encontre um terapeuta, comece uma jornada espiritual – faça o que achar necessário para começar a se amar.

BIBLIOGRAFIA

Introdução

Gibson, P. 1989. Gay male and lesbian youth suicide. In M. Feinleib, ed. *Prevention and intervention in youth suicide* (Report to the Secretary's Task Force on Youth Suicide, 3:110-142). Washington, D.C.U.S. Department of Health and Human Services.

Proctor, C.D., e V.K. Groze. 1994. Risk factors for suicide among gay, lesbian and bisexual youths. *Social Work* 39:505-513.

Remafedi, G., J.A. Farrow e R.W. Deisher. 1991. Risk factors for attempted suicide in gay and bisexual youth. *Pediatrics* 87:869-875

Rich. C.L., R.C. Fowler, D.Young e M. Blenkush. 1986. São Diego suicide study: Comparison of gay straight males. *Suicide and life-threatening behavior* 16:448-457

Saghir, M.T., e E. Robins. 1973 *Male and female homosexuality: A comprehensive investigation*. Baltimore: Williams & Williams

Savin-Williams, R.C. 1994. Verbal and physical abuse as stressors in the lives of lesbian, gay and bisexual youths: Associations with school problems, running away, substance abuse, prostitution and suicide. *Journal of Consulting and Clinical Psychology* 62(2):251-269

_____. 1989a. Parental influences on the self-esteem of gay and lesbian youths. *Journal of Homosexuality* 17:93-109

_____. 1989b. Coming out to parents and self-esteem of gay and lesbian youths. *Journal of Homosexuality* 18:1-35

Scheider, S.G.. N.L. Farberow e G.N. Kruks. 1989. Suicidal behavior in adolescents and young adult gay men. *Suicide and life-threatening behavior* 19:381-394

Sears, J.T. 1991. *Growing up gay in the south: race, gender, and journeys of the spirit*. Nova York: Harrington Press.

Capítulo 1

Beck, Aaron. 1991. Cognitive therapy: A 30-year retrospective. *American Psychologist* 46:368-375

Ellis, Albert. 1975. *Guide to rational living.* Nova York: Wilshire Book Company.

Capítulo 2

Adorno, T.W., E. Frenkel-Brunswick, D.J. Levinson e R.N. Sanford. 1950. *The authoritarian personality.* Nova York: Harper.

Baumkind, D. 1968. Authoritarian vs. Authoritative parental control. *Adolescence.* 3:255-272.

Bradshaw, John. 1988. Healing the shame that binds you. Deerfied Beach, Fla.: Health Communications, Inc.

Forward, Susan. 1989. *Toxic parents: Overcoming their hurtful legacy and reclaiming your life.* Nova York: Bantam Books.

Isensee, Rik. 1991. *Growing up gay in a dysfunctional family: A guide for gay men reclaiming their lives.* Nova York: Prentice Hall.

Mehrabian, A. 1972. *Nonverbal communication.* Chicago: Aldine-Atherton.

Capítulo 3

Kinsey, Alfred C. et al. 1953. *Sexual behavior in the human female.* Philadelphia: Saunders.

_____. 1948. *Sexual behavior in the human male.* Philadelphia: Saunders.

Miller, Neil. 1995. *Out of the past: Gay and lesbian history from 1869 to the present.* Nova York: Vintage Books (Random House).

_____. 1992. *Out in the world: Gay and lesbian life from Buenos Aires to Bangkok.* Nova York: Random House.

_____. 1989. *In search of gay America.* Nova York: Atlantic Monthly Press.

Russo, Vito. 1987. *The celluloid closet: homosexuality in the movies.* Nova York: Harper and Row.

Sullivan, Andrew. 1995. *Virtually normal: An argument about homosexuality.* Nova York: Alfred A. Knopf.

Tannen, Deborah, 1998. *The argument culture: Moving from dialogue to debate.* Nova York, Random House.

Capítulo 4

Berzom, Betty, 1996. *Setting them straight: You can do something about bigotry and homophobia in your life.* Nova York: Plume.

Fox, Matthew, 1983. *Original blessing.* Santa Fe, N.M.: Bear & Company Publishing.

Helminiak, Daniel. 1998. *O que a Bíblia realmente diz sobre homossexualidade.* São Paulo: Edições GLS.

Kertzer, Rabbi Morris e Rabbi Lawrence Hoffman. 1993. *What is a Jew?: A guide to the beliefs, traditions, and practices of judaism that answers questions for both Jew and now-Jew.* Nova York: Simon and Schuster.

Leyland, Winston, ed 1998. *Queer Dharma: Voices of gay buddhists.* São Francisco: Gay Sunshine Press.

Murray, Stephen, Will Roscoe, Eric Allyn e Louis Crompton. 1997. *Islamic homosexuality's: Culture, history and literature.* Nova York: New York University Press.

Spong, John Shelby. 1991. *Rescuing tle Bible from fundamentalism.* Nova York. HarperCollins.

_____. 1988. *Living in sin: A bishop rethinks human sexuality.* Nova York: HarperCollins.

Swidler, Arlene, ed. 1993. *Homosexuality and world religions.* Vally Forge, Penn.: Trinity Press International.

Capítulo 5

Herek, G.M. e B. Greene. 1995. *Aids, identify, and community: The hiv epidemic and lesbians and gay men.* Thousand Oaks, Calif.: Sage.

Jennings, Kevin. 1998. *Telling tales out of school.* Los Angeles: Alyson Publications.

Kominars, Sheppard e Kathryn Kominars. 1996. *Accepting ourselves: A journey into recovery from addictive & compulsive behaviors for gays, lesbian & bisexuals.* Center City, Minn.: Hazelden Publications.

Miller, Neil. 1995. *Out of the past: Gay and lesbian history from 1869 to the present.* Nova York: Vintage Books.

Shilts, Randy. 1988. *And the band played on: Politics, people and the aids epidemic.* Nova York. Viking Pen.

Sullivan, Andrew. 1995. *Virtually normal: An argument about homosexuality.* Nova York. Knopf.

Thompson, Resomarie. 1996. *Extraordinary bodies: Figuring physical disability in American literature and culture.* Nova York: Columbia University Press.

Woog, Dan. 1998. *Jocks: true stories of America's gay male athletes.* Los Angeles: Alyson Publications.

_____. 1995. *School's out: The impact of gay and lesbian issues on America's schools.* Los Angeles: Alyson Publucations.

Young, Perry e Martin Duberman. 1996. *Lesbians and gays and sports: issues in lesbian and gay life.* Nova York: Chelsea House.

Capítulo 6

O'Hara, Valerie. 1995. *Wellness at work: building & resilience to job stress.* Oakland, Calif.: New Harbinger Publications.

Rusi, Richard e Lourdes Rodrigues-Nordes. 1995. *Out in the work-place: The pleasures and perils of coming out on the job.* Los Angeles: Alyson Publications.

Capítulo 7

Berzon, Betty, 1997. *The intimacy dance: a guide to long-term success in gay and lesbian relationships.* Nova York: Plume.

_____. 1990. *Permanent partners: Building gay and lesbian relationships that last.* Nova york. Plume.

Black, Jan e Greg Enns. 1997. *Better Boundaries: Owning and treasuring your life.* Oakland, Calif.: New Harbinger Publications.

McKay, Matthew, Martha Davis e Patrick Fanning, 1995. *Messages: The communication skills workbook.* Second edition. Oakland, Calf.: New Harbinger Publications.

McKay, Matthew, Patrick Fanning e Kim Paleg. 1994. *Couple skills: Making your relationships work*. Oakland, Calif.: New Harbinger Publications.

Capítulo 8

Cass, Vivienne C. 1984. Homosexual identify formation: Testing a theoretical model. *Journal of Sex Research* 20(2):143-167

_____. 1990. The implications of homosexual identify formation for the Kinsey model and scale of sexual preference. In *Homosexuality/heterosexuality: Concepts of sexual orientation*. The Kinsey Institute Series, vol.2, editado por David P. McWhirter, Stephanie A. Sanders e June M. Reinish. Nova York: Oxford University Publications.

Herek, Greg e Beverly Greene, 1995. *Aids, identify, and community: The hiv epidemic and lesbian and gay men*. Thousand Oaks, Sage Publications.

Rodrigues, Thymoth, 1998. UCSF study shows hiv risk tied to self-esteem issues. *Bay Area Reporter*. Jullho, 2,33.

Sontag. Susan. 1990. *Illness as a metaphor and aids and its metaphors*. Nova York: Anchor.

Trimpey, Jack, 1996. *Rational recovery: the new cure for substance addiction*. Nova York: Pocket Books.

Waldo, C., S. Kegeles e R. Hays. 1998. Paper presented at the June 29^a, 1998, 12ª International Conference of Aids.

Capítulo 9

Bourne, Edmund. 1995. *The anxiety and phobia workbook*. Second edition. Oakland, Calif.: New Harbinger Publications.

Caplan, Sandi e Gordon Lang. 1995. *Grief's courageous journey: A workbook*. Oakland, Calif.: New Harbinger Publications.

Copeland, Mary Ellen. 1992. *The depressions workbook: A guide for living with depression*. Oakland, Calif.: New Harbinger Publications.

Cornell, Ann. 1996. *The power of focusing: A practical guide to emotional self-healing*. Oakland, New Harbinger Publications.

Markway, Barbara, Cheryl Carmin, Alec Pollard e Teresa Flynn. 1992. *Dying of embarassment: help for social anxiety and social phobia.* Oakland, Calif.: New harbinger Publicantions.

Potter-Efron, Ron e Pat Potter-Efron. 1995. *Letting go of anger: The tem most common anger styles and what do about them.* Oakland, Calif.: New Harbinger Publications.

Capítulo 10

Beck, Judith. 1995. *Cognitive therapy: Basics and beyond.* Nova York: The Guilford Press.

McKay, Matthew, Martha Davis e Patrick Fanning. 1997. *Thoughts & feelings: Taking control of your moods and your life.* Oakland, Calif.: New Harbinger Publications.

McKay, Matthew e Patrick Fanning. 1992. *Self-esteem.* Second edition. Oakland, Calif.: New Harbinger Publicantions.

Greenberg, Dennis e Christine Padesk. 1995. *Mind over mood: A cognitive therapy treatment manual for clients.* Nova York: The Guilford Press.

Capítulo 11

Alberti, Robert e Michael Emmons. 1995. *Your perfect right: A guide to assertive living.* Nova York: Impact Publications.

Cash, Thomas. 1997. *The body image workbook: An 8-step program for learning to like your looks.* Oakland, Calif.: New Harbinger Publications.

Finney, Lynne, 1997. *Clear your past, change your future: proven techniques for inner exploration and healing.* Oakland, New Harbinger Publications.

Mckay, Matthew e Patrick Fanning. 1992. *Self-esteem: A proven program of cognitive techniques for assessing, improving, and maintaining your self-esteem.* Oakland, Calif.: New Harbinger Publications.

_____. 1991. *Prisoners of belief: Exposing and changing beliefs that control your life.* Oakland, Calif.: New Harbinger Publications.

Rutledge, Thom. 1997. *The self-forgiveness handbook: A practical and empowering guide.* Oakland, Calif.: New Harbinger Publications.

Capítulo 12

Fabry, Joseph. 1988. *Guideposts to meaning: Discovering what really matters.* Oakland, Calif.: New Harbinger Publications.

Fox, Matthew. 1991. *Creation spirituality: Liberating gifts for the peoples of the Earth.* São Francisco: HarperCollins.

Hanh, thich Nhat. 1991. *Peace is every step: The path of mindfulness in everyday life.* Nova York: Bantam Books.

Kabat-Zinn, Jon. 1994. *Wherever you go, there you are: Mindfulness meditation in everyday life.* Nova York: Hyperion.

_____. 1990. *Full catastrophe living: Using the wisdom of your body and mind to face stress, pain, and illness.* Nova York: Bantam.

Kertzer, Rabbi Morris e Rabbi Lawrence Hoffman. 1993. *What is a Jew?: A guide to the beliefs, traditions, and practices of judaism that answers questions for both Jew and now-Jew.* Nova York: Simon and Schuster.

Martin, Michael. 1992. *Atheism: A philosophical justification.* Filadelfia: Temple University Press.

O'Neil, Craig e Kathleen Ritter. 1992. *Coming out within: Stages of spiritual awakening for lesbians and gay men.* São Francisco: HarperCollins.

Taylor, Susan. 1995. *Lessons in living.* Nova York: Doubleday.

Winell, Marlene. 1994. *Leaving the fold: A guide for former fundamentalists and others leaving their religion.* Oakland, Calif.: New Harbinger Publications.

Capítulo 13

Amada, Gerald. 1995. *A guide to psychotherapy: An accessible guide that demystifies psycotherapy.* Nova York: Ballantine.

America Psychology Association. 1993. Ethical principles of psychologists and code of conduct. *American psychologist.* 47:1597-1611.

Haldeman, Douglas C. 1994. The practice and ethics of sexual orientation conversion therapy special section: mental health of lesbian and gay men. *Journal of Consulting and Clinical Psychology* 62(2):221-27.

_____. 1991. Sexual orientation conversion therapy for gay men and lesbians: A scientific examination. In *Homosexuality: Research implications for public policy*, editado por John C. Gonsiorek e James D. Weinrich. Newbury Park, Calif.: Sage Publications.

Sullivan Andrew. 1998. *Love undetectable: notes on friendship, sex and survival.* Nova York: A. A. Knopf.

SOBRE O AUTOR

Kimeron Hardin é doutorado em psicologia e pratica a psicologia clínica. É diretor do Centro de Combate à Dor Mt. Zion da Universidade da Califórnia em São Francisco. É professor assistente nos departamentos de anestesia e psiquiatria da mesma universidade e professor adjunto na Escola de Psicologia Profissional da Califórnia e da Escola de Graduação em Psicologia do Pacífico.